Kurt Roeske

—

Zu Besuch im antiken Rom

Der Autor Dr. h.c. Kurt Roeske hat Klassische Philologie in Frankfurt/Main und Tübingen studiert. Als Schulleiter hat er die Diltheyschule in Wiesbaden, die Deutsche Schule in Athen und das Rabanus-Maurus-Gymnasium in Mainz geleitet. Zahlreiche Publikationen bei K&N, auch Hörbücher.

Kurt Roeske

Zu Besuch im antiken Rom

Treffpunkt Monumente: Antike Autoren geben sich ein Stelldichein

Königshausen & Neumann

Umschlagabbildungen:

1. Der Titusbogen (Westseite) am Eingang zum Forum Romanum.
Wikicommons:
https://de.wikipedia.org/wiki/Titusbogen#/media/Datei:TitusbogenRom3.jpg
(Letzter Zugriff: 17.07.2019)

2. Triumphal parade, menorah from the temple in Jerusalem
Wikicommons:
https://commons.wikimedia.org/wiki/Arch_of_Titus?uselang=de#/media/File:Fra-titusbuen.jpg
(Letzter Zugriff: 17.07.2019)

Bibliografische Information der Deutschen Nationalbibliothek

Die Deutsche Nationalbibliothek verzeichnet diese Publikation in der Deutschen Nationalbibliografie; detaillierte bibliografische Daten sind im Internet über http://dnb.d-nb.de abrufbar.

Gedruckt auf säurefreiem, alterungsbeständigem Papier
Umschlag: skh-softics / coverart

Printed in Germany
ISBN 978-3-8260-6788-4
www.koenigshausen-neumann.de
www.libri.de
www.buchhandel.de
www.buchkatalog.de

Beim Dämmerlicht des Mondes schau ich gerne
der grauen Weltstadt bröckelnde Ruinen,
die uns als Maß für ihre Größe dienen,
woran der Mensch sich selber messen lerne.

Friedrich Hebbel

Inhaltsverzeichnis

Vorwort

Wer eine Romreise plant, braucht sich über Mangel an Vorbereitungsliteratur wahrhaftig nicht zu beklagen. Im Gegenteil: Er wird Schwierigkeiten haben, aus der Fülle der Angebote das herauszufiltern, was seinen Interessen am ehesten entspricht.

In das Dilemma gerät selbst der, der sich von vornherein beschränken möchte, zum Beispiel auf das antike Rom. Der eine Autor widmet sich den Bauwerken, ein anderer beschreibt das Alltagsleben, ein dritter konzentriert sich auf die spektakulären Darbietungen im Kolosseum. Wer eint die vielfältigen Aspekte? Dem emeritierten Latinisten der Frankfurter Goethe-Universität, Professor Dr. Christoff Neumeister, gelingt das in hervorragender Weise in seinem zuerst 1991 im Münchener Beck-Verlag erschienenen Buch *Das antike Rom. Ein literarischer Stadtführer*. Es war mir eine große Hilfe, als ich in einem mehrwöchigen Volkshochschulkurs eine Gruppe interessierter Erwachsener auf eine Exkursion nach Rom vorbereitet habe.

Da jeder Autor aus der Fülle dessen, was sich ihm bietet, eine Auswahl treffen muss, ist es nicht verwunderlich, dass ich auch in Neumeisters Romführer auf Lücken stieß.

Die Verschwörung des Catilina – Coniuratio Catilinae des römischen Historikers Sallust (86–35/34 v.Chr.) ist eine äußerst interessante Analyse einer Staatskrise. Innerhalb weniger Wochen fanden im Herbst 63 v.Chr. vier dramatische Senatssitzungen und zwei Volksversammlungen unter der Leitung des Konsuls Marcus Tullius Cicero statt. Der Senat tagte nicht etwa in der Kurie, sondern in zwei Tempeln. Im Tempel des Juppiter Stator hat Cicero seine berühmte Rede gehalten, die mit den Worten beginnt: *Quo usque tandem, Catilina, abutere patientia nostra? Wie lange, wirst du, Catilina, unsere Geduld noch missbrauchen?* In einem Kapitel mit der Überschrift *Schauplätze einer Staatskrise* gewinnt das Forum Leben als Ort dramatischer politischer Auseinandersetzungen.

Das Gebäude der Kurie, in dem der Senat zusammenzutreten pflegte, ist gut erhalten. Es wurde Schauplatz einer epochalen Auseinandersetzung, die sich in der 2. Hälfte des 4. Jahrhunderts n.Chr. ereignete: Heidnische und christliche Senatoren stritten um einen Altar der Göttin Victoria, den Augustus gestiftet hatte. Die Christen wollten es nicht länger hinnehmen, dass die Heiden vor Beginn jeder Sitzung der Göttin zu opfern pflegten. Nachdem sie lange Zeit geduldete oder gar verfolgte Außenseiter waren, wollten sie nun zeigen, wer Herr im Haus ist, und sie haben gesiegt. Der Altar wurde mehrfach aus- und wieder eingeräumt, schließlich musste er weichen.

Man verlässt das Forum im Osten durch den Titusbogen. Juden haben ihn bis zum 14. Mai 1948, dem Tag, an dem die UN ihren Staat anerkannten, nicht durchschritten, weil er als ein Denkmal römischen Triumphes in seinen Darstellungen die Zerstörung Jerusalems und den Raub heiliger Gegenstände aus dem Tempel preist. Der jüdische Autor Flavius Josephus (37/38–100 n.Chr.) berichtet, was sich im Jahr 70 in Jerusalem ereignet hat.

Wer wissen möchte, wie die siegreichen Feldherrn einen Triumph feierten, lese den Bericht des griechischen Biographen Plutarch (ca. 45 – ca. 120 n.Chr.) über den Triumph des Feldherren Aemilius Paulus.

In der Mitte des Kapitolsplatzes steht die Reiterstatue des Kaisers Marc Aurel (161–180 n.Chr.). Man nennt ihn *den Stoiker auf dem Thron.* In seinen *Selbstbetrachtungen* lässt er uns an seinen auch heute noch bedenkenswerten Gedanken teilhaben.

Der Satiriker Juvenal (ca. 50–130 n.Chr.) sagt seinen römischen Zeitgenossen nach, es drehe sich bei ihnen alles stets nur um *Brot und Spiele.* Mag das auch übertrieben gewesen sein: Die Vergnügungsstätten, in denen die Menschen ihre Freizeit verbringen konnten, spielten in Rom eine beträchtliche Rolle, und es gibt Texte, die uns ein sehr anschauliches Bild zu vermitteln vermögen:

Der Stoiker Seneca (ca. 1–65 n.Chr.) wohnt über einer Thermenanlage und regt sich mächtig über das laute Treiben auf, durch das er sich gestört fühlt.

Das Parisurteil, pantomimisch aufgeführt, gibt uns einen Eindruck von dem, was die Römer mit Vorliebe im Theater sahen.

Ein spannendes Wagenrennen, wie wir es uns im Circus maximus vorstellen müssen, schildert uns ein griechischer Tragiker des 5. Jahrhunderts v.Chr.: Sophokles. Wir lesen es in der Tragödie *Elektra*.

Welche Faszination schließlich die Gladiatorenspiele im Kolosseum ausgeübt haben, erfahren wir aus einem Kapitel der *Confessiones* des Kirchenvaters Augustin (354–430): Sein junger Schüler Alypus folgte nur widerwillig der Aufforderung seiner Freunde, sie zu dem Spektakel zu begleiten. Lange Zeit hielt er die Augen geschlossen und war geistig abwesend; plötzlich wurde seine Aufmerksamkeit durch einen Schrei des Publikums auf das Geschehen in der Arena gelenkt, und er wurde von einer so unglaublichen Gier hingerissen, dass er geradezu trunken nach Blut wurde.

Können wir die Vatikanstadt besichtigen, ohne zu lesen, was der Geschichtsschreiber Tacitus (54–116 n.Chr.) über das grausame Spiel schreibt, das Nero 64 nach dem Brand Roms mit den Christen in seinem Circus getrieben hat?

Das Mausoleum des Augustus ist in einem beklagenswerten Zustand. Aber vor seinem Eingang war auf Bronzetafeln der Tatenbericht des Kaisers, sein politisches Testament, verzeichnet. Wir erfahren, wie er sich selbst sah und von der Nachwelt gesehen werden wollte.

Auf dem Marsfeld wurden die höheren Staatsbeamten der römischen Republik alljährlich vom Volk gewählt. Das war nicht anders als heute mit Wahlkämpfen verbunden. Dem Quintus Tullius Cicero wird ein Büchlein zugeschrieben, in dem er seinem älteren Bruder Marcus Ratschläge für den Kampf um das Konsulat des Jahres 63 gibt. Parallelen zur Gegenwart sind zwar erwartbar, aber dann doch erstaunlich.

Wer die Grabmäler des Cestius und des Eurysaces besucht oder auf der Via Appia an dem Grabmal der Caecilia Metella vorbeischlendert, möchte vielleicht etwas über römische Grabsitten erfahren. Der griechische Historiker Polybios (ca. 200 – ca. 120 v.Chr.) befriedigt das Interesse.

Ostia antica ist allemal einen Abstecher wert. Zu der Hafenstadt selbst habe ich keinen lohnenswerten Text gefunden, wohl aber zu einem Ereignis, das sich in ihr abgespielt hat: Der Kirchenvater Augustinus ist, als er mit seiner Mutter Monnika 387 auf der Heimreise nach Afrika war, durch einen Sturm aufgehalten worden. In seinen *Confessiones* schildert er, wie er mit ihr letzte Gespräche geführt hat, wie sie erkrankte und starb. So sehr sie sich gewünscht hatte, in der Heimat neben ihrem Gatten begraben zu werden – plötzlich änderte sie ihre Meinung, es war ihr nicht mehr wichtig. Da erinnert man sich an die Worte des Sokrates, die er kurz vor seinem Tod an seinen alten Freund Kriton gerichtet hat, sie mögen ihn bestatten, wie sie wollten. Er hoffte, dass der Tod ein Gut sei, sie war sich dessen sicher.

Gern hätte ich auf das eine oder andere Meisterwerk in den Museen hingewiesen, wenn es den Rahmen nicht gesprengt hätte. Aber die Frage, ob die Wölfin mit den Zwillingen Romulus und Remus in dem Kapitolinischen Museum ein antikes Werk ist oder nicht, musste ich stellen, und darauf, die Laokoon-Gruppe im Vatikanischen Museum der Schilderung, die wir von dem Kampf des Priesters mit den Schlangen in Vergils Aeneis lesen, gegenüberzustellen, wollte ich nicht verzichten. Friedrich Schiller hat die römische Dichtung kongenial übertragen.

Selbstverständlich will der Romreisende etwas von der Geschichte und Architektur der Monumente erfahren, die er besichtigt. Für Anschaulichkeit sorgen Photos, Rekonstruktionen, Grundrisszeichnungen und Pläne.

Um ein paar Fakten in Erinnerung zu rufen, beginnt das Buch mit drei Einführungskapiteln: zur Geschichte, zum Staat und seinen Organen und zur Religion.

Bei der Übersetzung der Texte habe ich mich um eine gute Verständlichkeit bemüht.

Der Schluss bleibt dem Dank vorbehalten:

Meine langjährige Kollegin im Rabanus-Maurus-Gymnasium Mainz, Frau Evelyn Hermann-Schreiber, hat die Pläne gezeichnet.

Herr Dr. Lutz Lenz, der als Klassischer Philologe an der Goethe-Universität in Frankfurt/Main tätig war, hat den Text durchgesehen und mich vor manchem Fehler bewahrt.

Meine Frau Ortrud hat sorgfältig Korrektur gelesen.

Der Schreibservice von Frau Angelika Arnold in Würzburg hat den Text formatiert und die Bilder beigesteuert.

Bei ihnen allen bedanke ich mich herzlich und nicht zuletzt bei dem Verlag Königshausen & Neumann dafür, dass er das Buch in sein Programm aufgenommen hat.

Kurt Roeske — Im Juli 2019

1. Kapitel

Zur Orientierung

1.1 Die römische Geschichte: Ein Überblick

In der Bronzezeit (15.–10. Jh. v.Chr.) waren die Hügel Roms von zwei indogermanischen Stämmen, den Latinern und den Faliskern, besiedelt. Das Tal, in dem später das Forum entstand, diente als Friedhof.

Im 7./6. Jahrhundert v.Chr. wurden die Siedlungen von den Etruskern vereinigt. Die Stadt, die sich allmählich zu einem politischen Gemeinwesen entwickelte, hieß Ruma.

Der Mythos kennt Romulus als ihren Gründer. Über ihre günstige Lage schreibt der römische Politiker, Philosoph, Redner und Schriftsteller Marcus Tullius Cicero (106–43 v.Chr.):

> Wie hätte Romulus göttlicher den Nutzen der Nähe des Meeres erfassen und die Nachteile vermeiden können, als dass er die Stadt an einem Fluss gründete, der dauernd und gleichmäßig fließt und breit ins Meer mündet? Er wählte den Standort, damit die Stadt so vom Meer empfangen könnte, was sie brauchte, und abgeben, woran sie Überfluss hätte, und damit sie durch eben diesen Fluss die Güter, die man für ein gesundes und zivilisiertes Leben am meisten braucht, nicht nur aus dem Meer bezöge, sondern auch vom Land einführe und empfange. Er schien mir damals schon geahnt zu haben, dass diese Stadt einmal der größten Herrschaft als Sitz und Heimstatt dienen werde. Denn keine in irgendeiner anderen Gegend Italiens gelegene Stadt hätte diese große Macht leichter festhalten können.
>
> Wer ist so unbedacht, dass er den natürlichen Schutz der Stadt nicht bemerkt und deutlich erkannt hätte? ...
>
> Er wählte einen Ort, in dem es genügend Quellen gab und der der Gesundheit förderlich war, obwohl er in einer verseuchten Gegend lag. Es sind nämlich die Hügel, die selbst durchweht werden und den Tälern Schatten spenden.
>
> (De re publica, 2, 11).

474 v.Chr. wurden die Etrusker in der Seeschlacht bei Kyme (Cumae) von den Griechen besiegt. Daraufhin brach ihre Herrschaft in Kampanien und Latium zusammen.

387 (390 ?) v.Chr. eroberten die Kelten Rom. Es wird berichtet, dass nur das Geschnatter der Gänse der Göttin Juno Moneta auf der Arx das Kapitol gerettet habe .(vgl. 4.2). Die Niederlage schwächte die Patrizier,

stärkte die Plebejer. Es entstand die Nobilität: Ein Beamtenadel aus Patriziern, Rittern und Plebejern trat an die Stelle des Geburtsadels, es entwickelte sich die republikanische Verfassung.

Bis zum 1. Punischen Krieg (264–241 v.Chr.) war die Eroberung Italiens abgeschlossen. Es gab den römischen Staat und den Verband der Bundesgenossen. Nach dem Sieg über die Punier wurde mit Sizilien die erste Provinz eingerichtet. Die Punier waren in das heutige Tunis eingewanderte Phönizier, die im Mittelmeer den Handel beherrschten, und zwar vornehmlich mit Metallen.

Von 218 bis 201 v.Chr. dauerte der 2. Punische Krieg, Gebiete Spaniens kamen in den römischen Herrschaftsbereich.

Der Damm war gebrochen. Im Verlauf des 2. und 1. Jahrhunderts v.Chr. dehnte sich das Imperium nach Osten (Makedonien, Griechenland, Asien), Süden (Mauretanien, Ägypten) und Westen (Gallien, Britannien) aus. 146 v.Chr. wurden die Städte Karthago und Korinth vollständig zerstört.

Es gab drei Zielgruppen der Herrschaftsausübung:

- Steuerpflichtige Untertanen in den Provinzen,
- freie Gemeinden, die von Steuern befreit und autonom in der Gestaltung ihrer inneren Angelegenheiten waren,
- Verbündete.

Der gewaltigen Ausdehnung des Reichs wurde die republikanische Verwaltung zunehmend nicht mehr gerecht. Das Reich zerstörte die Republik. (Montesquieu).

Mit den auf tiefgreifende Reformen drängenden Gracchen (133/32, 123/22 v.Chr.) begann das Jahrhundert der innenpolitischen Krisen und Bürgerkriege, in denen Männer wie Marius und Sulla, Caesar und Pompeius als Protagonisten agierten.

Schließlich gelang es Octavian, Caesars Großneffen und Adoptivsohn, dem der Senat später (27 v.Chr.) den Titel *Augustus* verlieh, Frieden zu stiften. Er sicherte die Grenzen und reformierte die Verwaltung, er begründete die Kaiserherrschaft, den Prinzipat. Er nannte sich Princeps – der Erste, und er wurde so genannt. Er ließ die republikanischen Institutionen weitgehend bestehen, ohne dass sie freilich noch nennenswerten Einfluss auf die Staatslenkung ausüben konnten. Er beanspruchte als der oberste Kriegsherr die Herrschaft über das Heer. Nicht zu Unrecht stellt er am Schluss seines Rechenschaftsberichtes (*Res gestae*) fest, dass seine Macht im Wesentlichen auf seiner persönlichen Überzeugungskraft *(auctoritas)* beruhte. Es gelang ihm nicht, eine langfristige Nachfolgeregelung zu institutionalisieren. Dieser Mangel sollte sich als ein gravierender Nachteil erweisen. Er starb 14 n.Chr. Er war nach Caesar der zweite Herrscher, der nach seinem Tod als Gott verehrt wurde.

In den beiden ersten Jahrhunderten der Kaiserzeit konnte das Reich noch expandieren, im Norden im Kampf gegen die Germanen, im Osten im Kampf gegen die Parther.

Im 3. Jahrhundert n.Chr. wuchsen die Anstrengung und der Aufwand, die Grenzen zu sichern, der Einfluss des Heeres nahm zu. 212 verlieh der Kaiser Caracalla allen freien Einwohnern im Reich das römische Bürgerrecht (*Constitutio Antoniniana*). Die von Bürgern zu entrichtende Erbschaftssteuer sollte helfen, die Staatskasse zu sanieren.

In den Jahren 249–251 n.Chr. wurden die Christen unter dem Kaiser Decius im ganzen Reich systematisch verfolgt, und dann wieder unter dem Kaiser Valerian (253–259) und zuletzt unter Diokletian in den Jahren 303/304.

Mit Konstantin, der von 306 bis 337, seit 324 n.Chr. als Alleinherrscher regierte, begann die Ära des christlichen Imperiums. 311/313 erließ er Toleranzedikte, in denen er den Christen die Gleichberechtigung mit allen anderen Religionen zuerkannte. Das war mehr als bloße Duldung. Konstantinopel wurde die neue Hauptstadt, Rom verlor seine Bedeutung.

Das Christentum stieg zur Staatsreligion auf, als Konstantin II. die heidnischen Kulte 354 verbot. Wie stark sich das Heidentum widersetzte, zeigt die Tatsache, dass die christlichen Kaiser das Verbot mehrfach wiederholen mussten: 392 Theodosius I., 435 Theodosius II.

Seit dem späten 4. Jahrhundert n.Chr. begannen germanische Stämme, in das Reich einzudringen.

410 n.Chr. eroberten die Westgoten unter Alarich Rom, 45 Jahre später waren es die Vandalen, die die Stadt plünderten.

476 setzte schließlich ein germanischer Heeresmeister, Odoaker, den weströmischen Kaiser Romulus Augustus ab und ließ sich zum König ausrufen. Damit war das weströmische Kaisertum erloschen.

Im Auftrag des oströmischen Kaisers Anastasius I. (491–518 n.Chr.) beendeten die Ostgoten die Herrschaft Odoakers. Ihr König, Theoderich, regierte Italien als kaiserlicher Regent von 497 bis 526 n.Chr.

Das Rechtssystem und die Verwaltung der Römer wurden übernommen.

1.2 Der republikanische römische Staat und seine Organe

Der Staat, der sich 474 v.Chr. von der Vorherrschaft der etruskischen Könige befreit hatte, verstand sich als eine *libera res publica*. *Frei* hieß, dass die Bürger keinem fremden Willen unterworfen waren, sondern nur den Gesetzen, die sie beschlossen, und den Magistraten, die sie gewählt hatten, Gehorsam schuldeten. Der Staat war eine Rechtsgemeinschaft.

Es gab keine geschriebene Verfassung. Magistrate waren die mit der Regierung betrauten Amtsträger.

Die Standardisierungen, die sich im Lauf der Zeit herausbildeten, lassen sich vereinfacht wie folgt skizzieren:

An der Lenkung des Staates waren nicht alle Bürger in gleicher Weise beteiligt. In den Wahlversammlungen dominierten die Vornehmen und Reichen. Sie stellten die Magistrate und bildeten den Senat. Rom war eine Aristokratie mit demokratischen Elementen.

Der Senat

Der Senat war die einflussreichste Institution.

Ihm oblag die Beratung über Gesetze, die dem Volk zur Abstimmung vorgelegt, und die Auswahl der Kandidaten, die dem Volk zur Wahl der Magistrate vorgeschlagen wurden.

Er beriet die Magistrate.

Er konnte den Konsuln durch ein *senatus consultum ultimum*, einen außerordentlichen Beschluss, Dispens von den Gesetzen erteilen.

Er entschied über das Budget.

Er unterhielt den Kontakt zu anderen Staaten.

Er bestand aus 300, seit der Diktatur Sullas (82–79 v.Chr.) aus 600 Mitgliedern. Ihm gehörten die designierten, amtierenden und ehemaligen Magistrate an. Voraussetzung war ein Mindestvermögen, das sich auf Landbesitz gründete. Die Senatoren waren äußerlich durch einen breiten Purpurstreifen kenntlich, der vorn und hinten vom Hals auf die Tunika herabhing. Ihre Toga war mit einem breiten Randbesatz aus Purpur versehen (*toga praetexta*). Die Standesunterschiede waren auch äußerlich kenntlich.

Die Magistratur

Die Magistrate bildeten die Exekutive. Sie wurden auf Vorschlag des Senats vom Volk gewählt.

Es galten folgende Prinzipien:

- Annuität, d.h. die Amtszeit dauerte nur ein Jahr,
- Kollegialität, d.h. kein Amt wurde nur von einem Magistraten ausgeübt. Eine Ausnahme bildete der in einer Gefahrensituation ernannte Diktator, dessen Amtszeit auf sechs Monate begrenzt war. Die Magistrate hatten gegenüber ranggleichen Kollegen ein Vetorecht.

Das Mindestalter für die Bekleidung des Einstiegsamtes, der Quästur, betrug 30 Jahre. Nach Ablauf von zwei Jahren durfte man sich um das nächsthöhere Amt bewerben. Auf die Quästur folgten die Ädilität, die Prätur, das Konsulat, evtl. die Zensur. Eine erneute Bewerbung um das Konsulat war erst nach zehn Jahren möglich. Die Kumulation von Ämtern war verboten, die wiederholte Bekleidung eines Amtes stark eingeschränkt. Die Plebejer konnten sich nach der Quästur um das Volkstribunat bewerben. Die Quästoren waren für die Verwaltung der Staatskasse, die Ädilen für die öffentliche Ordnung, für den Handel und die Veranstaltung von Spielen verantwortlich, die Prätoren für die Gerichtsbarkeit.

Die Konsuln und Prätoren verfügten über das imperium,

- das Recht, ein Heer zu führen,
- das Recht, Auspizien einzuholen d.h. den Himmel nach Vogelzeichen beobachten zu lassen,
- das Recht, den Senat und die Volksversammlung einzuberufen,
- ein begrenztes Strafrecht.

Den Konsuln gingen je zwölf, den Prätoren je sechs Liktoren, Amtsdiener, voran.

Die Volkstribunen verfügten über eine Amtsgewalt (potestas):

- Sie durften den Senat und die Versammlung der Plebs einberufen,
- sie hatten das Recht, gegen Entscheidungen der Magistrate Einspruch einzulegen, wenn ein Bürger sie um Hilfe bat (*ius auxilii*), und den Vollzug von Beschlüssen des Senats und des Volkes zu verhindern (Vetorecht). Beschlüsse der Versammlungen der Plebs (Plebiszite) hatten seit 287 Gesetzeskraft. Das Volkstribunat war die institutionalisierte Opposition. Das Amt verlieh eine so große Macht, dass Augustus und seine Nachfolger es stets für sich beanspruchten.

Die Magistrate waren ehrenamtlich tätig.

Die Prätoren und Konsuln übernahmen nach Ablauf ihrer Amtszeit die Aufgabe, als Proprätoren und Prokonsuln eine Provinz zu verwalten. Die Dauer dieser Tätigkeit betrug i.d.R. ein Jahr.

Die Volksversammlungen

Das Volk war in den Volksversammlungen in Centurien – nach dem Vermögen – und in Tribus – nach dem Wohnort – eingeteilt. Es versammelte sich, je nach den ihm übertragenen Aufgaben, in der einen oder anderen Gliederung: Die *comitia tributa* wählten auf dem Forum die niederen, die *comitia centuriata* auf dem Marsfeld die höheren Beamten, jeweils auf Vorschlag des Senats.

Das Volk entschied außerdem über Krieg und Frieden und verabschiedete die Gesetze, die ihm vom Senat vorgelegt wurden.

Auch die von einem Volkstribunen einberufenen Versammlungen der Plebs konnten Beschlüsse fassen, die für die Allgemeinheit bindend waren, die *plebiscita*.

Nur Magistrate konnten eine Volksversammlung einberufen, nur sie hatten Rederecht.

Contiones waren Versammlungen, in denen das Volk informiert wurde, aber keine Beschlüsse fasste.

Die von Cicero und anderen vertretene Theorie der Mischverfassung, der zufolge die Konsuln das monarchische, der Senat das aristokratische und die Volksversammlung das demokratische Element repräsentierten, wird der Realität im Sinn der Parität nicht gerecht.

Die Bürgerschaft

Der römische Bürger besaß folgende Rechte:

- das aktive und passive Wahlrecht,
- das Vertrags- und Erbrecht,
- für den Fall, dass die Todesstrafe drohte, das Recht, Berufung einzulegen (*ius provocationis*). Berufungsinstanz war zur Zeit der Republik die Volksversammlung, in der Kaiserzeit der Kaiser.

Es gab drei Stände:

- Senatoren (*ordo senatorius*): Sie stammten aus dem alten Adel (Patrizier) oder waren aus dem Stand der Ritter oder Plebejer aufgestiegen. Es waren die vermögenden Bürger, deren Reichtum auf landwirtschaftlichen Gütern beruhte. Sie stellten die Magistrate.
- die Ritter (*ordo equester*): Die Bürger, die ursprünglich über ein eigenes Pferd verfügten.

  Auch sie mussten ein Mindestvermögen nachweisen. Sie tätigten die Geldgeschäfte, sie pachteten vom Staat das Recht, in den Provinzen die Tribute einzuziehen.

  Sie konnten in den Stand der Senatoren aufsteigen.

  Familien der Plebejer und Ritter, aus denen ein Mitglied ein höheres Amt, namentlich das Konsulat, erlangt hatte, bildeten die Nobilität, den Amtsadel. Ein Neuling, *homo novus*, war der, dem das als erstem gelang. Cicero war ein homo novus.
- Den dritten Stand bildete das einfache Volk, die Plebs.

Die imperiale Politik brachte Rom nicht nur in den Besitz vieler Länder, sondern auch vieler Menschen, die in Gefangenschaft gerieten und versklavt wurden. Der Sklave war ein rechtloser Besitz, über den der Herr wie über eine Sache unumschränkt verfügen konnte. Die Lebensbedingungen der Sklaven waren unterschiedlich, in den städtischen Privathäusern besser als auf den Latifundien der Großgrundbesitzer. Ein römischer Bürger, der keinen Sklaven besaß, galt als arm. Ein gut situierter Bürger, der in der Hauptstadt lebte, dürfte über eine Vielzahl Sklaven verfügt haben.

Wenn auch die Stoiker und die Christen nicht ohne Erfolg für eine menschenwürdige Behandlung eintraten, ist die Sklaverei als Institution in der Antike nie in Frage gestellt worden.

1.3 Die römische Religion

Die Gottheiten

Die Römer glichen, als sie am Ende des 3. Jahrhunderts v.Chr. unter den kulturellen Einfluss der Griechen kamen, ihre Gottheiten, die eher geheimnisvolle Wirkkräfte als fest umrissene Individuen waren, an die griechischen Götter an, ohne sie mit ihnen zu identifizieren. Mit den Göttern übernahmen sie die Mythen. Außerdem verehrten sie nach wie vor eigene Gottheiten, die bei den Griechen kein Äquivalent hatten: Die Penaten, die Aeneas einer späteren Überlieferung zufolge aus dem brennenden Troja gerettet und mit nach Italien gebracht hatte, schützten den Staat und gemeinsam mit den Laren das Haus. Ianus wehrte Unheil von den Eingängen ab. Den *dis manibus* weihte man die Toten.

Abstrakte Begriffen wie *fortuna* – Glück, Schicksal, *victoria* – Sieg, *libertas* – Freiheit, *concordia* – Eintracht wurden personifiziert und als Gottheiten verehrt, denen man Macht und Einfluss auf das Leben der Menschen zuschrieb. Man baute und weihte ihnen Tempel.

Der Gottesdienst

Das wesentliche Element des Gottesdienstes war das Tieropfer. Was nicht essbar war, wurde für die Gottheit auf dem Altar verbrannt, was essbar war, bei einem anschließenden Mahl verzehrt. Fleisch, das übrig blieb, wurde verteilt oder verkauft.

Es gab auch unblutige Opfer.

Den Ritus vollzogen Priester am Altar vor dem Tempel.

Priester waren, von den Vestalinnen abgesehen, Männer. Vom 2. Jahrhundert v.Chr. bis in die Kaiserzeit wurden sie vom Volk in den Tributversammlungen auf Lebenszeit gewählt. Sie waren ehrenamtlich tätig; daher war ihre Wahl an ein Mindestvermögen geknüpft. Die Vestalinnen lebten im Zentrum Roms, auf dem Forum Romanum. Sie wachten über das Staatsfeuer, das in dem Rundtempel der Vesta brannte, und ihnen war der Schutz der Penaten anvertraut.

Es gab mehrere Priesterkollegien, die jeweils besondere Aufgaben wahrzunehmen hatten:

- Die einen richteten die Kultmahle aus, andere befragten in Krisensituationen auf Beschluss des Senats die Sibyllinischen Bücher, eine Sammlung von Ritualvorschriften und Orakeln,
- die *augures* erkundeten durch Beobachtung des Vogelflugs und der Himmelserscheinungen, die *haruspices* durch Begutachtung der Leber des geopferten Tieres den Willen der Götter,
- die *flamines* waren in der Regel für je eine Gottheit zuständig. Zu ihnen gehörte der *rex sacrorum* (Opferkönig). Er hatte rituelle Handlungen zu vollziehen, die ursprünglich zu den Aufgaben des Königs gehörten und genoss hohes Ansehen. Die *pontifices* führten die Aufsicht über die religiösen Handlungen und veröffentlichten die Liste der Gerichts- und Feiertage. Die flamines gehörten zu ihrem Gremium. Der *pontifex maximus* war der einflussreichste Priester. Er übte die Kontrolle über die Riten aus, und er begutachtete neue Kulte, bevor sie vom Senat zugelassen wurden.

Eine wichtige Rolle spielten in der Kaiserzeit die Priester des Kaiserkults.

Priester waren weder Seelsorger noch Philosophen, die über ihre Handlungen reflektierten.

Sie durften – außer dem rex sacrorum – politische Ämter bekleiden. Caesar war pontifex maximus, und nach ihm beanspruchten alle Kaiser dieses Amt für sich.

Politik und Religion waren eng miteinander verbunden. Vor jeder politischen und militärischen Aktion wurden die Götter um ihre Zustimmung gebeten. Jeder Staatsakt begann mit einem Gebet.

Frömmigkeit

Frömmigkeit (*pietas*) bedeutete, den Willen der Götter zu erkunden und sich ihm zu fügen. Das Wort Religion ist wohl von *religere* – sorgfältig auf etwas achten – abgeleitet. Der Senat oder die Magistrate wiesen die Priester an, die Kommunikation mit den Göttern herzustellen. Die Formen der

Kommunikation waren streng ritualisiert, Gebete durften in ihrem Wortlaut nicht verändert werden.

Der Kirchenschriftsteller Laktanz (ca. 250–325 n.Chr.) hat den Begriff der Religion von *religare* – anbinden – hergeleitet und in christlichem Sinn als Bindung des Menschen an Gott gedeutet.

Eine Verpflichtung, an rituellen Handlungen teilzunehmen, bestand nicht, bis sie der Kaiser Decius 249 n.Chr. einführte, um die Christen zu zwingen, sich öffentlich zu dem Kaiser und den Staatsgöttern zu bekennen. Christen, die sich weigerten, wurden grausam verfolgt.

Niemand wurde von den religiösen Handlungen ausgeschlossen. Selbst Frevler durften an ihnen teilnehmen. Im Gegensatz zum Christentum als einer Religion der Innerlichkeit war die römische Religion eine Religion der Äußerlichkeit.

Es gab keine verbindliche Lehre, kein Glaubensbekenntnis, folglich auch keine Häretiker. Aber es gab sehr wohl einen sozialen Druck. Den Christen, die den Erwartungen der Gesellschaft nicht entsprachen, wurde *Hass auf das Menschengeschlecht (odium humani generis)* vorgeworfen, weil sie nicht nur den Opferhandlungen fernblieben, sondern auch die Vergnügungsstätten mieden.

Pietas umfasste nicht nur das Verhältnis des Menschen zu den Göttern, sondern auch das Verhältnis der Menschen zueinander: die Zuneigung der Familienmitglieder zueinander, die Dankbarkeit des Beschenkten gegenüber seinem Wohltäter, die Pflichterfüllung des Bürgers gegenüber seinem Vaterland.

Das Bedürfnis, dem Tod den Schrecken zu nehmen, befriedigte die dem Diesseits zugewandte antik-heidnische Staatsreligion nicht. Dieses Bedürfnis befriedigten eher Privatkulte und die Mysterien, die vom 3. Jahrhundert v.Chr. an zunehmend an Bedeutung gewannen.

Wegweisung für ein gutes, glückliches und befriedigendes Leben erwarteten die Menschen nicht von der Religion, sondern von den Philosophen, den Epikureern, den Stoikern, den Skeptikern und Kynikern.

Toleranz

Die Zahl der römischen Götter war nicht begrenzt. In das Pantheon, d.h. in die Gesamtheit der Gottheiten, konnten immer wieder neue Götter aufgenommen werden, Römer wie Romulus, Caesar und die Kaiser nach ihm. Von dem Historiker Valerius Maximus (1. Hälfte des 1. Jhs. n.Chr.) stammt das stolze Dictum, dass die Römer zwar die anderen Götter empfangen, die göttlichen Kaiser aber der Welt geschenkt hätten. (1, Praefatio). Fremde Gottheiten wie Mithras, Isis, die Magna Mater wurden importiert; Gottheiten, die in den eroberten Ländern verehrt wurden und die man nicht übernahm, wurden den eigenen Göttern assimiliert: Der gallische *Teutates* dem Merkur, *Esus* dem Mars und Taranis dem Jupiter. Man nennt das *interpretatio Romana*.

Es gab keine Kriege, die um des Glaubens willen geführt wurden.

Nur der monotheistische christliche Gott ließ sich weder integrieren noch assimilieren, er wollte keinen Platz unter den heidnischen polytheistischen Göttern einnehmen, er wollte sie ersetzen.

Die Juden, die keinerlei Anstalten machten, zu missionieren, ließ man gewähren.

Der Tempel

Ein *templum* war ein aus dem profanen Umfeld herausgeschnittener Bereich: *templum* ist sprachlich verwandt mit dem griechischen Wort *temnein* – schneiden. Templa im römischen Sinn waren alle heiligen Bezirke, nicht nur die Tempelbauten, aber diese natürlich in erster Linie.

Die Tempel waren die Wohnorte der Gottheiten, sie konnten aber auch dem Senat als Versammlungsstätten dienen. Senatssitzungen wurden mit einem Opfer und einem Gebet eröffnet. Darin zeigt sich die enge Verknüpfung von Religion und Politik.

Der römische Tempel stand – anders als der griechische – stets auf einem Podium. Dadurch gewann er gegenüber seiner Umgebung eine dominierende Position. Die Frontseite war durch eine Freitreppe und eine tiefe Vorhalle deutlich hervorgehoben. An der Rückwand der Cella stand das Bild des Gottes, Symbol seiner Anwesenheit. Axialität und Frontalität sind die charakteristischen Merkmale des römischen Tempels.

Wie bei dem griechischen Tempel dienten auch bei dem römischen Säulen dazu, die Bedeutung und Hoheit des Gotteshauses zu steigern. Man verwendete drei Formen: die korinthische mit dem Akanthusblätter-Kapitell, die jonische mit dem Volutenkapitel und das Kompositkapitell, das die jonischen Voluten mit den korinthischen Akanthusblättern verband. Die dorische Ordnung wurde gar nicht verwendet.

Der Innenraum war oft sehr prächtig dekoriert und mit Gemälden, Mosaiken, Vorhängen und Kunstwerken ausgestattet, die meistens aus Griechenland stammten.

Der Opfergottesdienst wurde am Altar vor dem Tempel vollzogen, rituelle Handlungen, z.B. das gemeinsame Mahl mit der Gottheit, konnten aber auch im Innern des Tempels stattfinden. Privatleute durften im Tempel beten und Weihegaben niederlegen. Während der Gottesdienste herrschte Stillschweigen, man hörte nur die Musik der Flötenbläser. An den Gottesdienst konnte sich eine Prozession anschließen, in der die Gottheit dem Volk gezeigt wurde.

Gerichtsverhandlungen durften in Tempeln stattfinden.

Der Tempel verherrlichte die Gottheit und den Stifter gleichermaßen. Beide wurden in Inschriften am Tempel genannt.

In Krisenzeiten gelobten die Menschen oft Tempel mit der Bitte um Hilfe, und sie erbauten sie, wenn die Gefahr gebannt war.

2. Kapitel

Die Menschen in der Großstadt

Der Schmelztiegel Rom

Wie viele Einwohner Rom in den verschiedenen Epochen der Geschichte hatte, weiß man nicht. Es gibt keine verlässlichen Zahlen. Manche schätzen ihre Zahl in der Kaiserzeit, als sie ihren Höchststand erreicht hatte, vorsichtig auf eine halbe Million, andere halten sogar eine Million für wahrscheinlich, auch die Mitte zwischen den beiden Extremen ist vertreten.

Wie auch immer, es ging eng zu, viele Menschen drängten sich auf kleinem Raum zusammen, seit sich die Stadt im 2. Jahrhundert v.Chr. zu einem beliebten Ziel von Einwanderern aus Italien und dem griechischen Osten entwickelte. Die Stadt dehnte sich weit über die sog. Servianische Mauer aus, die man mit dem Namen des Etruskerkönigs Servius Tullius verband, die aber tatsächlich erst nach dem Galliereinfall 387 (390?) gebaut worden war und die ein Territorium von 426 ha einschloss Man baute Häuser, die 6–7 Stockwerke umfassten und nicht selten die erst von Augustus festgesetzte Grenzhöhe von zwanzig Metern übertrafen. Licht und Luft erhielten die Wohnungen durch Fenster, die man mit Läden oder Decken schließen konnte. Tragbare Kohlebecken sorgten im Winter für etwas Wärme. Fließendes Wasser gab es bestenfalls im Erdgeschoss, man versorgte sich an öffentlichen Brunnen, die dank der vielen Aquädukte stets mit gutem und frischem Wasser versorgt wurden. Die Notdurft verrichtete man auf Eimern, die man im Tiber, auf den Straßen oder sonst wo entsorgte, wenn man nicht eine der öffentlichen Toiletten aufsuchen wollte.

Die Wohnungen waren teuer. Der Eigentümer verpachtete sie, der Pächter vermietete sie, beide mit einträglichem Gewinn.

Lucius Annaeus Seneca, der Philosoph, lebte zwar erst im 1. Jahrhundert n.Chr. (ca. 1–65). Was er seiner Mutter über den Schmelztiegel Rom schreibt, dürfte aber nicht erst für seine Zeit gelten.

> Sieh dir nur diese Menschenmenge an, für die die Häuser der gewaltig großen Stadt kaum ausreichen.
>
> Ein großer Teil dieser Menschen ist heimatlos geworden. Sie sind aus ihren Städten und Kolonien, ja, aus der ganzen Welt hier zusammengeströmt.
>
> Die einen hat Ehrgeiz hierher geführt, andere die Pflicht eines öffentlichen Amtes, andere ein Auftrag, mit dem man sie betraut

> hat, andere Genusssucht, die sich einen geeigneten und reichen Platz für ihr Laster sucht, andere der Wunsch nach wissenschaftlichen Studien, andere die öffentlichen Schauspiele. Manch einen lockte die Freundschaft hierher, manchen der Eifer, sich mit der eigenen Leistung hervorzutun, ein Ehrgeiz, der hier ein weites Betätigungsfeld gefunden hat. Einige haben käufliche Schönheit, einige käufliche Beredsamkeit hierher gebracht.
>
> Alle Arten von Menschen kommen in dieser Stadt zusammen, die für Tugenden und für Laster hohe Preise zahlt. Lass sie alle mit ihren Namen aufrufen und frage sie, woher sie kommen und wer sie sind. Du wirst sehen, die Mehrheit hat ihre Heimat verlassen und ist in diese zweifellos sehr große und sehr schöne Stadt gekommen, die aber nicht die ihre ist. (Consolatio ad Helviam matrem, 6,2/3).

Wir kennen die Phänomene der Migration und der Landflucht, der Menschen, die es in die Großstädte zieht, weil sie sich dort ein besseres Leben erhoffen, und wir kennen das Problem, dass es in den Großstädten immer weniger bezahlbaren Wohnraum gibt.

Stress und Lärm

Die Straßen waren eng und verwinkelt. Manche Gassen waren so schmal, dass die Bewohner gegenüberliegender Wohnungen sich die Hand reichen konnten. (Martial, Epigr. 1, V. 86). Wer nachts unterwegs war, musste sich den Weg durch fackeltragende Sklaven erleuchten lassen oder versuchen, sich im Dunkeln zurechtzufinden. Nur die großen Ausfallstraßen verfügten über Bürgersteige. Wer nicht unterwegs war, sondern schlafen wollte, litt unter dem Lärm des Durchgangsverkehrs. Der erste, der sich des Problems annahm, war Caius Iulius Caesar (100–44 v.Chr.). Er erließ im Jahr 45 ein Fahrverbot, das die Passanten ebenso schützen sollte wie die armen Ruhebedürftigen:

> Niemand soll auf den Straßen, die es innerhalb des bebauten Gebiets in der Stadt Rom gibt und geben wird, in diesen Stadtvierteln also, nach dem 1. Januar am Tage von Sonnenaufgang bis zur 10. Stunde mit einem Fuhrwerk fahren.
>
> Ausnahmen: Es ist erlaubt, wenn Materialien zum Bau heiliger Tempel für die unsterblichen Götter oder zur Errichtung eines Gebäudes in öffentlichem Auftrag herangefahren werden müssen oder wenn aus der Stadt oder von den Orten, die in öffentlichem Auftrag zum Abriss bestimmt sind, Material in öffentlichem Auftrag hinausgeschafft werden muss oder wenn durch dieses Gesetz bestimmten Personen aus bestimmten Gründen erlaubt sein wird, mit Fuhrwerken in die Stadt zu fahren.

> Für die Tage, an denen die Vestalischen Jungfrauen, der Opferkönig (*rex sacrorum*) und die Priester bestimmter Gottheiten (*flamines*) in Wagen in die Stadt fahren müssen um der öffentlichen Opfer des römischen Volkes willen,
>
> an denen Wagen wegen eines Triumphes in die Stadt fahren müssen,
>
> an denen Wagen für die Spiele, die in öffentlichem Auftrag in Rom innerhalb einer Meile gefeiert werden, in die Stadt fahren müssen,
>
> und für die Wagen, die für die Prozession im Zusammenhang mit Circusspielen in die Stadt fahren, wird durch dieses Gesetz nicht verboten, dass aus diesen Gründen an diesen Tagen Wagen, die von Ochsen oder Zugtieren gezogen werden, am Tag in die Stadt fahren.
>
> Wagen, die nachts in die Stadt fahren, dürfen sich leer oder, wenn Müll abzutransportieren ist, nach Sonnenaufgang in den ersten zehn Stunden des Tages in der Stadt Rom im Umkreis von einer Meile aufhalten. Eine Einschränkung wird durch dieses Gesetz nicht verfügt. (CIL I² 593/Dessau ILS 6085).

Dass die Wirkung dieses Gesetzes zeitlich begrenzt war, beweist die Tatsache, dass es mehrfach erneut in Kraft gesetzt werden musste. Von dem Kaiser Hadrian (117–138 n.Chr.) wird das ebenso überliefert wie von dem Kaiser Marc Aurel (161–180 n.Chr.). (Historia Augusta, spätantik, Hadrian 22,6, Marc Aurel 23,8).

Caesar hatte mit Bedacht Ausnahmen für Baufahrzeuge zugelassen, denn gerade er hatte damit begonnen, ein immenses Bauprogramm ins Werk zu setzen, das sein Nachfolger Augustus fortgesetzt hat. So ist es kein Wunder, dass sich der Dichter Quintus Horatius Flaccus (65–8 v.Chr.) in einer seiner in Hexametern abgefassten Episteln unter anderem über die Wagen und Kräne der Bauunternehmer beklagt, die ihn daran hindern, seinen Gedanken nachzugehen, wenn er unterwegs ist:

> Ein geschäftiger Unternehmer hat es mit seinen
> Maultieren und seinen Trägern eilig, und ein Kran hebt
> jetzt einen Stein und jetzt einen großen Balken hoch, es
> kämpfen traurige Leichenzüge mit starke Lasten
> tragenden Wagen, und hier flieht eine tolle Hündin,
> dort stürmt eine Sau vorbei, die ganz verdreckt ist.
>
> (Ep. 2,2, VV. 72–75).

Leichenzüge, die in langer Prozession vom Haus des Verstorbenen auf das Forum Romanum zogen, hat Caesar nicht erwähnt, es wird wohl aber niemand jemals gegen sie eingeschritten sein. Dem toten Caesar selbst ist diese Ehre zuteil geworden.

Ungeliebte Immigranten, geliebte Immigrantinnen

Nicht alle Immigranten sind willkommen, zumal wenn sie erfolgreich und arrogant sind und wenn die Einheimischen befürchten müssen, dass sie von ihnen verdrängt werden. Der Satiriker Juvenal (ca. 60 – ca. 135 n.Chr.) nimmt in einem seiner Gedichte die Griechen aufs Korn, die reichen Römern als Hauslehrer dienen.

> Welche Art von Menschen den Reichen bei uns am liebsten
> sind und welche ich am meisten meide, will ich
> gleich bekennen, und keine Scheu wird mich hemmen. Ich kann das
> griechische Rom nicht ertragen: Die Griechen ziehen auf den
> Esquilin und den Viminal. Sie nisten sich bei den
> Großen ein und werden dann selbst die Herren. Ihr Geist ist
> schnell, ihre Frechheit stößt ab, auf alles finden sie eine
> Antwort, die beißender ist als die des Sophisten Isaeus.
> Sag mir, wofür du so einen hältst. Er bringt doch alle
> möglichen Menschen mit in unsere Häuser: Rhetor,
> Sprachlehrer, Feldmesser, Maler, Masseur, Seiltänzer, Seher,
> Wahrsager, Arzt: So ein hungriges Griechlein kann alles. Schick ihn
> in den Himmel: Er geht. Es war ja schließlich kein Maure,
> Thraker, Sarmate, der das Fliegen erfand. Der Erfinder
> war ein Athener. Vor solchen Purpurgewandeten muss ich
> fliehen. Er wird vor mir siegeln, er, den der Wind mit
> Pflaumen und Feigen nach Rom geweht hat. War es denn nichts, dass
> wir in unserer Jugend die Luft des Aventinus
> atmeten und die Oliven der Sabiner uns nährten?
>
> Dieser Menschenschlag versteht sich am klügsten aufs Schmeicheln,
> lobt das Geschwätz eines Toren, das entstellte Gesicht des
> Gönners, vergleicht den langen Hals eines Schwächlings mit dem
> Nacken des Herkules, der den riesengroßen Antaeus
> hoch in die Luft stemmt, lobt die Fistelstimme, obwohl sie
> hässlicher klingt als das Kreischen des Huhns, das der Hahn beißt. Dasselbe
> dürfen auch wir tun, doch nicht uns, nur ihnen glaubt man. ...
>
> Griechen sind Komödianten: Lächelst du, er platzt vor
> Lachen, sieht er Tränen seines Gönners, so weint er,
> ohne Mitleid zu empfinden. Wünschst du dir im
> Winter ein kleines Feuer, zieht er den Wollmantel an. Er
> schwitzt, wenn du sagst, dass dir warm ist. Wir sind ganz verschieden:
> Größere Chancen hat der, der zu jeder Tages- und Nachtzeit
> stets sich fremden Mienen anverwandelt, bereit, zu
> loben und mit den Händen dem Gönner Beifall zu klatschen. ...
> Da, wo ein Protogenes oder Diphilus oder Hermarchus
> herrscht, der gemäß dem schlechten Charakter des Volkes niemals
> seinen Gönner mit einem anderen teilt, sondern ihn für
> sich beansprucht, da ist kein Platz für einen Römer.
> Denn sobald er nur ein winziges Tröpfchen Gift von

seinem Charakter und dem seines Heimatlandes in das
willige Ohr geträufelt hat, verschließt man mir das
Haus. Vergeudet ist die lange Zeit des Dienstes.
Keiner trauert in Rom, verliert er einen Klienten.
(3. Satire, VV. 58–125 mit Auslassungen).

Neid speist die Abneigung gegenüber den Griechen, Neid, weil sie erfolgreicher sind als die Einheimischen. Erfolgreicher sind sie nicht nur, weil sie klüger und vielseitiger sind, sondern auch, weil sie es verstehen, ihre Fähigkeiten geschickt einzusetzen. Sie sind mehr als integriert, sie sind überangepasst. Das kommt nicht gut an, von Futterneid würde man im Tierreich sprechen. Fremde sollen sich integrieren, aber möglichst bescheiden im Hintergrund bleiben, den Alteingesessenen den Vortritt lassen.

Nicht alle, die in Rom ihr Glück suchten, waren unwillkommen. Die leichten Mädchen, die es aus dem fernen Osten in die Hauptstadt zog, hätte man wohl nur ungern missen wollen.

Der lyrische Dichter Sextus Propertius aus Assisium (Assisi), der von ca. 50 – ca. 15 v.Chr. lebte, hat sich jedenfalls liebend gern mit ihnen eingelassen.

Schon eine einzige Liebesnacht im Jahr ist teuer.
Wen die verschlossene Tür freut, den treffe der Tod.
Die aber, die sich frei bewegt und den Umhang zurückschlägt,
die keines Wächters Angst schützt, gefällt mir gut,
die auf der Via Sacra mit schmutzigem Schuh hin- und hergeht
und keine Zeit verliert, wird sie von einem begehrt.
Niemals schiebt sie es auf und fordert mit vielen Worten,
was du so oft schon gabst trotz deines Vaters Geiz.
Und sie sagt nicht: „Ich habe Angst, steh auf, beeil dich,
heute kommt mein Mann, Ärmster, vom Land zurück.“
Mädchen, die der Orontes, die der Euphrat schickte,
seien mein ganzes Glück, Heimlichkeit ist mir verhasst.
Freiheit ist ein Gut, das keinem, der liebt, zuteil wird,
keiner ist jemals frei, der sich zu lieben entschließt.
(2,13,VV. 11–24).

Willkommen ist, wer nützlich ist, damals wie heute.

3. Kapitel

Das Forum Romanum

Einleitung

Die sanfte Traurigkeit über die Vergänglichkeit

Von *sanfter Traurigkeit* sei er hingerissen worden, schreibt Johann Jacob Volkmann 1770/71 im 2. Band seines Werkes *Historische kritische Nachrichten aus Italien* über seine Besichtigung des Forum Romanum:

> Derjenige Platz, oder vielmehr das Feld, worauf die itzt beschriebene Kirche (S. Martina) liegt, heißt Campo Vaccino, weil der Ochsenmarkt auf demselben gehalten wird.
>
> Zu einer so niedrigen und unedlen Bestimmung dient, anitzo, der Ort, wo ehemals das berühmte Forum der Römer war, welches so vielen Männern zum Sammelplatz gedient hat, und wo Cicero und andere Redner sich durch ihre vortrefflichen Reden verewigt haben. ... Der heutige Campo Vaccino ist viel größer, als das alte Forum, indem er bis an den Friedenstempel geht, und einen beträchtlichen Teil der Via Sacra in sich begreift. Der Platz sieht anitzo mehr einem Felde ähnlich, in dessen Mitte unordentlich gepflanzte Bäume eine Art von Allee ausmachen. Auf demselben steht eine Fontaine mit einer schönen Schale von Granit, woraus das Vieh an den Markttagen getränkt wird. Man sieht einige moderne Kirchen auf den Seiten, übrigens ist der Platz öde und voll Ruinen. Die Säulen und andere Reste sind Beweise der alten Herrlichkeit Roms. Dem Liebhaber der Altertümer ist die einsame Promenade auf diesem Platze die wichtigste; er kann sich die Lage der alten Gebäude nach unserer Beschreibung genau vorstellen, und zugleich Betrachtungen über die großen Revolutionen in Rom, und über die Vergänglichkeit der irdischen Dinge anstellen. Wer seine Empfindungen hat, wird diese Oerter gewiss nie betreten, ohne von einer Art sanfter Traurigkeit hingerissen zu werden, und einen heiligen Schauer zu empfinden.
>
> (Zitiert in: Museumslandschaft Hessen-Kassel, S. 72).

DIE 7 HÜGEL ROMS

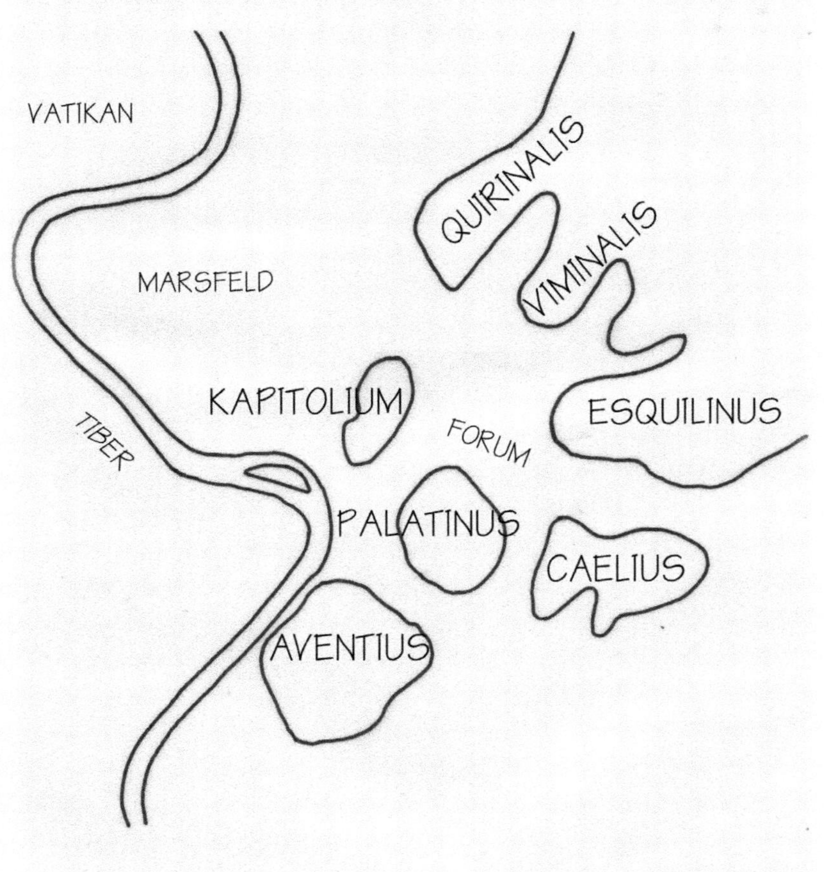

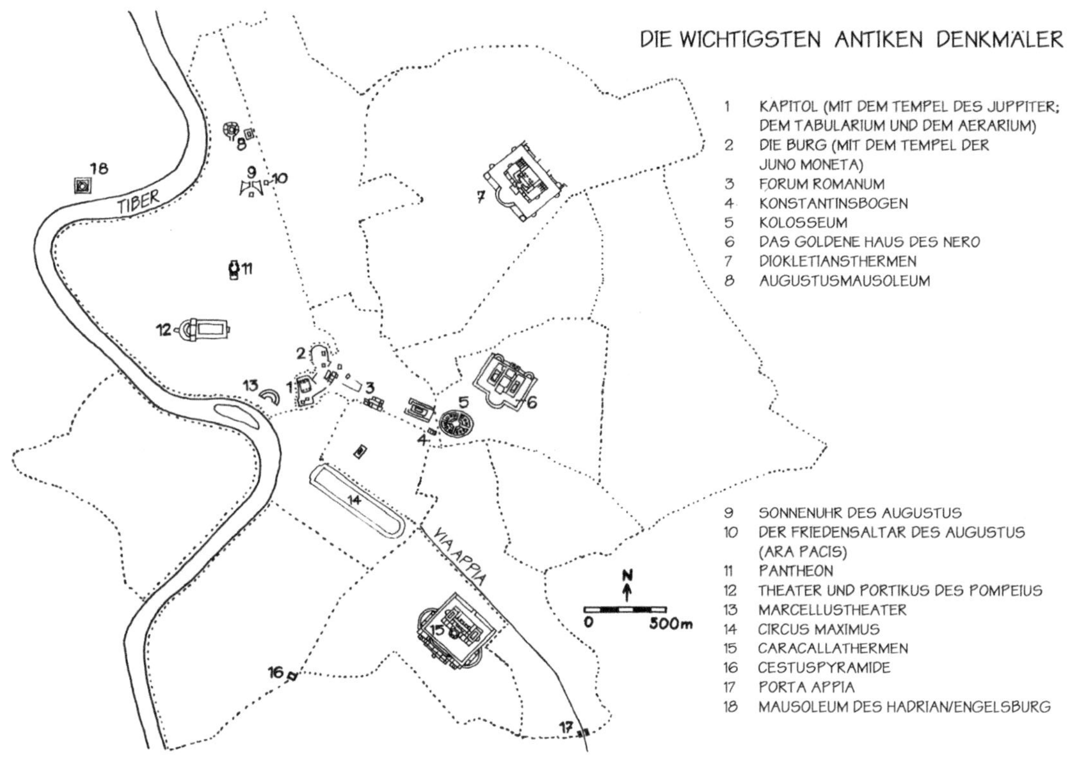
DIE WICHTIGSTEN ANTIKEN DENKMÄLER
1 KAPITOL (MIT DEM TEMPEL DES JUPPITER; DEM TABULARIUM UND DEM AERARIUM)
2 DIE BURG (MIT DEM TEMPEL DER JUNO MONETA)
3 FORUM ROMANUM
4 KONSTANTINSBOGEN
5 KOLOSSEUM
6 DAS GOLDENE HAUS DES NERO
7 DIOKLETIANSTHERMEN
8 AUGUSTUSMAUSOLEUM
9 SONNENUHR DES AUGUSTUS
10 DER FRIEDENSALTAR DES AUGUSTUS (ARA PACIS)
11 PANTHEON
12 THEATER UND PORTIKUS DES POMPEIUS
13 MARCELLUSTHEATER
14 CIRCUS MAXIMUS
15 CARACALLATHERMEN
16 CESTUSPYRAMIDE
17 PORTA APPIA
18 MAUSOLEUM DES HADRIAN/ENGELSBURG
TIBER
VIA APPIA
N
0
500m

Die Macht der Vergänglichkeit

Cicero und seine Freunde unternehmen in Athen einen Abendspaziergang. Als sie zu Platons Akademie kommen, sagt M. Puppius Pico:

> Ist es Natur oder irgendeine Einbildung, dass wir, wenn wir an solche Orte gelangen, von denen wir gehört haben, dass berühmte Männer sich lange dort aufgehalten haben, stärker bewegt werden, als wenn wir einfach etwas über ihre Taten hören oder etwas von ihnen Geschriebenes lesen? Ich denke an Platon, der, wie wir gehört haben, hier als erster philosophiert hat. Ich persönlich pflege auch, wenn ich unsere Curia in Rom betrachte ..., an Scipio, Cato, Laelius und vor allem an meinen Großvater zu denken. So groß ist die Macht der Vergegenwärtigung an solchen Orten, dass man nicht ohne Grund von ihnen die Mnemotechnik abgeleitet hat.
>
> (De finibus 5,2).

In diesem Sinn möchte dieses Buch Orte mit Personen und Ereignissen verknüpfen und auf diese Weise fest im Gedächtnis verankern.

Geschichte

Wo eine alte Handelsstraße den Tiber überquerte und eine Insel den Übergang über den Fluss erleichterte, wurde Rom gegründet. Zunächst wurden die Hügel besiedelt, die sumpfige Niederung diente als Friedhof. Sie hieß *foris*, d.h., dass sie außerhalb des Siedlungsraumes lag. In der Mitte des 7. Jahrhunderts begann man, den Platz zu entwässern, mit Kies aufzuschütten und mit primitiven Hütten zu bebauen. Nach und nach entwickelte er sich zu einem Zentrum der Identifikation der jungen Gemeinde, zu einem durch Erinnerungsstätten, Mythen, Bauten sakral aufgeladenen Raum und zugleich zu dem Mittelpunkt des politischen Lebens.

Der schwarze Stein – *lapis niger* – markiert einen heiligen Ort, dessen Bedeutung umstritten ist. Der See des Curtius, *lacus Curtius*, bewahrt die Erinnerung an einen Patrizier, der sich für das Wohl des Staates geopfert hat. In der *regia* residierte und regierte erst der König, später der Pontifex maximus, auf dem *Comitium* versammelte sich das Volk. Schon der etruskische König Tullus Hostilius soll die Kurie, die das Comitium nördlich begrenzte und in der später der Senat tagte, gegründet haben. Auf dem Forum wurden die Götter verehrt, hier fanden Staatsakte statt, hier wurden Triumphe gefeiert, Verträge geschlossen, wurde Recht gesprochen und Handel getrieben, auch dann noch, als man die Märkte für Rinder, Gemüse, Fische, Wein und Naschwerk ausgegliedert hatte. Hier konnte man flanieren und sich die Zeit im Gespräch oder beim Brettspiel vertreiben.

497 v.Chr. entstand der erste große Tempel, der dem Saturn geweiht war, 484 folgte der Dioskurentempel, in dem Kastor und Pollux verehrt wurden. Patrizier bauten zur Ehre der Götter, zum Wohl der Gemeinschaft und zu ihrem und ihrer Familie Ruhm. Weiheinschriften nannten den Stifter und den Adressaten.

Im 2. Jahrhundert v.Chr. errichtete man Zweckbauten, die Basilica Aemilia und die Basilica Sempronia. Sie erfüllten zugleich den Zweck, den Platz im Norden und Süden zu rahmen.

Mit dem Bau der Kaiserforen, der in der Zeit Caesars, d.h. in der Mitte des 1. Jahrhunderts v.Chr., begann, sank die Bedeutung des Forum Romanum. Gewiss, es entstanden noch Tempel zu Ehren des Kaisers Vespasian (69–79 n.Chr.), zu Ehren der Venus und Roma unter Hadrian (117–138 n.Chr.) und der Faustina durch Antoninus Pius (138–161 n.Chr.); es wurden die Ehrenbögen des Titus (79–81 n.Chr.) und Septimius Severus (193–211 n.Chr.) errichtet; in einem nach Osten erweiterten Areal entstand als letztes großes Gebäude die von Kaiser Maxentius 306 begonnene und von Kaiser Konstantin (306–337) 312 vollendete, geweihte und nach ihm benannte Basilika. Fortan galt das Interesse der neuen Hauptstadt Konstantinopel.

426 verfügte Kaiser Theodosius II. die Zerstörung heidnischer Kultstätten. Die Westgoten (410) und die Vandalen (455) bedurften keiner Aufforderung, das Werk der Verheerung fortzusetzen; keine Macht, keine religiöse Scheu gebot ihnen Einhalt. Manche Gebäude wie die Basiliken wurden wieder instand gesetzt und weiter genutzt. Im 7./8. Jahrhundert wurden nicht weniger als sechs Bauten in Kirchen umgewidmet. Gebäude, die nicht das Glück hatten, lieferten Päpsten und römischen Patriziern billiges Baumaterial für ihre Kirchen und Paläste. Marmor wurde zu Kalk gebrannt. Raffael (1483–1520) wandte sich vergeblich mit der Bitte an Papst Leo X. (1519–1521), der Zerstörung Einhalt zu gebieten. Was übrig blieb, wurde von einer Erdschicht bedeckt. Nur weniges ragte noch heraus. Im 17. Jahrhundert nutzte man das Gelände als Viehweide – *Campo Vaccino*.

Erst als Johann Joachim Winckelmann 1763 die Oberaufsicht über die antiken Stätten übernahm, erwachte das Interesse an dem Altertum wieder. Die ersten Grabungen wurden durchgeführt. Durchaus nicht alle fanden Gefallen daran, dass man nun der als romantisch empfundenen Ruinenlandschaft ein Ende bereitete.

DAS FORUM ROMANUM

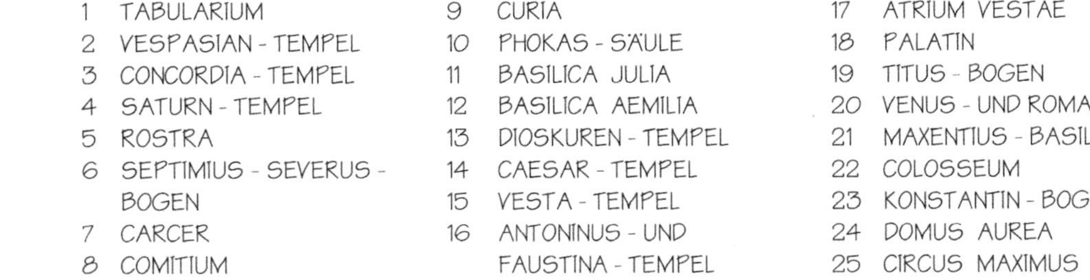

1 TABULARIUM
2 VESPASIAN - TEMPEL
3 CONCORDIA - TEMPEL
4 SATURN - TEMPEL
5 ROSTRA
6 SEPTIMIUS - SEVERUS - BOGEN
7 CARCER
8 COMITIUM
9 CURIA
10 PHOKAS - SÄULE
11 BASILICA JULIA
12 BASILICA AEMILIA
13 DIOSKUREN - TEMPEL
14 CAESAR - TEMPEL
15 VESTA - TEMPEL
16 ANTONINUS - UND FAUSTINA - TEMPEL
17 ATRIUM VESTAE
18 PALATIN
19 TITUS - BOGEN
20 VENUS - UND ROMA - TEMPEL
21 MAXENTIUS - BASILICA
22 COLOSSEUM
23 KONSTANTIN - BOGEN
24 DOMUS AUREA
25 CIRCUS MAXIMUS

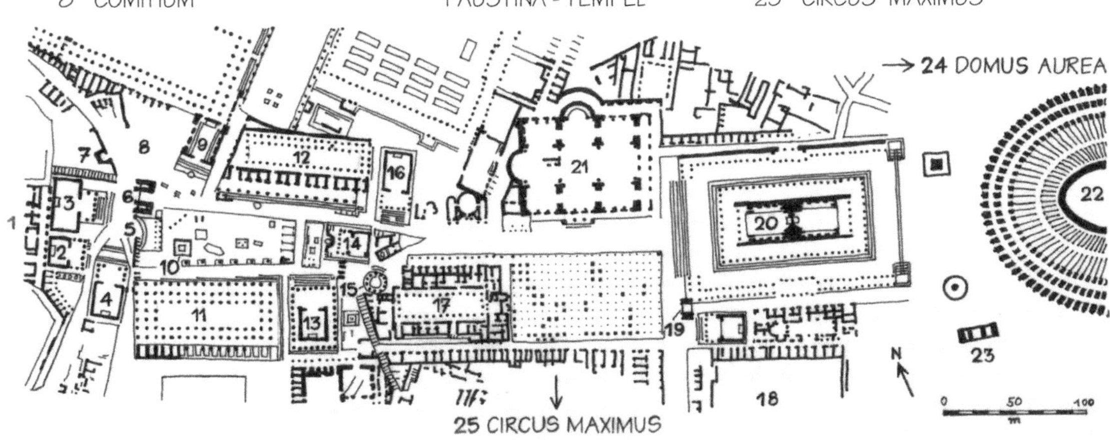

Forum Romanum, Blick vom Kapitol

Forum Romanum, Rekonstruktion

Erste wissenschaftliche Grabungen führte der italienische klassische Philologe und Architekt Giacomo Boni in den Jahren 1898–1905 durch. Vieles, was nicht antik war, ließ er abreißen oder zurückbauen: Der heilige Adriano musste aus der Kurie weichen. Wo möglich, stieß Boni Schicht für Schicht bis auf das prähistorische Niveau vor. Auf seinen Spuren wird bis heute weitergegraben und weitergeforscht. Ergebnisse werden infrage gestellt, neue Erkenntnisse führen zu neuen Bewertungen. Das Forum hat sich zu einem Ort wissenschaftlicher Forschung entwickelt – und bleibt doch für die Besucher immer der Ort der *sanften Traurigkeit* und der *Vergegenwärtigung vergangener Größe*.

Rundblick einst und jetzt

Stellen wir uns einen römischen Bürger vor, der in der Mitte des 4. Jahrhundert n.Chr. auf dem Forum etwa an der Stelle stand, an der später (604) die Phokas-Säule errichtet wurde, und sich umschaute. Was sah er?

Unterhalb des Kapitols – im Westen – begrenzte das 74 m lange mehrstöckige Tabularium den Platz. Es war 78 v.Chr. erbaut worden und beherbergte das Staatsarchiv. Über die Höhe fehlen Angaben.

Es überragte zwei Tempel. Der eine war den Kaisern Vespasian (69–79 n.Chr.) und Titus (79–81 n.Chr.) geweiht, der andere der Concordia, der vergöttlichten Eintracht. Beiden Tempeln waren Portiken mit je sechs korinthischen Säulen vorgelagert; der Concordiatempel hatte dem jüngeren Gebäude als Vorbild gedient. Er ist ursprünglich 347 v.Chr. erbaut, von Tiberius (14–37 n.Chr.) als Monument und Zeugnis für die Siege, die er und sein Bruder Drusus über die Germanen errungen hatten, neu errichtet worden.

Von links, von Südwesten, ragte der Saturntempel in den Platz hinein, ein mächtiger Bau, der bereits 500 v.Chr. geweiht worden war. 42 v.Chr. hatte man begonnen, einen Neubau zu errichten, der erst nach der Schlacht bei Actium (31 v.Chr.) vollendet worden war. Nach einem Brand wurde der jonische Bau in der 2. Hälfte des 4. Jahrhunderts n.Chr. schlecht und recht restauriert.

Rechts vor sich erblickte der Betrachter den 203 n.Chr. errichteten Septimius-Severus-Bogen. Durch ihn führte der Weg am Carcer, dem Staatsgefängnis, in dem die Gefangenen hingerichtet zu werden pflegten, vorbei auf das Kapitol. Der Bogen war einer von vielen, die auf dem Forum errichtet worden waren, aber er übertraf alle durch seine Größe und seine farbige Dekoration, die die Siege des Kaisers über die Parther verherrlichte. Auf der Attika standen vergoldete Statuen des Kaisers Vespasian und seiner Söhne.

Unmittelbar vor sich sah der Betrachter die mit bronzenen Schiffsschnäbeln (*rostra*) geschmückte Bühne, die Rostra, von der aus sich die Redner an das Volk wandten. Augustus hatte sie erheblich vergrößert. Auf dem Podium hatte der Kaiser Septimius Severus (193–211 n.Chr.) fünf hohe Ehrensäulen aufstellen lassen. Die Rostra wurden gerahmt von einem kleinen Rundbau, dem Nabel der Stadt (*umbilicus urbis*) im Nordwesten und im Südwesten von einer Goldenen Säule (*miliarium aureum*), auf der die Entfernungen zu den Städten außerhalb Roms verzeichnet waren.

Linker Hand, im Süden, begrenzte die 283 n.Chr. restaurierte fünfschiffige Basilica Iulia das Forum. Caesar hatte sie 46 v.Chr. – noch unfertig – eingeweiht, Augustus, nachdem sie zerstört worden war, 12 v.Chr. erneut errichtet. Das dreigeschossige Mittelschiff erreichte eine Höhe von 30 m. Das nördliche, dem Forum zugewandte Schiff trug eine Terrasse, von der aus man das Treiben auf dem Forum beobachten konnte und die den Kaisern die Möglichkeit bot, sich dem Volk zu präsentieren. Das Gebäude diente vornehmlich als Gerichtsstätte.

An sie schloss sich der 484 v.Chr. geweihte, von Tiberius 6 n.Chr. etwa gleichzeitig mit dem Concordiatempel neu errichtete Tempel der Dioskuren an, dessen Cella von korinthischen Säulen umgeben war. Er war das größte sakrale Bauwerk auf dem Forum. Er wurde vom Senat gern und häufig als Sitzungssaal genutzt. Einen Teil der Eingangstreppe nahm eine Rednertribüne ein.

Den östlichen Abschluss bildeten der Rundtempel der Vesta und der Tempel des Divus Iulius, den Augustus an der Stelle hatte errichten lassen, an der Caesars Leiche verbrannt worden war. Er war 29 v.Chr. geweiht worden. Auf der Eingangstreppe erhob sich eine Rednertribüne, die mit bronzenen Schiffsschnäbeln der in der Schlacht bei Actium 31 v.Chr. erbeuteten Schiffe geschmückt war. Der Bau des Vestatempels wurde dem der Überlieferung nach zweiten etruskischen König Numa Pompilius (7. Jh. v.Chr.) zugeschrieben; er war mehrfach zerstört worden, zuletzt hatte ihn Julia Domna, die Frau des Kaisers Septimius Severus, wieder aufgebaut.

Wandte der Betrachter seinen Blick zurück und nach Norden, so sah er an der Ostseite des Forums zunächst einen Rundbau, dessen mit einem Bronzetor verschlossener Eingang von zwei Porphyrsäulen mit korinthischen Kapitellen flankiert war. Eigene Eingänge führten auf beiden Seiten zu apsidialen Räumen. Der Bau fungierte als Vestibül eines Tempels, der sich hinter ihm erhob und den man als den Tempel gedeutet hat, den Maxentius (306–312 n.Chr.) seinem früh verstorbenen Sohn Romulus geweiht hatte. Der Name Romulus-Tempel stammt aus dem Mittelalter. Heute wird eher die Meinung vertreten, es handle sich um das Vestibül des Tempels der Stadt Rom. Andere identifizieren den Bau mit dem Tempel des Iuppiter Stator.

Unmittelbar daneben erhob sich westlich der Tempel des Antoninus Pius und der Faustina an. Der Kaiser hatte ihn 141 für seine verstorbene Frau erbaut, damit aber zugleich sich selbst ein Denkmal gesetzt. Der Platz an der Via Sacra und gegenüber der Regia war gut gewählt. Der Tempel mit seinen sechs korinthischen Säulen in der Front hatte sich an dem Vespasiantempel orientiert. Faustina tauchte in einem Giebelrelief und auf der Spitze des Giebels in einer Quadriga auf. Es wird auch die Meinung vertreten, der Tempel sei auf den Fundamenten des Tempels des Iuppiter Stator errichtet worden. Das Kaiserpaar hätte sich auf diese Weise als Erben des Jupiter und der sicher mit ihm gemeinsam verehrten Juno darstellen und mit der Gründungsgeschichte Roms verknüpfen wollen.

Nach Westen schloss sich die Basilica Aemilia an, das Pendant zur Basilica Iulia. Eine erste Basilica war in der ersten Hälfte des 2. Jahrhunderts v. Chr. errichtet worden. Sie war mehrfach zerstört und wiederaufgebaut worden, zuletzt von Augustus 14 v.Chr., zwei Jahre vor der Basilica Iulia. Später, 22 n.Chr., war sie nochmals restauriert worden. Das dreischiffige Gebäude war zwei Stockwerke hoch. Zum Forum war ihr eine zweistöckige Portikus vorgelagert, in der Tavernen zum Verweilen und Läden zum Kauf einluden. Wie in der gegenüberliegenden Basilica bot auch hier eine Terrasse eine gute Aussicht auf das Forum. Zu Beginn des 4. Jahrhunderts n.Chr. ist das Gebäude noch einmal restauriert worden, anschließend war es dem Verfall preisgegeben. Handwerker und Ladenbesitzer nisteten sich ein, ein Kalkofen wurde installiert.

Daneben, nur durch einen Weg getrennt, rechts des Betrachters, die Kurie, das Amtsgebäude des Senats. Die Errichtung des ersten Gebäudes wird dem etruskischen König Tullus Hostilius zugeschrieben (7. Jh. v.Chr.). Nach ihm hieß sie die Curia Hostilia. Sulla hatte sie 81 v.Chr. umbauen lassen, um für die auf 600 Mitglieder erhöhte Zahl der Senatoren Platz zu schaffen. Als sie abbrannte, baute sie ein Neffe des Diktators wieder auf. Bald danach wurde sie abgerissen und von Augustus neu erbaut. 25. v.Chr. war sie fertiggestellt. Nach einem erneuten Brand hatte sie Diokletian (284–305) schließlich wieder aufgebaut. Ein Giebel wies sie als ein sakrales Bauwerk aus. Auf der Spitze war eine Statue der geflügelten Victoria postiert, die auf einer Weltkugel stand. Die Kurie wurde von dem Vespasiantempel überragt. Der Kaiser hatte dem Senat zu verstehen geben wollen, wer im Reich das Sagen hat.

Der Bau begrenzte das Comitium, den Platz, auf dem sich das Volk zu versammeln pflegte, um zu wählen oder den Rednern zu lauschen, die von der Rostra zu ihnen sprachen.

Wollte der Besucher das Forum verlassen, so bog er nach rechts ab und wendete sich nach Osten. Sein Weg führte ihn an dem auf seiner rechten Seite gelegenen Atrium Vestae vorbei, in dem die Vestalinnen wohnten.

Auf seiner linken Seite sah er den gewaltigen Bau der Basilika, die Kaiser Maxentius 306 n.Chr. begonnen und Kaiser Konstantin 312 vollendet hatte. Sie gehört zu den eindrucksvollsten Gebäuden auf dem Forum und zu den Höhepunkten römischer Baukunst. Die Scheitelhöhe des Mittelschiffs mit einem von Pfeilern getragenen Kreuzgewölbe betrug 35 m. Es war keine der üblichen Säulenbasiliken vom Typ der Basilica Iulia oder Aemilia; erstmals ist die Thermenarchitektur auf eine Basilika übertragen worden. Der Bau ist ein wichtiges Bindeglied zwischen der Antike und der im 6. Jahrhundert in Konstantinopel errichteten Hagia Sophia. 354 n.Chr. ist die Basilika geweiht worden. In einer Apsis hatte Konstantin eine Kolossalstatue seiner selbst aufstellen lassen. Es war das letzte monumentale Gebäude, das auf dem Forum errichtet wurde.

Vor ihm erhob sich der Tempel der Venus und Roma, der das Forum im Osten begrenzte. Er ist 135/36 n.Chr. von Hadrian vollendet, von Maxentius aufwendig restauriert worden. Der korinthische Peripteros war mit 145 x 100 m der größte Tempel Roms.

Den Abschluss der Besichtigung bildete ein sehr gut erhaltenes Bauwerk: der Triumphbogen des Titus (79–81 n.Chr.). Indem der Besucher ihn durchschritt, konnte er einen Blick auf die Darstellung der Eroberung Jerusalems werfen. Der Bogen war wie so viele Monumente errichtet worden, um Roms Kriege und Siege zu verherrlichen und dem Gedächtnis der Nachwelt einzuprägen.

Das war der Platz, auf dem die Menschen ihre Zeit verbracht, eingekauft, geopfert, gewählt haben, auf dem regiert wurde. Aber aus der alten Zeit hat sich so gut wie nichts erhalten. Die Gebäude sind immer wieder durch Brände zerstört, restauriert, wieder aufgebaut worden, manchmal in der ursprünglichen Form, meistens größer und prächtiger, dem jeweiligen Zeitgeschmack entsprechend, manchmal auch einfacher und billiger.

So überwältigt der antike Betrachter gewiss war von der Zahl, der Größe und Pracht der Monumente, so enttäuscht wird der moderne Besucher sein. Nur weniges ragt aus dem Ruinenfeld heraus, Ruinen von Bauten, die in der Kaiserzeit errichtet, wiedererrichtet, restauriert worden sind.

Von demselben Standort wie sein antiker Vorfahre erblickt er im Westen drei korinthische Säulen, die von den ursprünglich sechs Säulen des Vespasiantempels erhalten sind. Der Concordiatempel ist so gut wie verschwunden.

Wendet er seinen Blick entgegen dem Uhrzeigersinn nach Süden, so sieht er die Ruinen des Saturntempels, acht Säulen, den Architrav und den Giebel.

Drei 12 m hohe Säulen mit dem Giebel gehören zu dem Tempel der Dioskuren. Sie gelten als das Wahrzeichen des Forums.

Deutlich ragt der Rundtempel der Vesta aus den Ruinen heraus.

Den östlichen Abschluss bildet die Kirche S. Francesca Romana, die im 13. Jahrhundert errichtet, im 17. Jahrhundert umgebaut worden ist. Sie steht dort, wo einst die Vorhalle des Tempels der Venus und der Roma stand.

Wendet sich der Blick nach Norden, so fallen die gewaltigen Ruinen der Maxentius- oder Konstantinbasilika ins Auge. Erhalten ist das rechte Seitenschiff mit drei Tonnengewölben. Das Kreuzgewölbe des Mittelschiffs ist 1349 bei einem Erdbeben eingestürzt. Eine der 20 m hohen korinthischen Säulen steht auf dem Platz vor der Kirche Santa Maria Maggiore.

Daneben zwei Kirchen: Zunächst SS. Cosma e Damiano aus dem 6. Jahrhundert, ursprünglich vielleicht der Tempel der Stadt Rom oder der Tempel des Iuppiter Stator. Ein Rundbau mit einer noch im Original erhaltenen Bronzetür bildet ihr Vestibül.

Dann die Kirche San Lorenzo in Miranda aus dem 12. Jahrhundert, deren Eingang die Vorhalle des Tempels des Antoninus Pius und der Faustina bildet, der 141 v.Chr. geweiht worden ist.

Die Barockfassaden beider Kirchen stammen aus dem Anfang des 17. Jahrhunderts.

Auf der Höhe des Betrachters, rechts von ihm, erhebt sich die Kurie, ein Gebäude, das so gut erhalten ist, dass es scheinbar alle Unbilden des Schicksals problemlos überstanden hat.

Die Kurie kann unser Besucher sogar betreten. Das versöhnt ihn vielleicht ein wenig mit dem tristen Anblick, den das alte Forum ihm in heutiger Zeit bietet.

Wir wollen unsere Besichtigung mit zwei eher unscheinbaren, aber alten und ehrwürdigen Stätten beginnen.

3.1 Der Curtius-See und der Nabel der Welt

Der Curtius-See

Der Lacus Curtius gehört zu den ältesten Kultstätten auf dem Forum. Er befindet sich im Zentrum des Platzes nahe der Phokassäule. Er war ursprünglich ein Teich, zur Zeit des Augustus nicht mehr als ein Brunnen, in den die Menschen am Geburtstag des Kaisers Münzen warfen. Sie begleiteten diese Geste mit guten Wünschen für die Gesundheit des Kaisers. Wer heutzutage Münzen in die Fontana Trevi wirft, denkt an sich selbst und wünscht sich eine Wiederkehr nach Rom.

Dies ist die Stelle, an der Galba ermordet wurde, der in der Nachfolge Neros nur ein halbes Jahr Kaiser war, von Juni 68 bis Januar 69 n.Chr. Er fiel einer Verschwörung seines Nachfolgers Otho zum Opfer.

> Das Volk trug Galbas mit Lorbeer und Blumen geschmückte Bildnisse von Tempel zu Tempel, und Kränze wurden wie ein Grabhügel neben dem See des Curtius an der Stelle aufgetürmt, die Galba mit seinem Blut gefärbt hatte.
>
> (Tacitus, Historien, 2,55).

Mit dem Curtius-See verbinden sich Erinnerungen an wenigstens zwei legendäre Ereignisse der römischen Frühgeschichte.

Die erste Geschichte erinnert an die Geburt Roms als eines aus zwei Völkern zusammengewachsenen Staatswesens. Das war ein wichtiges Ereignis, weil Rom in ihm seine Integrationskraft bewies, eine Eigenschaft, die es in besonderer Weise zu imperialer Herrschaft befähigt hat. Es ist beachtenswert, dass der See in dieser Version nach einem hervorragenden Mann der vormaligen Gegner benannt worden ist.

Die Geschichte verherrlicht zugleich den Mut von Frauen, die ihre Furcht überwanden, um Frieden zu stiften.

Die zweite Geschichte erinnert an einen tapferen Römer, der sich für sein Volk geopfert hat, der die *virtus* verkörpert hat, die mehr ist als Tapferkeit: Tüchtigkeit im umfassenden Sinn. Es sind solche Männer und Frauen, will die Geschichte sagen, denen Rom seine Größe verdankt.

Beide Legenden werden von Titus Livius erzählt, der von 59 v.Chr. bis 17 n.Chr. gelebt hat. Was wir über Roms Frühgeschichte wissen, seien es Fakten, seien es Legenden, verdanken wir seinem Geschichtswerk, das mit der Gründung Roms beginnt und mit dem Tod des Drusus (9 v.Chr.) endet. Das Werk ist unvollendet. Livius stützt sich auf die Schriften seiner zahlreichen Vorgänger und bewirkt zugleich, dass sie vergessen wurden. Er war kein kritischer Quellenforscher im modernen Sinn. Seine Leistung besteht darin, dass er dem Leser römisches Wertbewusstsein nahebringt und dass er ein großartiger Stilist und Erzähler ist. Seine Geschichten enthalten manchmal auch in *direkter* Rede dramatische Elemente, sie sind spannend zu lesen.

Der Sabiner Mettius Curtius

Es waren vornehmlich Männer, mit denen Romulus der römischen Überlieferung nach im Jahr 753 v.Chr. Rom gegründet hat. Seine Bitte an die benachbarten Völker um einen Bündnisvertrag, der das Recht auf Ehegemeinschaften einschloss, wurde herablassend-ablehnend beschieden. Da verfiel Romulus auf eine List. Er lud die Nachbarn zu einem Fest zu Ehren des Pferde-Neptun ein. Viele Menschen kamen. Auf ein verabredetes Zeichen stürzten sich die jungen Römer auf die Töchter der Sabiner und raubten sie.

Die Mädchen erhielten den Status und das Recht von Ehefrauen und waren bald versöhnt, nicht so die Väter. Sie rüsteten zum Krieg und es gelang ihnen, sich in Rom einen Weg bis zur Burg zu bahnen und sie zu erobern. Von dort stiegen sie hinab, um das in der Ebene aufmarschierte römische Heer anzugreifen.

> Die Römer näherten sich, von Zorn und von dem Verlangen angespornt, die Burg zurückzuerobern, der vor ihnen liegende Höhe. Auf beiden Seiten stachelten führende Persönlichkeiten die Truppen zum Kampf an, bei den Sabinern Mettius Curtius, bei den Römern Hostius Hostilius. Dieser kämpfte bei den vordersten Feldzeichen und brachte die Römer mit Mut und Kühnheit dazu, trotz ungünstigem Gelände standzuhalten.

Als er fiel, war es Romulus, der die Kämpfer an der Flucht hinderte und sie aufforderte, den Kampf fortzusetzen.

> Der Sabiner Mettius Curtius war als erster von der Burg hinabgestürzt und hatte die Römer, deren Reihen er durchbrochen hatte, über den gesamten Platz, der jetzt das Forum einnimmt, vor sich her getrieben. Als er nicht mehr weit vom Tor zum Palatin entfernt war, rief er: „Wir haben die treulosen Gastgeber besiegt, die feigen Feinde. Jetzt wissen sie, dass es etwas anderes ist, Mädchen zu rauben, als mit Männern zu kämpfen.“ Während er so prahlte, griff Romulus ihn mit einer Schar äußerst kampfbereiter junger Männer an. Zufällig führte Curtius den Kampf gerade vom Pferd aus. Umso leichter war es, ihn zurückzudrängen. Als das gelungen war, setzten ihm die Römer nach, und eine andere Truppe wurde von der Kühnheit ihres Königs angestachelt und trieb die Sabiner in die Flucht. Mettius Curtius stürzte, da sein Pferd infolge des Lärms der Nachfolger scheute, in einen Sumpf. Dieses Ereignis, dass ein so bedeutender Mann in Gefahr schwebte, hatte die Aufmerksamkeit auch der anderen Sabiner auf sich gezogen. Sie winkten und

riefen ihm zu; durch die Zuneigung so vieler seiner Leute wurde sein Mut gestärkt, und er konnte sich retten. Die Römer und die Sabiner nahmen den Kampf mitten im Tal zwischen dem Kapitol und dem Palatin wieder auf. Aber die Römer waren überlegen.

Da überwanden die sabinischen Frauen, denen das Unrecht des Raubes widerfahren war und die so zur Ursache des Krieges geworden waren, ihre weibliche Furcht, so schrecklich war das Geschehen, und sie wagten es, sich mit aufgelöstem Haar und verschlissener Kleidung mitten zwischen die hin und her fliegenden Geschosse zu werfen und, indem sie von der Seite herbeistürmten, die feindlichen Reihen zu trennen und den Zorn der Männer zu dämpfen. Sie flehten hier die Väter, dort die Ehemänner an, sie sollten nicht als Schwiegerväter und Schwiegersöhne frevelhaft Blut vergießen und Schuld auf sich laden, nicht durch Mord an Verwandten ihre noch ungeborenen Nachkommen beflecken, die Sabiner die Schar ihrer Enkel, die Römer die ihrer Kinder. „Wenn ihr etwas dagegen habt, miteinander verwandt zu sein, wenn ihr etwas gegen die eheliche Verbindung habt, dann wendet euren Zorn gegen uns. Wir sind die Ursache des Krieges, wir die Ursache der Wunden und Tode unserer Männer und Väter. Wir wollen lieber sterben, als dass wir ohne euch entweder als Witwen oder als Waisen leben." Der Vorgang bewegte die Menge, mehr noch die Führer. Alle schwiegen, und plötzlich wurde es still. Dann traten die Führer vor, um ein Bündnis zu schließen.

Und sie schlossen nicht nur Frieden, sondern sie schufen aus zwei Völkern eines. Die Königswürde teilten sie untereinander, alle Macht übertrugen sie Rom. Damit den Sabinern, nachdem aus zwei Städten eine Stadt geworden war, auch etwas zugestanden werde, wurden die Bürger nach Cures, der Hauptstadt der Sabiner, *Quiriten* genannt.

In Erinnerung an diese Schlacht nannten sie den Ort, an dem das Pferd zuerst aus dem tiefen Sumpf aufgetaucht war und den Curtius auf festen Boden gestellt hatte, Curtius-See (*Lacus Curtius*). (1,12/13,1–5).

Der Römer Marcus Curtius

Man sagt, in demselben Jahr (362 v.Chr.) sei durch ein Erdbeben oder eine andere Gewalt fast in der Mitte des Forums ein großes Loch von beträchtlicher Tiefe entstanden. Und dieser Schlund habe durch Erde, die jeder herbeitrug, nicht gefüllt werden können, bis man auf Mahnung der Götter das Gut zu suchen begonnen habe, wodurch das römische Volk seine größte Stärke habe. Die Seher verkündeten, dieses Gut müsse diesem Ort geweiht werden, wenn man wolle, dass das römische Volk ewig bestehe. Da habe, so wird überliefert, Marcus Curtius, ein junger Mann, der sich im Krieg ausgezeichnet hatte, die unschlüssigen Römer gescholten und gefragt, ob es ein größeres römisches Gut gebe als Waffen und Tapferkeit. Darauf sei Stille eingetreten. Und da habe er seinen Blick auf die Tempel der unsterblichen Götter, die über das Forum hinausragten, und auf das Kapitol gerichtet, habe seine Hände jetzt zum Himmel, jetzt zu der Öffnung der Erde, dem Reich der Unterweltgötter, ausgestreckt und sich den Gottheiten geweiht. Er habe sich in voller Rüstung auf sein Pferd gesetzt, das er, so gut er konnte, geschmückt hatte, und sich in die Tiefe gestürzt. Viele Männer und Frauen hätten Geschenke und Früchte über ihnen gehäuft.

Von ihm habe der Lacus Curtius seinen Namen, nicht von jenem sagenhaften Curtius Mettius, dem Soldaten des Titus Tatius. Es würde nicht an Mühe fehlen, wenn sie den Forscher auf irgendeinem Weg zur Wahrheit führen würde. Jetzt muss man sich auf die Überlieferung verlassen, da das Alter des Geschehens eine sichere Kenntnis verweigert. Durch diese jüngere Überlieferung ist der Name des Sees deutlicher bezeugt als durch ältere Gewährsleute. (7,6).

Die Römer kannten keine Helden wie Achill, der für sich und seine Ehre kämpft, ihre Helden vollbrachten ihre Taten im Dienst des Staates und zu seinem Nutzen und Vorteil. Sie sollten der Jugend als Vorbild dienen. Darauf kam es an, nicht darauf, ob es sich um ein belegbares historisches Faktum handelt.

Der Nabel der Welt

Eine ähnliche, noch weiter in die Geschichte zurückreichende Bedeutung wird einem kleinen Ziegelbau beigemessen, der sich etwas südlich des Septimius-Severus-Bogens befindet: dem *umbilicus* (Nabel) oder *mundus* (Unterwelt). Er schützt eine Grube, die mit Erstlingen und Erde gefüllt worden sei und die für Romulus den Mittelpunkt der Stadtgründung gebildet habe. (Plutarch, Romulus, 11). Hier soll er das erste Opfer in der neuen Stadt vollzogen haben. Den Brauch, den Göttern der Unterwelt Erstlinge zu opfern, habe man beibehalten und dreimal jährlich geübt.

(Macrobius – 5. Jh. n.Chr. –, Sat. 1,16, 18).

3.2 Das Heiligtum der Venus Cloacina und der Tod der Verginia: Von Livius zu Lessing

Von einer Heldentat anderer Art erzählt die folgende Geschichte: von einem einfachen Mann, einem Vater, der seine Tochter tötete, um ihre Ehre zu retten:

Die Cloaca Maxima war der Kanal, mit dessen Hilfe der Platz des Forums trockengelegt worden ist. Er soll schon in der Zeit der etruskischen Könige angelegt worden sein. Er war bis zu 3 m hoch und 4 m breit.

Als Schutzgöttin wurde Venus Cloacina verehrt, die wohl an die Stelle einer älteren Göttin getreten war, die Reinheit symbolisierte (*cluere – reinigen*). Ihr Heiligtum befand sich südwestlich der Basilica Aemilia. Zu sehen ist nur noch ein rundes Marmorfundament für Statuen, das mit einem Bronzezaun eingefasst war. Mit dem Ort verbindet sich die Geschichte der Verginia, die Livius erzählt.

Appius Claudius war 451 v.Chr. in das Kollegium der Decemviri, der *Zehn-Männer*, gewählt worden, die, mit konsularischer Befugnis ausgestattet, die nur mündlich überlieferten Gesetze kodifizieren sollten. Das Ergebnis ihrer Arbeit sei, so heißt es, das Zwölftafel-Gesetz gewesen. Während ihrer Amtszeit waren alle Magistrate suspendiert. Appius Claudius war, wie alle anderen Mitglieder dieses Gremiums, ein Aristokrat. Er hatte ein Auge auf die schöne Tochter des Verginius geworfen, eines Plebejers, der im Heer als Centurio diente. Der Decemvir veranlasste einen Klienten, zu behaupten, Verginius sei nicht der Vater des Mädchens, sie sei vielmehr seine, des Klienten, Sklavin. Der Konflikt hatte, so persönlich der Anlass war, politische Sprengkraft. Appius Claudius leitete die Gerichtsverhandlung und sprach das Mädchen seinem Klienten zu, obwohl Verginius seine Vaterschaft einwandfrei nachweisen konnte. Ein Liktor machte Anstalten, das Mädchen zu ergreifen. Die Menge wich ängstlich zurück. Livius erzählt:

> Das Mädchen stand da, verlassen, eine Beute des Unrechts. Da sagte Verginius, als er nirgendwo mehr Hilfe sah: „Appius, sieh es zunächst dem Schmerz eines Vaters nach, wenn ich dich zu hart angegriffen habe, und erlaube dann, dass ich hier in Anwesenheit des Mädchens die Amme befrage, wie die Sache sich verhält, damit ich, wenn ich fälschlich Vater heiße, mit größerer Gelassenheit den Platz verlasse.“ Als es ihm erlaubt wurde, führte er das Mädchen und die Amme beiseite zu den Läden bei dem Heiligtum der Cloacina, sie heißen jetzt *die Neuen*. Dort riss er einem Fleischer das Messer aus der Hand und sagte: „Auf diese mir einzig mögliche Weise erhalte ich dir die Freiheit.“ Dann durchbohrte er die Brust des Mädchens. Er blickte zurück zur Richterbühne und sagte: „Dich, Appius, und dein Haupt verfluchte ich mit diesem Blut.“ (3,48,3–5).

Die Tat führte zum Aufstand gegen die Decemviri. Sie mussten zurücktreten. Es fanden Wahlen statt. Verginius wurde zu einem der zehn Volkstribunen gewählt. Appius Claudius wurde angeklagt, er schied freiwillig aus dem Leben.

Verginius hatte durch seine Tat nicht nur verhindert, dass Unrecht geschah, er hat auch bewirkt, dass dem Recht wieder Geltung verschafft wurde.

In Lessings Trauerspiel *Emilia Galotti* (1772) handelt Odoardo Galotti, Emilias Vater, erst, als die Tochter ihn an Verginius erinnert:

> Emilia: Ehedem wohl gab es einen Vater, der, seine Tochter vor der Schande zu retten, ihr den ersten, den besten Stahl in das Herz senkte – ihr zum zweiten das Leben gab. Aber alle solche Taten sind von ehedem! Solcher Väter gibt es keinen mehr!
> Odoardo: Doch meine Tochter, doch! (indem er sie durchsticht). Gott, was hab ich getan!
> Emilia: Eine Rose gebrochen, ehe der Sturm sie entblättert. – Lassen Sie mich sie küssen, diese väterliche Hand. (3. Aufzug, 7. Auftritt).

Odoardo bewahrt seine Tochter vor der Zudringlichkeit des Prinzen Hettore Gonzaga. Aus seiner Tat ergaben sich – anders als in der antiken Geschichte – keine politischen Konsequenzen.

3.3 Die Regia, der Tempel der Vesta und die keuschen Priesterinnen

In der Mitte des östlichen Bereichs des Forums ragen die korinthischen Säulen aus den Ruinen heraus, die zu dem Rundbau der Vesta gehören, und nicht weit davon entfernt stößt man auf einen trapezförmigen Grundriss. Auf ihm erhob sich ein Gebäude, in dem zuerst eine Fruchtbarkeitsgöttin verehrt wurde, im 6. Jahrhundert v.Chr. zog der König ein, und nach der Gründung der Republik wurde es als Amtssitz des Pontifex maximus genutzt. Er übernahm die religiösen Aufgaben, die zuvor der König erfüllt hatte. Es sind zwei Orte, deren Geschichte bis in die Frühzeit Roms zurückreicht und deren Bedeutung den Römern stets bewusst war.

Die Regia

Die sichtbaren Überreste stammen aus der 2. Hälfte des 1. Jahrhunderts v.Chr.

Hier, am Amtssitz des Pontifex maximus, war das *sacrarium Martis* untergebracht, die Heilige Lanze und heilige Schilde, Geschenke des Gottes Mars. Im Frühjahr und im Herbst führte das Priesterkollegium der Salier (*salire – springen*) in Rom feierliche Tänze auf. Die Salier waren eine von mehreren priesterlichen Vereinigungen, die sich um Kulte kümmerten, für die es keine staatlichen Priester gab. Zu diesen priesterlichen Vereinigungen gehörte auch das Gremium der Augustales, das sich außerhalb Roms um die Verehrung der göttlichen Kaiser kümmerte.

In der Regia befand sich das Archiv des Pontifex maximus. Es bildete den Grundstock für die Annales maximi, die Jahreschroniken, aus denen alle Geschichtsschreiber schöpften. Auch die Fasti consulares wurden hier aufbewahrt, sie enthielten die Namen der Konsuln, die dem Jahr den Namen gaben. Wichtige Dokumente, Verträge, Testamente wurden hier hinterlegt. Weil die Regia als eine ehrwürdige Stätte galt, war es Augustus sicher recht, dass er den Tempel des Divus Iulius in ihrer Nähe errichten durfte. Selbst als sie nicht mehr Sitz des Pontifex maximus war, wählte noch Kaiser Antoninus Pius (138–161 n.Chr.) für seinen Tempel einen Platz in ihrer Nähe. Die Regia ist mehrfach durch Brand zerstört worden.

Der Vestatempel

Im Mittelpunkt des östlichen Bereichs des Forums steht das Rundhaus der Vesta. Drei korinthische Säulen mit einem Teil des Gebälks ragen aus den Ruinen heraus. Der Eindruck trügt. In der Antike ist der eher kleine Bau von den ihn umgebenden Tempeln überragt worden. Es zeugt für das Alter des Kultes, dass es wahrscheinlich nie ein Kultbild gab. Die altrömische Religion war bildlos. Romulus oder der etruskische König Numa Pompilius sollen den Kult begründet haben. Das Gebäude war vielleicht ursprünglich oval wie das altitalische Haus, jedenfalls hat schon Ovid (43 v.Chr.–17/18 n.Chr.) die Form des Tempels aus der Hausform hergeleitet. Vermutlich nach einem Brand 241 v.Chr. ist das Gebäude unter dem Einfluss der griechischen Tholos als Rundbau wiedererrichtet worden, so hat es zugleich die Form des runden Herdes aufgenommen, der sich im Innern befand. Säulen mit jonischem Kapitell umgaben den kreisförmigen Innenraum, die Cella. In der Mitte des Daches war eine Öffnung als Rauchabzug, denn auf dem Herd brannte das ewige Feuer, das jedes Jahr am 1. März rituell ausgelöscht und vom Pontifex maximus wieder entfacht wurde, ein Sinnbild des in alle Ewigkeit währenden Wechsels von

Vergehen und Werden. Das Feuer garantierte den Bestand des Staates. In ihm wurde die Göttin verehrt. Der Herd symbolisierte die Gesamtheit der Hausherde und verband so das Private mit dem Öffentlichen. Der Staatskult war im Großen, was der Hauskult im Kleinen war. Der Vesta entsprach die griechische Hestia, deren Herd in dem Tempel des Apollon in Delphi stand. Der römische Name ist mit dem griechischen nicht verwandt.

Der Tempel ist im Jahr 64 n.Chr. bei dem großen Brand zur Zeit des Kaisers Nero zerstört und danach wieder aufgebaut worden. Es sollte nicht das letzte Mal sein. Nach einer erneuten Brandkatastrophe (191 n.Chr.) hat ihn Julia Domna, die Gattin des Kaisers Septimius Severus, restauriert. Sie hat Marmor als Material verwendet und die jonischen Kapitelle durch korinthische ersetzt. 394 n.Chr. hat der Kaiser Theodosius I. die Schließung des Tempels verfügt.

In den 30er Jahren des 20. Jahrhunderts ist der Bau partiell – mit vielen Ergänzungen – so wiedererrichtet worden, wie er in severischer Zeit ausgesehen hat.

Der Tempel barg sieben Unterpfänder (*pignora*) der römischen Herrschaft, unter ihnen das Zepter des trojanischen Königs Priamos und das trojanische Palladium, eine Statuette der Pallas Athena. Es hieß, dass, wer sie besitze, auf den Schutz der Göttin vertrauen dürfe.

Die Vestalinnen

Den Dienst im Tempel versahen sechs jungfräuliche Priesterinnen. Ihre Hauptaufgabe bestand darin, darauf zu achten, dass das Feuer nicht erlösche. Sie lebten in einer dem Tempel benachbarten Anlage, dem Atrium Vestae, in klösterlicher Gemeinschaft. Sie durften sich frei in der Stadt bewegen, ein Liktor begleitete sie; im Theater und im Circus waren ihnen im Bereich der Senatoren Plätze reserviert. Sie genossen große Verehrung. Sie wurden von dem Pontifex maximus ausgewählt, durften nicht jünger als sechs, nicht älter als zehn Jahre sein. Im Allgemeinen stammten sie aus patrizischen Familien. Sie verpflichteten sich für mindestens 30 Jahre. Die wenigsten kehrten nach Ablauf dieser Zeit in das bürgerliche Leben zurück, die meisten blieben in der Gemeinschaft und waren als Beraterinnen tätig. Zu den Regeln gehörte das Gebot der Keuschheit, eine in der römischen Religion singuläre Erscheinung, über deren Grund viel spekuliert wurde und wird. Den Kirchenvätern galt sie nicht als vorbildlich, weil sie nur für einen bestimmten Zeitraum galt.

Jeder Fehltritt wurde streng bestraft. Man war der Meinung, dass durch ihn das ganze römische Volk befleckt werde. Da ihr durch den

Fehltritt unrein gewordenes Blut nicht vergossen werden durfte, wurden sie lebendig begraben.

Vestalinnen

Rhea Silvia, die Mutter der Zwillinge Romulus und Remus, war eine Vestalin.

Der griechische Schriftsteller Plutarch (ca. 45 – nach 120 n.Chr.) berichtet in seiner Biografie des Numa Folgendes:

> Die Strafe dieser Jungfrauen besteht für kleinere Verfehlungen in Schlägen, die der Oberpriester der Sünderin verabreicht, zuweilen auch der nackten Sünderin an einem dunklen Ort hinter einem vorgezogenen Tuch. Hat aber eine die Keuschheit verletzt, so wird sie bei dem Collinischen Tor lebendig begraben. Nicht weit von diesem Tor, noch innerhalb der Stadt, befindet sich ein lang hingezogener Hügel, der in der Sprache der Lateiner *Agger* heißt. Hier wird ein nicht zu großes unterirdisches Gemach bereitet, in das man von oben hinuntersteigen muss. Es stehen darin ein bereitetes Bett, eine brennende Lampe und einige wenige Lebensmittel wie Brot, Wasser, je eine Flasche Milch und Öl, gleich als wenn man sich ein Gewissen daraus machte, eine zum heiligen Dienst geweihte Person durch Hunger zu töten. Die Verurteilte Vestalin selbst setzt man in eine zugedeckte und mit Riemen fest verschnürt Sänf-

te, damit niemand ihr Schreien hören soll, und trägt sie über den Markt. Alle, die ihr begegnen, gehen schweigend aus dem Weg und begleiten sie, ohne ein Wort zu sprechen, in tiefster Erschütterung. Es gibt auch in der Tat keinen schauderhafteren Anblick, und ein solcher Tag ist für die Stadt der allertraurigste. Wenn die Sänfte an den bestimmten Ort gekommen ist, machen die Gerichtsdiener die Bande los; unterdessen verrichtet der Oberpriester vor Vollziehung der Strafe mit zum Himmel gehobenen Händen ein geheimes Gebet, führt dann die ganz verhüllte Unglückliche aus der Sänfte und stellt sie auf die ins Gewölbe hinunterführende Leiter. Hierauf wenden er sowie die übrigen Priester das Gesicht ab; sobald sie hinabgestiegen ist, wird die Leiter herausgezogen und das Gewölbe mit Erde überschüttet, bis der Boden wieder gleich und eben ist. Auf diese Art werden die Vestalinnen bestraft, die das Gelübde der Keuschheit gebrochen haben.

(Kap. 10; Übers.: nach J.F. Kaltwasser/H. Floerke, vgl. 3.7 das Comitium).

3.4 Der Saturntempel und die Saturnalien

Der Tempel des Saturn erhob sich zwischen dem Vespasiantempel im Nordwesten und der südöstlich von ihm gelegenen Basilica Iulia. Er ist jünger als die im vorigen Kapitel betrachteten Denkmäler. Er stammt aus der Frühzeit der Republik, aus dem 5. Jahrhundert v.Chr. Zweimal, 42 v.Chr. und 263 n.Chr., ist er neu errichtet worden. Von dem Neubau des 3. Jahrhunderts stammen die acht Säulen und die Reste des Gebälks, die heute noch sichtbar sind.

In dem 9 m hohen und ca. 10 m langen Podium war der Staatsschatz (*aerarium*) aufbewahrt und so dem Schutz des Gottes anvertraut. Der Tempel war ein Schatzhaus von der Art der Schatzhäuser, mit denen die griechischen Stadtstaaten in Delphi ihre Macht und ihren Reichtum zur Schau stellten. Caesar ließ 49 v.Chr., als der Senat geflohen war, die Türen aufbrechen und 15.000 Gold-, 30.000 Silberbarren und 30 Millionen Sesterzen abtransportieren.

An dem Podium wurden öffentliche Bekanntmachungen angeschlagen. Gesetzesanträge wurden 24 Tage vor der Abstimmung bekannt gemacht.

Gesetze, Senatsbeschlüsse, Geschworenenlisten, Geburtsregister, Lokalnachrichten, Informationen über die vornehmen Familien und Nachrichten über außenpolitische Ereignisse wurden hier archiviert. Zu den Akten gehörten auch die Berichte, die Caesar aus Gallien an den Senat gerichtet hatte.

Die Etymologie des Namens Saturn ist ebenso umstritten (vielleicht von *serere – säen*) wie die Herkunft des Gottes. Sein Bild trug eine Fußfessel. Am Jahrestag der Weihung des Tempels, dem 17. Dezember, wurde sie gelöst. Das war der Beginn des Volksfestes der Saturnalien, in denen die Welt gleichsam entfesselt war und alle sozialen Schranken aufgehoben waren. In ihnen ließ man das glückliche goldene Zeitalter wieder aufleben, in dem, wie man sich vorstellte, Saturn einst geherrscht habe. Das Fest, das ursprünglich von Bauern gefeiert wurde, war 217 v.Chr. zu einem Volksfest ausgestaltet worden, das erst einen Tag, am Ende des 1. Jahrhunderts n.Chr. sieben Tage dauerte. Es wurde im ganzen Reich gefeiert. Jetzt durften Sklaven ihren Herren endlich einmal ungeschminkt ihre Meinung sagen. Horaz (65–8 v.Chr.) ermuntert seinen Sklaven Davus:

> Auf, da es unsere Vorfahren so wollten, nutze die dezembrische Freiheit und sprich.
>
> (Sat. 2,7, VV 4/5).

Die Sklaven durften sich mit der Toga kleiden, und sie durften sich sogar von ihren Herren bedienen lassen. Es wurde üppig gespeist und getrunken. Man beschenkte sich gegenseitig. Martial (ca. 40 – ca. 104 n.Chr.) klagt:

> Die Saturnalien sind ganz vorüber,
> du hast mir keine kleinen, nicht einmal winzige
> Geschenke geschickt, wie du es sonst getan hast, Galba.
>
> (5,84, VV. 6–8).

In Lukians (ca. 120 – nach 180 n.Chr.) Saturnalien erklärt der Gott Saturn seinem Priester, dass er nur sieben Tage Jupiter vertrete und dass er ihm seine Bitten nicht erfüllen könne:

> In diesen sieben Tagen ist es mir nicht erlaubt, irgendetwas Ernsthaftes und Wichtiges zu verrichten: Mich betrinken, jauchzen, spielen, würfeln, Festkönige ernennen, die Sklaven bedienen, nackend singen und tanzen, auch wohl gar mir das Gesicht mit Ruß beschmieren und mich in kaltes Wasser werfen lassen, das alles kann und darf ich, so viel mir das beliebt; allein, was Reichtum, Gold und andere Dinge von dieser Wichtigkeit betrifft, diese gibt Jupiter, wem er seine Gunst schenkt.
>
> (Übers.: nach Chr. M. Wieland).

Noch im 5. Jahrhundert n.Chr. hat man die Saturnalien gefeiert.

Die saturnalische Ausgelassenheit erinnert an das närrische Treiben der Fastnacht/des Karnevals. Wie hier wurde auch dort durch das Fest ein Ventil geschaffen, das letztlich dazu diente, die bestehenden Verhältnisse zu stabilisieren.

Den Brauch, sich zu beschenken, kennen wir von unserem Weihnachtsfest.

Dass die Römer ihren Saturn dem griechischen Kronos assimiliert haben, hatte offenbar keine Bedeutung für die Identität des Gottes.

3.5 Die Kurie und der Streit um den Altar der Victoria

Das Gebäude

Die Kurie (Versammlungsort einer *conviria*, einer Abteilung des Volkes), die das Forum im Nordwesten begrenzt, war das Amtsgebäude des Senats, der freilich häufig an anderen Orten tagte, zum Beispiel in der Kurie des Pompeius oder in Tempeln. Die alte *Curia Hostilia*, deren Bau man in die Zeit des Tullus Hostilius, des nach der Überlieferung dritten etruskischen Königs, datierte, war 52 v.Chr. durch einen Brand zerstört und wieder aufgebaut worden. Caesar hatte mit einem Neubau begonnen, der 29 v.Chr. von Augustus eingeweiht wurde und nun *Curia Iulia* hieß. Sie wurde im Laufe der Geschichte mehrfach durch Brand zerstört, zuletzt 283 n.Chr. Kaiser Diokletian (284–305 n.Chr.) ließ sie 303 in der von Caesar begonnenen und von Augustus vollendeten Form wiederherstellen.

Der Ziegelbau war im unteren Bereich mit Marmor, im oberen mit Stuck verkleidet.

Den guten Erhaltungszustand verdankt die Kurie der Umwandlung in eine Kirche, die 830 geweiht wurde. Die bronzene Eingangstür ist in der Renaissance in die Basilika San Giovanni in Laterano eingebaut worden. Sie ist vor Ort durch eine Kopie ersetzt worden. Mussolini (1925–1943 Diktator) hat die mittelalterlichen Veränderungen wieder rückgängig gemacht.

Die Kurie

Über dem Gebälk mit der Inschrift *Imperator Caesar* thronte eine Statue der auf einem Globus stehenden Siegesgöttin Victoria, ein Symbol der Weltherrschaft Roms, als Akroter.

Im Inneren war die Kurie mit einem bunten Marmorfußboden und in 21 m Höhe mit einer Kassettendecke ausgestattet. An den beiden Seiten des 27 m langen Raums dienten je drei Marmorstufen als Fundamente für die Sitze der Senatoren. An der nördlichen Rückwand stand auf einem Sockel die Sella curulis des Sitzungsleiters. In den in die Längswände eingelassenen Nischen standen Statuen.

An die Kurie grenzte das Caesarforum.

Der Ablauf einer Senatssitzung

Den Ablauf von Senatssitzungen regelte eine Geschäftsordnung: Der Senator begab sich in einer weißen Toga zur Sitzung. Bevor er den Saal betrat, brachte er ein Opfer dar. Der Sitzungsleiter, in der Regel einer der beiden Konsuln, eröffnete die Sitzung mit den Worten:

> Quod bonum, felix, faustum fortunatumque sit populo Romano Quiritum. Es möge gut, glücklich, gesegnet und günstig für das römische Volk sein.

Er gab die Tagesordnung bekannt, rief den ersten Tagesordnungspunkt auf und erbat die Stellungnahme der Senatoren:

> Quid fieri placeat. Was nach Meinung des Senators geschehen solle.

Die Befragung erfolgte in einer festgelegten Ordnung, die sich nach der Stellung der Senatoren richtete.

Sie begann in der Regel bei den designierten und den gewesenen Konsuln, setzte sich bei den designierten und gewesenen Prätoren fort bis zu den Volkstribunen. Der Sitzungsleiter konnte jederzeit das Wort ergreifen und mit der Befragung neu beginnen. Am Schluss stand ein Antrag, über den abgestimmt und mit Mehrheit entschieden wurde.

Der Streit um den Altar der Victoria

An der Rückwand der Kurie stand auf einem hohen Sockel ein Standbild der geflügelten Victoria, davor ein Altar. Die Figur war vergoldet.

> Augustus weihte auch die Curia Iulia ein, die zu Ehren seines Vaters errichtet worden war. Er ließ in ihr ein Standbild der Siegesgöttin aufstellen. Es steht noch immer dort. Augustus wollte, wie es scheint, bekunden, dass er von ihr die Herrschaft erworben hat.
> (Dio Cassius, 51,22,1)

Der Victoria verdankte Augustus, wie er glaubte, seinen Sieg bei Actium (31 v.Chr.).

Die Senatoren brachten der Göttin, die ebenso ein politisches wie ein religiöses Symbol der römischen Herrschaft war, vor jeder Sitzung ein Opfer dar.

In der Spätantike betrachteten die Christen den Altar der Göttin als ein ihren Glauben verletztendes Symbol des Heidentums. An ihm entfachte sich ein erbitterter Streit: Kaiser Constantius II. (337–361) ließ 354 den Altar und die Statue aus der Kurie entfernen, weil ihr Anblick ihn beflecke. Kaiser Iulianus (361–363), dem die Christen den Beinamen *Apostata – der Abtrünnige* – hinzufügten, befahl, beides zurückzubringen und wieder aufzustellen. Kaiser Gratianus (367–383) ordnete 382 erneut die Beseitigung an, und er stellte zugleich alle Zahlungen für die heidnischen Kulte ein. Christliche Religionspolitik war zugleich auch Finanzpolitik. Zehn Jahre später durften der Altar und die Statue zurückkehren, um auf Anordnung des Kaisers Theodosius I. (379–395) 394 ihren Platz zu räumen, diesmal endgültig.

Die Sache des Christentums vertrat in diesem Streit der Bischof Ambrosius (ca. 339–397), sein heidnischer Gegenspieler war Quintus Aurelius Symmachus (ca. 342–401/02), ein gebildeter Heide, der höchste Ämter, unter ihnen die Stadtpräfektur von Rom, bekleidet und sich als Herausgeber literarischer Werke (Livius, Vergil) einen Namen gemacht hatte. Es war Symmachus, auf dessen Empfehlung Augustinus (354–430) als Lehrer der Rhetorik an den kaiserlichen Hof in Mailand gekommen war. Ambrosius hielt es für unerträglich, dass Christen dem Opferkult der Heiden zusehen müssten.

> Ferendum istud, ut gentilis sacrificet et christianus intersit? Kann man es ertragen, dass ein Christ dabei sein muss, wenn ein Heide opfert? (Epistulae variae, 18,3).

Symmachus hielt es für barbarisch, sich nicht für die Rückführung des Altars einzusetzen:

> Quis ita familiaris est barbaris, ut aram Victoriae non requirat? (3. Relatio, 3).

Der Heide trat für Toleranz ein. Die Gottheit zeige sich in vielen Erscheinungen. Der Christ beharrte darauf, dass es nur einen wahren Gott gebe. Noch einmal standen sich Polytheismus und Monotheismus unversöhnlich gegenüber. Die endgültige Beseitigung des Altars symbolisiert den Sieg des Christentums.

Auf dem Sockel der Victoria steht heute die Statue eines mit einer Toga bekleideten Senators (*togatus*), die in der Nähe gefunden wurde.

3.6 Die Ehrenbögen und die Feier des Triumphes

Der Septimius-Severus-Bogen

Der Septimius-Severus-Bogen steht unübersehbar im Nordwesten des Forums, während der Titus-Bogen im Osten die Grenze des Forums markiert.

Septimius Severus war 193–211 n.Chr. Kaiser des Reichs. Der Senat und das römische Volk ließen den Bogen anlässlich seines zehnjährigen Regierungsjubiläums und zum Dank für die Siege gegen die Parther für ihn und seine Söhne Caracalla (211–217) und Geta erbauen. Er ist 203 eingeweiht worden. Getas Name wurde später getilgt (*abolitio nominis*). Die Brüder Caracalla und Geta waren zeit ihres Lebens verfeindet. Geta war 211 Caracallas Mitregent, 212 wurden er und, wie überliefert wird, 20 000 seiner Anhänger auf Befehl seines Bruders ermordet.

Die Attika des Bogens krönte ein von sechs Pferden gezogener Triumphwagen, auf dem der Kaiser mit seinen beiden Söhnen stand. Reliefs schmücken den Bau: Personifikationen, Allegorien und Darstellungen, die die Siege des Kaisers gegen die Parther und Araber verherrlichen: Soldaten erobern Städte, schleppen Beute fort, führen Gefangene der Göttin Roma zu. Es sind Bilder, wie sie bei den Triumphzügen auf Wagen mitgeführt wurden, um das Kampfgeschehen zu veranschaulichen.

Hatte der Triumphator auf der Via Sacra den mittleren der drei unterschiedlich hohen Bögen durchquert, begann für ihn die letzte Etappe seines Weges zum Kapitol.

Da der Bogen im Mittelalter Teil einer Festung war, ist er so gut erhalten geblieben.

Der Titus-Bogen: Der Raub des siebenarmigen Leuchters

Östlich des Forums auf dem höchsten Punkt der Heiligen Straße steht der Titus-Bogen. Er überspannt die Straße und blickt auf der einen Seite zum Forum, auf der anderen zum Kolosseum. Er ist mit 14 m Breite und 14,50 m Höhe nicht sehr groß. Er korrespondiert mit dem Tempel des Vespasian, den Titus im Westen unterhalb des Tabulariums errichtet hatte und von dessen ursprünglich sechs korinthischen Frontsäulen noch drei aufrecht stehen. So haben sich die Flavier im Osten und im Westen des Forums bedeutende Denkmäler errichtet, die an ihre Herrschaft erinnern sollten und noch immer erinnern.

Der Bogen hat die Zeiten nicht unbeschädigt überstanden. Unter anderem sind das Attikagesims und die Attikazone moderne Ergänzungen. Die Attika trug das Standbild des Kaisers Titus (79–81 n.Chr.), der in einem von Elefanten gezogenen Wagen zum Himmel auffuhr. Die Inschrift lautet:

> Der Senat und das römische Volk dem göttlichen Titus, dem Sohn des göttlichen Vespasianus, dem Vespasianus Augustus.

Es fehlt eine Kaisertitulatur, es kam nur auf die Vergöttlichung an.

Domitian (81–96 n.Chr.) hat den Bogen aus pentelischem Marmor für den Sieg gestiftet, den sein älterer, nach einer kurzen Regierungszeit verstorbener Bruder, über die Juden errungen hat. Das Monument ist aber erst 98 vollendet worden. Die Qualität der Kunstwerke, die den Bau schmücken, ist bemerkenswert. Der Künstler hat es verstanden, dem Betrachter ein Raumgefühl zu vermitteln. In dem Gewölbe des Durchgangs wird der Triumphzug des Jahres 71 dargestellt.

Der Titusbogen

Der Triumphzug

Eines der Beutestücke ist die Menora aus dem Tempel in Jerusalem. Gegenüber steht der Kaiser auf einem Streitwagen, den die Göttin Roma führt. Victoria setzt ihm den Siegeskranz auf. Auf dem Schlussstein des Gewölbes erkennt man die Göttin Roma und den Genius des römischen Volkes, und auf einer Kassette in der Mitte wird Titus von einem Adler in den Himmel hinaufgetragen.

Im Mittelalter war der Bogen in einen Turm umgestaltet und in die Stadtbefestigung integriert worden.

Juden haben den Bogen, der Anweisung ihrer Rabbiner folgend, so lange nicht durchschritten, bis die UN den jüdischen Staat am 14. Mai 1948 anerkannten. Damals versammelten sie sich unter dem Bogen und sangen: *Rom ist vergangen, Israel gibt es immer noch.*

Von der Eroberung Jerusalems berichtet der jüdische Schriftsteller Flavius Josephus (37/38 – nach 100) in seinem Geschichtswerk mit dem Titel: *Der jüdische Krieg*. Er war als einer der Anführer des jüdischen Aufstandes 67 in römische Gefangenschaft geraten und hatte das Wohlwollen Vespasians errungen, als er ihm prophezeite, dass er Kaiser werden würde. Als Freigelassener des Kaisers nahm er den Namen Flavius an. Er war Zeuge der Zerstörung Jerusalems.

Die Christen haben zwischen der Kreuzigung Christi und dem Schicksal Jerusalems einen kausalen Zusammenhang hergestellt. Eine Äußerung Jesu, die der Evangelist Markus überliefert, könnte sich auf die Eroberung Jerusalems beziehen. Die Frage, ob der Text vor oder nach der Eroberung Jerusalems verfasst worden ist, ist für die Datierung des Evangeliums von Bedeutung.

Als Jesus den Tempel verließ, sagte einer von seinen Jüngern zu ihm: „Meister, sieh, was für Steine und was für Bauten!"

Jesus sagte zu ihm: „Siehst du diese großen Bauten? Kein Stein wird hier auf dem anderen bleiben, der nicht niedergerissen wird." (13, VV.1/2).

So lautet der Bericht des Historikers:

Da das Heer jetzt nichts mehr zu morden und zu rauben hatte und nichts mehr da war, an dem es seine Wut hätte auslassen können (aus bloßem Mitgefühl würden die Soldaten niemanden geschont haben), befahl der Caesar, die ganze Stadt und den Tempel zu schleifen. Nur die Türme Phasael, Hippikos und Mariamme, die die anderen überragten, sowie der westliche Teil der Ringmauer sollten stehen bleiben: dieser, um als ein festes Lager für die zurückbleibende Besatzung zu dienen, die Türme, um der Nachwelt einen Beweis zu hinterlassen, wie herrlich und wie stark befestigt die Stadt war, die der römischen Tapferkeit erlag. Alle übrigen Teile der Stadtmauer machten die Sieger so völlig dem Erdboden gleich, dass spätere Besucher kaum Grund hätten zu glauben, die Stätte sei jemals bewohnt gewesen. Dies war das Ende der prächtigen, weltberühmten Stadt Jerusalem infolge des Wahnsinns der Aufständischen. (7,1,1).

Da die Soldaten des Mordens überdrüssig waren und immer noch eine Menge Überlebende zum Vorschein kam, befahl der Caesar, nur die, die bewaffnet seien und Widerstand leisteten, zu töten, die übrigen dagegen lebendig gefangen zu nehmen. Doch die Soldaten machten außer den von Titus Bezeichneten auch die Alten und Schwachen nieder; die aber, die im blühenden Alter standen und noch verwendbar waren, trieben sie in den Tempel und schlossen sie in den Frauenvorhof ein. Als Wächter über sie setzte der Caesar einen seiner Freigelassenen ein, während sein Freund Fronto jedem das verdiente Schicksal zusprechen sollte. Dieser ließ die Empörer und Räuber, die sich gegenseitig denunzierten, hinrichten; die schönsten und größten jungen Männer wählte er aus, um sie für den Triumphzug aufzubewahren. Von den übrigen Gefangenen schickte Titus die mehr als 17 Jahre alten in die Bergwerke Ägyptens; die meisten jedoch verschenkte er in die Provinzen, wo sie in den Arenen entweder durchs Schwert oder durch wilde Tiere umkommen sollten. Was unter 17 Jahren war, wurde verkauft. Während der Tage, da Fronto die Auswahl traf, starben noch 11.000 vor Hunger, teils, weil die Wächter ihnen aus Hass keine Lebensmittel gaben, teils, weil sie die dargebotene Nahrung verweigerten. Freilich mangelte es auch für eine solche Menge an Getreide. (6,9,2).

Über den Triumph, den der Kaiser in Rom feierte, berichtet Josephus:

Im Triumphzug wurden Beutestücke in Mengen vorbeigetragen, unter denen besonders diejenigen Aufsehen erregten, die man aus dem Tempel von Jerusalem genommen hatte: ein goldener Tisch im Gewicht von mehreren Talenten und ein gleichfalls goldener Leuchter, aber von ganz anderer Form wie die bei uns gebräuchlichen. Aus dem Fußgestell erhob sich ein säulenartiger Schaft, von dem schlanke Seitenarme in Form eines Dreizacks ausgingen; an jedem der Arme befand sich oben eine eherne Lampe; davon gab es also sieben, eine Zahl, die bei den Judäern als heilig gilt. Das Gesetz der Judäer wurde als letztes Beutestück zur Schau getragen. (7,5,5).

Der Bogen des Konstantin

Der Bogen des Konstantin steht neben dem Kolosseum an der Via Sacra. Er ist 312 anlässlich des Sieges, den Konstantin über Maxentius an der Milvischen Brücke bei Rom errungen hat, vom Senat beschlossen, 315 anlässlich des zehnjährigen Regierungsjubiläum feierlich übergeben worden.

Die Inschrift lautet:

> Dem Kaiser Flavius Constantinus, dem größten, frommen, glücklichen Augustus, haben Senat und Volk von Rom, weil er dank göttlicher Eingebung und durch die Größe seines Geistes zusammen mit seinem Heer den Staat zur gleichen Zeit ebenso an dem Tyrannen wie an dessen ganzer Anhängerschaft mit gerechten Waffen gerächt hat, den mit Darstellungen seines Triumphes geschmückten Bogen geweiht. Dem Befreier der Stadt – dem Begründer des Friedens.

Welcher Gottheit der Kaiser die Eingebung verdankt, wird nicht gesagt.

Es heißt: Der Bogen war von einer auf einer Quadriga stehenden vergoldeten Statue Konstantins gekrönt.

Es handelt sich bei dem Konstantinsbogen nicht um einen Triumphbogen im herkömmlichen Sinn: Weil der Kaiser einen Sieg über einen Römer, nicht über einen äußeren Feind errungen hatte, war er nicht zum Kapitol hinaufgezogen, hatte er kein Opfer dargebracht, sondern die Zeremonie mit einer Rede abgeschlossen. Auf dem Fries ist er entsprechend nicht als Triumphator, sondern als Redner dargestellt.

In den Reliefs findet sich kein Hinweis auf das Christentum, wohl aber sind der Sol Invictus, der unbesiegte Sonnengott, und die Victoria dargestellt. Die Büstenreliefs in den seitlichen Durchgängen zeigen Merkur, Mars und Roma.

Für den Bau sind viele Elemente aus anderen Gebäuden verwendet worden. Damit wurden die Vorgänger, denen die Gebäude gewidmet waren, geehrt. Außerdem konnte man Material sparen und die Bauzeit verkürzen.

Die 5,50 m hohen Reliefbilder zeigen den Aufbruch des Heeres aus dem Lager bei Mailand, die Belagerung von Verona, die Schlacht an der Milvischen Brücke, den Einzug in Rom und die Ansprache des Kaisers an sein Heer.

Die Feier des Triumphes: „Denke daran, dass du ein Mensch bist."

Der Triumph war ein Fest, das auf Beschluss des Senats zu Ehren eines siegreichen Feldherrn gefeiert wurde, der folgende Voraussetzungen erfüllt hatte: Er besaß die oberste Befehlsgewalt (*imperium*), er hatte einen gerechten Krieg gegen einen äußeren Feind geführt, in dem mindestens 5.000 Feinde getötet worden waren, er war von seinen Soldaten zum Imperator ausgerufen worden. Waren diese Voraussetzungen erfüllt, bestand ein Anspruch auf einen Triumph. Trotzdem musste der Senat einen förmlichen Beschluss fassen. Er regelte auch die Finanzierung und Terminierung. Es vergingen nicht selten viele Wochen, bis der Beschluss endlich gefällt wurde.

Der Feldherr hatte vor Beginn des Krieges ein Gelübde abgelegt und sich verpflichtet, nach seinem Sieg dem Iuppiter Optimus Maximus auf dem Kapitol ein Dankopfer darzubringen. Mit dem Opfer, das er am Ende des Triumphes darbrachte, erfüllte er dieses Gelübde. Dabei reinigte er sich zugleich von der Befleckung, die der Krieg notwendigerweise mit sich gebracht hatte.

Der Triumphator trug während des Festzuges einen Purpurmantel, der dem Tempelschatz des Jupiter entnommen war, einen grünen Lorbeerkranz um das Haupt und einen Lorbeerzweig in der rechten Hand. Lorbeer war ein Symbol der Reinheit. In der linken Hand hielt er einen Adler, ein Symbol für den Sieg verleihenden Jupiter. Das Gesicht war nach dem Vorbild einer Statue Jupiters rot gefärbt: Er war ein Jupiter auf Erden.

Wie weit er dem Iuppiter Optimus Maximus gleichen sollte, ist umstritten.

Er stand während der Prozession gut sichtbar auf einem Wagen, der besonders hohe Räder hatte und von vier Pferden gezogen wurde. Hinter ihm stand ein Sklave, der eine sonst im Jupitertempel aufbewahrte goldene Eichenlaubkrone über ihn hielt und ihn mit den folgenden Worten ermahnte, auf ihn, den Sklaven, zurückzublicken:

> Blick hinter dich, denke daran, dass du nur ein Mensch bist. Respice post te, hominem te esse memento.
>
> (Tertullian, Apologeticum, 33,4).

Vor dem Wagen schritten die Magistrate, die Senatoren und die Liktoren, hinter ihm marschierte das Heer. Die Soldaten waren unbewaffnet, mit Tuniken bekleidet. Sie sangen Sieges- und Spottlieder. Bei einem Triumph Caesars trugen sie folgende Verse vor, in denen sie sein Liebesverhältnis zu einem gewissen Nicomedes verspotteten:

> Caesar unterwarf Gallien, Nicomedes den Caesar. Seht, Caesar feiert seinen Triumph über Gallien. Nicomedes darf keinen Triumph über Caesar feiern.
>
> Bürger, schließt eure Ehefrauen ein. In Rom hattest du dir Geld gepumpt, in Gallien hast du es verhurt.
>
> (Sueton, Caesar, 4,5).

Caesar feierte im Jahr 46 in einem Monat im Abstand jeweils weniger Tage vier Triumphe, deren spektakulärster dem Sieg über Gallien galt. Als er das Kapitol hinaufstieg, flankierten ihn beiderseits Elefanten, die Fackeln trugen.

Auf den Prozessionswagen wurden Bilder mitgeführt, auf denen wie auf den Ehrenbögen das Schlachtgeschehen abgebildet war, Karten zeigten das eroberte Gebiet. Alle, die am Triumphzug beteiligt waren, trugen einen Lorbeerkranz.

Schon an den Tagen vor dem Triumph und dann am Tag des Triumphes selbst wurde, bevor der Triumphator erschien, Beute – Gefangene, Gegenstände, Ehrengeschenke – durch die Stadt getragen.

Einen lebendigen Eindruck eines Triumphes vermittelt der Bericht des griechischen Biographen Plutarch (ca. 45 – nach 120 n.Chr.) über den Triumph, den Aemilius Paullus 167 v.Chr. anlässlich seines Sieges über den mazedonischen König Perseus gefeiert hat:

> Die Anordnung des Umzuges war folgende: Das Volk errichtete sich in den zu Wagenrennen bestimmten Theatern, die in Rom Circus heißen, und auf dem Markte eine Menge Gerüste und besetzte auch alle übrigen Teile der Stadt, wo der Zug vorbeigehen musste, und jedermann erschien in schönen weißen Kleidern. Alle Tempel standen offen und waren mit Kränzen und Räucherwerk angefüllt. Mehrere Gerichtsdiener und Liktoren trieben diejenigen, die unordentlich in der Mitte zusammenströmten oder hin und her liefen, zurück und hielten die Straße frei und offen. Der Umzug selbst war auf drei Tage verteilt.
>
> Der erste Tag, an dem die erbeuteten Statuen, Gemälde und Kolosse auf 250 Wagen vorübergeführt wurden, hätte für dieses Schauspiel kaum ausgereicht. Am zweiten Tage kamen auf einer Menge von Wagen die schönsten und kostbarsten Waffen der Makedonier, die ... beim Fahren zusammenstießen und einen fürchterlichen Klang gaben, und man konnte die den Besiegten abgenommenen Waffen nicht ohne Entsetzen ansehen. Auf die mit Waffen beladenen Wagen folgten 3.000 Männer, die silberne Münzen in 750 Gefäßen trugen, deren jedes drei Talente enthielt und von vier

Männern getragen wurde. Noch andere trugen silberne Mischkessel, Hörner, Schalen und Becher, die alle zur Schau prächtig geschmückt waren und sich sowohl durch ihre Größe als auch durch ihr hohes Relief besonders auszeichneten.

Am dritten Tag kamen in aller Frühe zuerst Trompeter, welche nicht die bei feierlichen Aufzügen und Dankfesten gewöhnlichen Stücke bliesen, sondern den ordentlichen Kriegsmarsch der Römer. Hinter diesen wurden 120 Mastochsen, mit goldenen Hörnern, Binden und Kränzen geschmückt, vorübergeführt. Darauf folgte der Wagen des Perseus mit dessen Rüstung, auf der das königliche Diadem lag.

In einer kleinen Entfernung dahinter wurden die gefangenen Kinder des Königs geführt, begleitet von einer Menge ihrer Wärter, Lehrer und Hofmeister, welche unter Tränen ihre Hände nach den Zuschauern ausstreckten und auch die Kinder anhielten, ebenso zu weinen und zu bitten. Es waren zwei Söhne und eine Tochter, die bei ihrem zarten Alter für die Größe des Unglücks noch kein Gefühl hatten. Umso mehr wurden sie wegen des mangelnden Verständnisses für diesen Glückswechsel bedauert und Perseus darüber beinah außer Acht gelassen. So sehr hefteten die Römer ihre Augen auf diese Kinder, viele konnten sich der Tränen nicht erwehren, bei allen aber war die Freude über dieses Schauspiel mit Schmerz vermischt, bis die Kinder vorbei waren.

Perseus selbst ging hinter den Kindern und deren Gefolge. Er trug ein schwarzes Gewand und mazedonische Stiefel; die Größe seines Unglücks machte, dass er vor allem zusammenfuhr und sich wie ein Wahnsinniger gebärdete. Ihm folgte die Schar seiner Diener und Hofleute, die vor Betrübnis die Augen niederschlugen und durch ihre auf Perseus gerichteten tränenvollen Blicke den Zuschauern zu verstehen gaben, dass sie nur dessen Schicksal bejammerten, ohne sich im Geringsten um ihr eigenes zu sorgen. Perseus hatte vorher Gesandte zu Aemilius geschickt und ihn flehentlich bitten lassen, dass man ihn doch nicht zur Schau im Triumph mit aufführe. Aber Aemilius ließ ihm, vermutlich aus Spott über seine Feigheit und seine allzu große Liebe zum Leben, antworten: „Das war ja schon vorher in seiner Gewalt und ist es noch jetzt, wenn er es so sehr wünscht“, wodurch er ihm zu verstehen gab, dass er der Schande durch den Tod zuvorkommen müsse. Der furchtsame Mann konnte sich jedoch dazu nicht entschließen, sondern vertraute immer noch leeren Hoffnungen und wurde endlich selbst ein Teil der ihm abgenommenen Beute.

Hierauf wurden noch an die 400 goldene Kronen vorübergetragen, welche die Städte dem Aemilius als Siegespreise durch Abordnungen geschickt hatten.

Und hinter diesen fuhr nun Aemilius selbst auf einem prächtig geschmückten Wagen, ein Mann, der auch ohne diesen Prunk aller Augen auf sich zog; er trug ein mit Gold durchwirktes Purpurgewand und hielt in der Hand einen Lorbeerzweig. Lorbeerkränze trug auch die ganze Armee, die nach ihren verschiedenen Abteilungen dem Wagen des Feldherrn folgte und teils die üblichen mit Spott vermischten Gesänge, teils Sieges- und Loblieder auf die Taten des Aemilius sang.

(Aemilius, 32–34, Übers. nach Joh. Friedr. Kaltwasser).

Der Weg war nicht festgelegt, führte aber am Schluss auf die Via Sacra und auf ihr zum Kapitol.

An das Opfer schlossen sich Circusspiele und Gladiatorenkämpfe an, die mehrere Wochen dauern konnten.

Der Triumphator kehrte in die Gesellschaft zurück. Die Beute gehörte ihm. Er verteilte sie an seine Soldaten und finanzierte Bauten, die er stiftete. Die prominenten Gefangenen wurden getötet, alle anderen verkauft oder als Galeerensklaven oder als Arbeiter in den Bergwerken verwendet.

Seit 27 v.Chr. durfte nur noch der Kaiser einen Triumph feiern. Nur er besaß das Imperium. Alle Feldherren handelten in seinem Auftrag.

3.7 Schauplätze einer Staatskrise

Die Catilinarische Verschwörung

Lucius Sergius Catilina, geboren 108 v.Chr., stammte aus einer alten patrizischen Familie. Er schlug die politische Laufbahn ein, bekleidete 68 die Prätur, verwaltete anschließend als Prokonsul die Provinz Africa. Da ihm wegen *Erpressung der Untertanen* (*repetundarum crimen*) ein Prozess drohte, konnte er sich weder um das Konsulat des Jahres 65 noch um das des Jahres 64 bewerben. Als er freigesprochen wurde, strebte er 64 das Konsulat des darauffolgenden Jahres an. Er scheiterte. Diese Niederlage musste ihn umso mehr schmerzen, als sein erfolgreicher Konkurrent ein *Neuling* (*homo novus*) war, Cicero, der einer Familie des Ritterstandes entstammte, als erstes Familienmitglied das höchste Staatsamt errungen hatte und damit in die Nobilität aufgestiegen war. Catilina gab nicht auf, versuchte es 63, im Konsulatsjahr Ciceros, noch einmal und scheiterte wieder. Von da an strebte er gewaltsam die Macht im Staat an.

Marcus Tullius Cicero

In verschiedenen Teilen Italiens sammelte er Truppen, die Rom erobern und führende Persönlichkeiten ermorden sollten. Cicero erfuhr davon. Er berief für den 21. Oktober den Senat ein und informierte ihn über die Pläne Catilinas. Daraufhin erteilte der Senat ihm durch den *äußersten Senatsbeschluss* (*senatus consultum ultimum*) außerordentliche Vollmachten zur Niederschlagung des Aufruhrs. Es wurden Maßnahmen zum Schutz der Stadt ergriffen, Magistrate wurden in die gefährdeten Gebiete gesandt und die Städte Italiens gewarnt. Catilina plane einen Anschlag auf Cicero. Der Konsul war informiert worden, er blieb unverletzt und berief noch für denselben Tag, den 7. November, eine Senatssitzung in den Tempel des Iuppiter Stator ein. Unerwartet und zu aller Überraschung erschien Catilina.

Der Tempel des Iuppiter Stator und Ciceros 1. Catilinarische Rede

Iuppiter Stator ist der Jupiter, der ein Heer zum Stehen bringt, der bewirkt, dass das Heer nicht flieht, sondern dem Feind mutig entgegentritt. Romulus hat ihm einen Tempel geweiht:

Als die Sabiner sich für den Raub ihrer Töchter rächen wollten und begannen, gegen Rom Krieg zu führen, gelang es ihnen, die Burg zu besetzen. Der Versuch der Römer, sie zurückzuerobern, drohte zu scheitern. Sie wurden bis zum Tor des Palatin zurückgeschlagen und flohen.

Als Romulus von der Menge der Flüchtenden mitgerissen wurde, erhob er seine Waffen zum Himmel und rief:

> „Jupiter, auf Veranlassung deines Vogelzeichens habe ich hier auf dem Palatin die ersten Fundamente für die Stadt gelegt. Die Sabiner haben die Burg besetzt, die durch Bestechung in ihre Hand gekommen ist. Jetzt haben sie von dort die Mitte des Tals schon durchquert und drängen bewaffnet gegen uns an. Du, Vater der Götter und Menschen, halte die Feinde wenigstens von hier fern, nimm den Römern ihre Angst und bringe den schändlichen Feind zum Stehen. Hier gelobe ich dir als dem Juppiter Stator einen Tempel. Er soll für unsere Nachkommen ein Denkmal dafür sein, dass durch deine augenblicklich gewährte Hilfe die Stadt gerettet worden ist.“
>
> Als er das Gebet gesprochen hatte, wandte er sich an das Heer:
>
> „Römer, Iuppiter Optimus Maximus befiehlt, sich dem Feind entgegenzustellen und den Kampf wieder aufzunehmen.“
>
> Die Römer stellten sich dem Feind entgegen, als ob eine himmlische Stimme es ihnen befohlen hätte.
>
> (Livius,1, 12,3–7; vgl. Kapitel 3.1).

Wie so oft in der legendenreichen römischen Frühgeschichte gibt es eine zweite Gründungserzählung: Es heißt, der Konsul Marcus Atilius Regulus habe den Tempel in einer Schlacht gegen die Samniten 294 v.Chr. mit lauter Stimme, dass alle es hören konnten, gelobt: wenn das römische Heer aus der Flucht zum Stehen komme und den Kampf wieder aufnehme und die Legionen der Samniten zu Boden schlage und besiege. (Livius, 10,36.11). So wie das Gebet des Romulus ist auch das des Regulus erhört worden.

Möglicherweise ist der 141–150 n.Chr. erbaute Tempel des Antoninus Pius und der Faustina, dessen Vorhalle mit ihren sechs korinthischen Säulen den Eingang zu der im 12. Jahrhundert erbauten Kirche San Lorenzo in Miranda bildet, auf den Fundamenten des Iuppiter Stator-Tempels errichtet worden. Das Kaiserpaar hätte sich dann als Erben des Jupiter und der sicher mit ihm verehrten Juno darstellen und mit der Frühgeschichte Roms verknüpfen wollen. Die Bronzetür der Kirche ist antik und könnte aus dem kaiserlichen Tempel stammen.

Es war ein mit Bedacht ausgewählter Platz, den Cicero für die Senatssitzung gewählt hatte, nicht nur, weil er sich offenbar gut beschützen ließ, sondern auch, weil es jetzt darum ging, mit Jupiters Hilfe alle Kräfte der Republik zu mobilisieren, die Feinde abzuwehren und zu besiegen. Cicero begann seine Rede mit drei rhetorischen Fragen:

> Wie weit wirst du, Catilina, es noch treiben und unsere Geduld missbrauchen?
> Wie lange wirst du uns in deinem Wahn noch verhöhnen?
> Bis zu welchem Ende wirst du uns in deiner entfesselten Unverschämtheit noch die Stirn bieten?
> Quo usque tandem abutere, Catilina, patientia nostra?
> Quam diu etiam furor iste tuus nos eludet?
> Qem ad finem sese effrenata iactabit audacia?

Die kurzen Sätze werden unverbunden (*asyndetisch*) aneinandergereiht. Jede Frage beginnt mit demselben Buchstaben (*Alliteration*). Die Wortstellung variiert (*variatio*): Das Prädikat steht erst in der Mitte, dann am Ende, schließlich an vorletzter Stelle. *Audacia – Unverschämtheit*, steht nicht nur betont am Ende, sondern ist auch von dem zugehörigen Attribut, *effrenata – entfesselt*, getrennt (*Sperrung, Diskontinuität*). So werden beide Begriffe hervorgehoben. Cicero bezieht den Senat ein, er sagt *unsere Geduld, uns*.

Der zweite Paragraph beginnt mit dem Ausruf: *O tempora, o mores! O Zeiten, o Sitten.* Catilina war für Cicero ein Symptom eines allgemeinen Sittenverfalls. Maßstab war für ihn wie für jeden Römer stets der *mos maiorum, die Sitte der Vorfahren*.

Cicero erreichte mit dieser 1. Catilinarischen Rede, dass Catilina Rom verließ.

Die Rostra, das Comitium und Ciceros 2. Catilinarische Rede

Am nächsten Tag, dem 8. November, informierte Cicero das Volk. Er sprach von der Rednertribüne, den Rostra: Das Volk hatte sich davor auf dem Versammlungsplatz, dem Comitium, eingefunden.

Rostra hieß die Rednertribüne, die sich ein wenig nördlich des Septimius-Severus-Bogens befand, nach den erbeuteten Schiffsschnäbeln, *(rostra)*, die 338 v.Chr. nach einem Seesieg dort angebracht worden waren. Sie war in gewissem Sinn ein Vorläufer der Ehrenbögen, denn hier wurde erstmals ein Sieg durch ein Denkmal verherrlicht. Das Wort *rostrum* gehört zu *rodere – nagen* und ist ein Nagewerkzeug, ein Tierschnabel und im übertragenen Sinn der Schiffsschnabel, es ist mit dem deutschen Wort Rüssel verwandt.

Von den Rostra wurden auch Reden zu Ehren prominenter Toter gehalten. Vor ihnen wurde Caesars Leiche aufgebahrt, es war dann aber schon die von Caesar umgestaltete, an die Westseite des Comitiums verlegte und 43 v.Chr. eingeweihte Rednertribüne. An ihr ließ ein Jahr später Marcus Antonius Kopf und Hände des auf sein Betreiben getöteten Cicero anbringen. (vgl. 3.9).

Durch Augustus bekam sie einen rechteckigen Vorbau. In der Zeit der Tetrarchie (ca. 300 n.Chr.) änderte sich das Erscheinungsbild nochmals, als Statuen der vier Tetrarchen, Diokletian, Maximian, Galerius, Constantius I. mit Jupiter in ihrer Mitte auf fünf hohe Säulen gestellt wurden. Zugleich wurde im Osten als Pendant ebenfalls eine Tribüne errichtet.

Neben den Rostra lag der *umbilicus urbis – der Nabel der Stadt*, ein kleiner Tempel. Auf ihn bezogen sich die Entfernungen der Heerstraßen. (vgl. 3.1).

Nördlich den Rostra erstreckte sich das Comitium, ein von Stufen eingefasster Halbkreis mit einer Fläche von ca. 20 m². Vorbild war vielleicht die Pnyx in Athen. Der Ort war ein religiöses *templum*, ein vom Profanen abgegrenzter Raum, ein Beweis für die enge Verbindung von Politik und Religion. Die Orte der Verfassungsorgane, Kurie und Comitium, waren räumlich aufeinander bezogen. Auf dem Comitium wurde auch Recht gesprochen, hier fanden noch im 1. Jahrhundert n.Chr. öffentliche Hinrichtungen statt:

> Domitian (81–96 n.Ch.) bestrafte Keuschheitsvergehen der Vestalischen Jungfrauen, die von seinem Vater und seinem Bruder unbeachtet geblieben waren, auf verschiedene Weise und streng, die länger zurückliegenden mit der einfachen Todesstrafe, die späteren nach der alten Sitte. Während er nämlich den Oculata-Schwestern und der Varronilla die Wahl der Todesart freigestellt und ihre Verführer verbannt hatte, befahl er später, dass die oberste Vestalin Cornelia, die früher einmal freigesprochen, nach langer Zeit wieder angeklagt und überführt worden war, lebendig begraben werde und dass die, die sie entehrt hatten, auf dem Comitium zu Tode gepeitscht würden. (Sueton, Domitian, 8, vgl. 3.3 die Vestalinnen).

Einen Tag, nachdem Catilina Rom verlassen hatte, versammelte sich das Volk auf dem Comitium, Cicero informierte es über den Erfolg seines Auftritts im Senat. Er begann folgendermaßen:

> Endlich, ihr Bürger, haben wir Lucius Catilina,
> der wahnsinnig ist in seiner Vermessenheit,
> nach einem Verbrechen lechzt,
> ruchlos das Verderben des Vaterlandes plant,

euch und diese Stadt mit Schwert und Feuer bedroht,
aus der Stadt hinausgeworfen
oder hinausgeschickt
oder, als er selbst sich aufmachte, mit Worten geleitet.
Er hat sich aus der Stadt entfernt,
er ist entkommen,
er ist hinausgestürzt.
Tandem aliquando, Qirirites, L. Catilinam,
furentem audacia,
scelus anhelantem,
pestem patriae nefarie molientem,
vobis atque huic urbi ferro flammaque minitantem
ex urbe eiecimus
vel emisimus
vel ipsum egredientem verbis prosecuti sumus.
Abiit,
excessit,
evasit.

Was für ein Anfang! Ein langer Satz mit Catilina als Objekt, auf das sich vier unverbunden aneinandergereihte Partizipien mit Erweiterungen beziehen. Die Begriffe *furor* und *audacia* werden aus der ersten Rede aufgenommen. Chiastische und parallele Wortstellung wechseln, *pestem patriae* und *ferro flammaque* erregen durch die Alliteration die Aufmerksamkeit.

Es geht erst abstrakt um das Vaterland, dann konkret um die Bürger und ihre Stadt. Den Menschen droht der Tod durch das Schwert, der Habe und den Häusern die Vernichtung durch Brandstiftung. Jeder muss sich betroffen fühlen.

Am Schluss dann zweimal je drei kurze Sätze, Verben mit der Vorsilbe e, ex, ab. Catilina ist fort, darauf kommt es an. Die ersten drei Verben verbindet die Endung *-mus*, die letzten *-it*, ein Stakkato.

REKONSTRUKTION DES VON TIBERIUS
NEU ERRICHTETEN CONCORDIA - TEMPELS

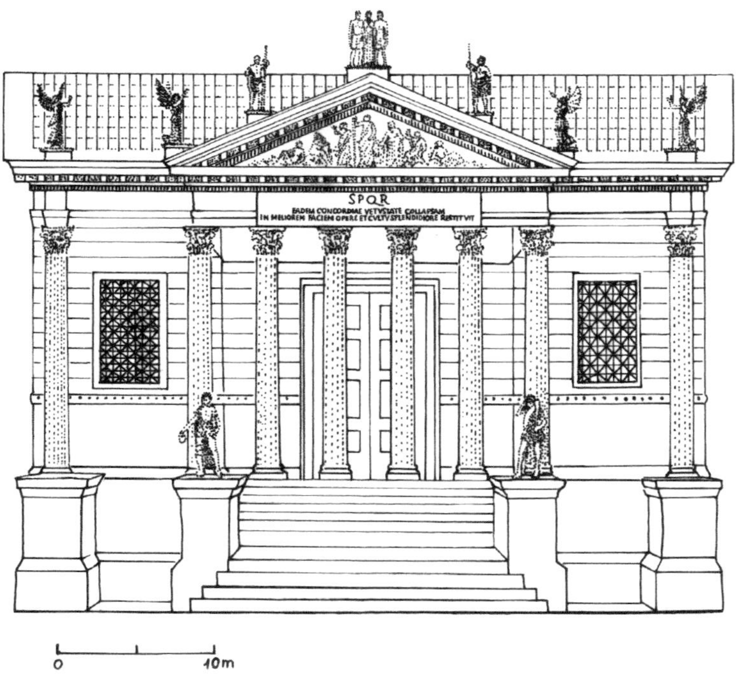

Die Gefahr war freilich noch nicht gebannt. Noch lebten hochrangige Amtsträger, die Catilina in Rom unterstützten, noch verfügte Catilina in Italien über ein Heer.

Am 11. November trat der Senat erneut zusammen. Catilina und Caius Manlius, der in Faesulae (Fiesoli) Truppen gesammelt hatte, wurden zu Staatsfeinden (*hostes populi Romani*) erklärt, d.h., sie wurden als Landesfeinde betrachtet und durften ohne Gerichtsurteil getötet werden.

Der Concordia-Tempel und die Senatssitzung am 5. Dezember

In der Nacht vom 2. auf den 3. Dezember gelang es Cicero, schriftliche, die Catilinarier belastende Materialien in die Hand zu bekommen. Er berief den Senat für den 3. Dezember in den Tempel der Concordia ein. Er berichtete, Beweisstücke wurden vorgelegt, Zeugen verhört. Der Senat beschloss, dass die führenden Köpfe der Verschwörung, die sich in Rom aufhielten, in Gewahrsam (*custodia*) genommen werden sollten. Unter ihnen waren der Prätor Publius Cornelius Lentulus, der 71 Konsul gewesen war, und der Senator Caius Cornelius Cethegus die prominentesten, beide aus der angesehenen und einflussreichen Familie der Cornelier. Unmittelbar danach unterrichtete der Konsul in seiner 3. Catilinarischen Rede das Volk.

Am 5. Dezember trat der Senat wiederum im Concordia-Tempel zusammen. Jetzt stand die Frage auf der Tagesordnung, wie die in Gewahrsam genommenen Catilinarier bestraft werden sollten.

Es war eine symbolische Geste, den Concordia-Tempel, der der Göttin der Eintracht geweiht war, als Tagungsort zu wählen. Cicero hatte die Hoffnung, nach der Niederschlagung der Verschwörung, nach der Zwietracht wieder die Eintracht herstellen zu können.

Concordia war nicht der einzige abstrakte Begriff, der in den Rang eines göttlichen Wesens erhoben worden war. Es gab Tempel für *Fides – die Treue*, *Honos – die Ehre*, *Virtus – die Tugend*, für *Victoria – den Sieg*, und *Pietas – die Frömmigkeit*. Die Römer hatten diese Sitte von den Griechen übernommen.

Der Tempel, von dem so gut wie nichts mehr erhalten ist, stand unterhalb des Tabulariums auf einer Anhöhe, von der er auf das Forum blickte. Vespasian (69–79 n.Chr.) hat später seinen Tempel nördlich neben ihn gesetzt, von diesem Tempel sind noch sechs Frontsäulen erhalten.

Es wird überliefert, der Tempel sei 367 v.Chr. von Lucius Furius Camillus geweiht worden. Damit sei das Ende der Ständekämpfe markiert worden. Von da an habe es das Amt der Volkstribunen gegeben, die die Rechte des Volkes gegenüber dem Senat vertraten. (Plutarch, Camillus, 42,4,6). Der Tempel ist sicher absichtsvoll in die Nähe der Stätten gesetzt worden, an denen politische Entscheidungen getroffen wurden: Kurie, Rostra, Comitium.

Livius berichtet, dass es im Jahr 183 v.Chr. einen Bittgang gegeben habe, weil man fest davon überzeugt gewesen sei, dass es zwei Tage lang auf dem Platz der Concordia Blut geregnet habe und dass dies ein Zeichen der Götter gewesen sei. (39,56,6). Nur zwei Jahre später habe sich das Wunder noch einmal ereignet. (Livius, 40,19,2). Dem Platz und dem Kult wurden zu dieser Zeit offensichtlich eine ganz besondere Bedeutung zugemessen.

Es war ausgerechnet der Konsul Lucius Opimius, der den Tod des Caius Gracchus und zahlreicher Plebejer zu verantworten hatte, der an der Stelle des alten Tempels 121 v.Chr. einen neuen errichten ließ. Mehr als alles andere kränkte das Volk, dass Opimius mit der schändlichen Tat noch prahlte und es für eine ehrenvolle Tat hielt, über die Ermordung so vieler Bürger zu triumphieren. Daher setzte man bei Nacht unter die Inschrift des Tempels folgenden griechischen Vers: *Die frechste Zwietracht weiht der Eintracht diesen Tempel.* (Plutarch, C. Gracchus, 17,8).

Der Bau wurde durch Brand zerstört. Tiberius initiierte und finanzierte einen Neubau, der den alten Tempel an Größe und Pracht der Ausstattung übertraf. Er wies einige Besonderheiten auf: Die quergelagerte Cella überragte den Zentralbau an beiden Seiten, die Front wies nur noch sechs statt acht Säulen auf. Der Tempel wurde 10 n.Chr. eingeweiht. In der Cella wurde ein Museum eingerichtet, das immer wieder neue Schätze aufnahm. In der Giebelmitte war wohl die Figur der Concordia dargestellt, umrahmt von den Brüdern Tiberius und Drusus. Aus dem Innern blickte Concordia auf das Forum. Der Tempel war durch die Nähe zur Kurie ein Symbol der engen Verbindung des Herrschers zu der Institution des Senats. Im 3. Jahrhundert n.Chr. ist er restauriert worden.

Als im 19. Jahrhundert die Ausgrabungen begannen, fanden die Ausgräber in der Mitte der Cella einen Kalkofen.

Der Florentiner Humanist Poggio Bracciolini schrieb noch 1430:

> Direkt am Capitol, gegen das Forum, steht die Säulenstellung des Concordia-Tempels noch aufrecht; als ich das erste Mal nach Rom kam, sah ich sie noch fast vollständig, schönes Marmorwerk. Dann haben die Römer den Tempel ganz und die Säulen zum Teil zum Kalkbrennen abgerissen, indem sie die Säulen umwarfen. (De varietate fortunae, zitiert nach A. Esch, a.a.O., S. 207).

Cicero formulierte zu Beginn der Senatssitzung am 5. Dezember die Frage, die es zu beantworten galt: Was sollte mit den unter Bewachung gestellten Catilinariern geschehen? Der designierte Konsul Decimus Iunius Silanus forderte *die höchste Strafe*. Cicero interpretierte die Forderung, seiner Intention entsprechend, als Plädoyer für die Todesstrafe. Alle stimmten zu. Erst Caesar, designierter Prätor, gab zu bedenken, dass nach einem von Caius Gracchus 123 eingebrachten Gesetz kein römischer Bürger ohne Genehmigung des Volkes hingerichtet werden dürfe. Er beantragte, dass die Catilinarier in Landstädten, die dazu in der Lage seien, gefangen gehalten werden sollten. Tiberius Claudius Nero schlug vor, die Sache zu vertagen, bis Catilina endgültig geschlagen sei. Als sich abzeichnete, dass die Mehrheit ihm beipflichten würde, ergriff Cicero das Wort und drängte zur Eile, damit die Verschwörer in Italien nicht neuen Auftrieb erhielten. Er ließ keinen Zweifel daran, dass er die Todesstrafe für angemessen halte. Cicero hat die Rede später als die 4. Catilinarische Rede veröffentlicht.

In der erneuten Befragung erklärte nun Silanus, er habe mit *der höchsten Strafe* keineswegs die Todesstrafe gemeint, sondern – wie Caesar – Haft. Ciceros Rede hatte ihn nicht beeindruckt. Bis auf einen teilten alle die Interpretation des Silanus, bis die Reihe an den designierten Volkstribunen Marcus Porcius Cato kam. Er war 32 Jahre alt. Ihm gelang es, die Stimmung zu drehen.

> Bei den unsterblichen Göttern, ich ermahne euch, die ihr immer eure Häuser, Villen auf dem Land, Statuen und Bilder höher eingeschätzt habt als den Staat: Wenn ihr das, was es auch sei, woran ihr euch klammert, behalten, wenn ihr, was euch Genuss verschafft, in Muße genießen wollt, dann wacht endlich auf und übernehmt Verantwortung für den Staat. Es geht ja nicht um Steuern und Ungerechtigkeit gegenüber den Bundesgenossen, unsere Freiheit und unser Leben sind in Gefahr. ... Es ist jetzt nicht die Frage, ob die Werte, mit denen wir leben, gut oder schlecht sind, wie groß und glänzend die Herrschaft des römischen Volkes ist, sondern ob das, welcher Art es auch zu sein scheint, künftig uns allein gehören wird oder ob wir es mit den Feinden werden teilen müssen. Und da redet einer von Milde und Mitleid. Schon längst haben wir die richtigen Worte für die Dinge verloren: Fremdes Gut zu verschenken heißt Großzügigkeit, Wagemut zu schlechten Aktionen Tapferkeit; dadurch ist der Staat jetzt in der äußersten Notlage. ... Glaubt doch nicht, unsere Vorfahren hätten nur mit Waffen aus einem kleinen Staat einen großen gemacht. Wenn es so wäre, dann hätten wir heute den bei weitem schönsten Staat. Denn wir verfügen über mehr Bundesgenossen und Bürger, über mehr Waffen und Pferde als jene damals. Es war etwas anderes, was jene groß gemacht hat, etwas, was wir nicht haben. Sie waren in ihren eigenen Angelegenheiten fleißig, in der Ausübung ihrer Herrschaft gerecht, frei und unabhängig in den Beratungen, nicht durch Schuld und durch Gier belastet. Wir haben stattdessen Luxus und Habgier, einen armen Staat, privaten Reichtum. Wir haben das viele Geld, praktizieren das Nichtstun. ... Untätig und träge wartet ihr einer auf den anderen und zaudert, natürlich im Vertrauen auf die unsterblichen Götter, die diesen Staat schon so oft aus den größten Gefahren gerettet haben. Nicht durch Gebete und weibisches Flehen gewinnt man

> die Hilfe der Götter; durch Wachsamkeit, Tatkraft, gute Beratung findet alles ein glückliches Ende. Wo man sich der Sorglosigkeit und Trägheit hingibt, fleht man vergeblich zu den Göttern. (Sallust, Coniuratio Catilinae, 52,53 passim)

Cato beantragte die Todesstrafe, der Senat beschloss sie.

Die Vorfahren bildeten den Maßstab, an dem sich die Gegenwart messen lassen musste, und diese schnitt dabei schlecht ab. Aber Cato versuchte gar nicht erst, alre Tugenden in den Senatoren wieder zu wecken, er appellierte an die niederen Instinkte, Genuss und Habsucht, und schürte Angst vor dem Verlust des Lebens und der Freiheit.

Cato hat nicht wirklich so gesprochen. Der Historiker Sallust hat die Reden konzipiert. Aber ihren Tenor wird er sicher richtig getroffen haben.

Das Todesurteil wurde im Carcer vollzogen.

Für Cicero war die Angelegenheit damit freilich noch nicht beendet. Im Jahr 58 befürchtete er von Seiten übermächtiger politischer Gegner eine Anklage, die jedem drohte, der einen römischen Bürger hat hinrichten lassen, ohne ihm die Möglichkeit einzuräumen, beim Volk Berufung einzulegen. Er kam einer sicheren Verurteilung zuvor, indem er in die Verbannung ging, aus der er freilich schon 57 nach Rom zurückkehrte.

Die Auseinandersetzung mit den Catilinariern hatte sich in Rom an drei Orten abgespielt,, auf dem Comitium, auf dem die Volksversammlung tagte, und in zwei Tempeln, in denen sich der Senat traf, einmal unter dem Schutz des Iuppiter Stator, zweimal unter dem der Concordia.

62 wurde schließlich auch das Heer, das Catilina in Italien rekrutiert hatte, vernichtend geschlagen. Catilina selbst fiel in der Schlacht, als tapferer Römer, wie ihm Sallust attestierte.

3.8 Die Dioskuren und ihr Tempel

Der Mythos der Dioskuren

Im Osten der Basilica Iulia erhob sich der Tempel der Dioskuren Castor und Pollux, Zwillingen, die in ganz Griechenland verehrt wurden. Der eine, Pollux oder Polydeukes, wie er auch hieß, war ein Faustkämpfer, der andere, Castor, ein Rossebändiger. Der Name Dioskuren weist sie als Söhne des Zeus aus, obwohl auch der spartanische König Tyndareos als Castors Vater galt. Beider Mutter war Leda. Der Mythos erzählt, dass Castor in einem Streit erschlagen worden sei. Als sein Bruder sich wünschte, mit ihm gemeinsam in den Hades hinabzusteigen, habe Zeus ihn vor die Wahl gestellt, auf ewig jung und glücklich im Olymp zu leben oder, sich mit Castor abwechselnd, einen Tag im Olymp und einen Tag im Hades zu verbringen. Pollux habe sich dafür entschieden, das Schicksal mit seinem Bruder zu teilen. Die Zwillinge galten daher als Vorbilder für brüderliche Treue.

Die Verehrung haben die Römer von den Griechen übernommen. Der Tempel ist ein Beleg dafür, dass die Römer sich schon früh den Einflüssen der Griechen öffneten, die im Süden Italiens Niederlassungen gegründet hatten.

Die Menschen baten die Dioskuren um Hilfe, wenn sie in Not waren. Sie riefen sie als Zeugen an, wenn sie einen Eid leisteten. Die Zwillinge galten als Hüter der Schwellen, der Durchgänge, auch des Eingangs in den Olymp.

Die Geschichte des Tempels

Wie es zur Gründung des Tempels auf dem Forum kam, erklärt Valerius Maximus, ein Zeitgenosse des Tiberius, in seinem Werk *Denkwürdige Taten und Aussprüche – Facta et dicta memorabilia.*

In der Schlacht am Regillus-See in der Nähe von Tusculum kämpfte Rom (499 oder 496 v.Chr.) gegen ein latinisch-etruskisches Heer darum, die nach dem Sturz der etruskischen Könige gerade errungene Freiheit nicht wieder zu verlieren.

> Als der Diktator Aulus Postumius und der Anführer der Tuskulaner, Manilius Octavius, beim See Regillus mit großen Aufgeboten aneinandergerieten und eine Zeit lang kein Heer zurückwich, sah man, wie Castor und Pollux als Beschützer der Römer den feindlichen Truppen eine vernichtende Niederlage beibrachten. (1,8,1).

Postumius hatte zu den Dioskuren gebetet und gelobt, ihnen, wenn er siege, einen Tempel zu weihen. Die Dioskuren haben, heißt es, Postumius den Sieg verliehen und ihn anschließend, als sie ihre Pferde auf dem Forum in der Quelle der Nymphe Juturna tränkten, den Römern verkündet. Der Sieger hielt sein Versprechen: 484 v.Chr. war der Tempel fertiggestellt. Da der Sieg der Reiterei verdankt wurde (Livius 2, 42,5), blieb der Tempel stets mit den Rittern verbunden. Sie versammelten sich alljährlich vor dem Tempel und brachten Opfer dar.

Der Tempel war ein Siegesmonument und ein Symbol für die Stärke der Römer und ihren Glauben an den göttlichen Schutz.

Die Brüder blieben Rom auch weiterhin treu. Davon zeugt die folgende Geschichte: Im Krieg gegen die Mazedonier gelang es 168 v.Chr. dem Konsul Aemilius Paullus, König Perseus gefangen zu nehmen. (vgl. 3.6: Die Feier des Triumphes).

Der schon erwähnte Valerius Maximus berichtet in der Fortsetzung der zitierten Stelle:

> Als Publius Vatinius, ein Mann aus der Stadt Reate, zur Zeit des Mazedonischen Krieges nachts auf dem Weg nach Rom war, glaubte er, dass zwei junge Männer von hervorragender Schönheit, auf Schimmeln reitend, ihm entgegenkämen und ihm meldeten, dass am Vortag der König Perseus von Paullus gefangen genommen worden sei. Als der Senat dies erfuhr, da wurde Vatinius, der, wie man meinte, seine Würde und sein Ansehen mit leerem Geschwätz beschmutzt habe, ins Gefängnis geworfen. Als es aber durch einen Brief des Paullus bestätigt wurde, dass Perses gefangen genommen worden sei, da wurde Publius Vatinius aus dem Gefängnis befreit und darüber hinaus mit einem Stück Land und einer Dienstbefreiung belohnt.
>
> Dass Castor und Pollux auch zu jener Zeit noch über die Herrschaft Roms wachten, erkannte man aus folgendem Zeichen: Man sah, dass die Dioskuren am Juturnischen See ihren und ihrer Pferde Schweiß abwuschen; außerdem stand ihr mit der Quelle verbundener Tempel offen, ohne dass ein Mensch ihn aufgeschlossen hatte. (1,8,1).

168 v.Chr. ist der im 5. Jahrhundert geweihte Tempel – möglicherweise auf Veranlassung des Aemilius Paullus – umgestaltet worden, 117 v.Chr. musste man ihn nach einem Brand vollkommen neu errichten.

Im 1. Jahrhundert v.Chr. hat der Senat häufig in dem Tempel getagt. Vor einer Rednertribüne, die man vor der Fassade errichtet hatte, fanden Gerichts- und Volksversammlungen statt. Oft ging es dabei turbulent zu.

Cicero hat in seiner 70 v.Chr. verfassten Anklageschrift gegen Verres von dem sehr häufig besuchten und sehr berühmten Tempel des Castor gesprochen, *der dem römischen Volk vor Augen steht und den sie täglich sehen, in den der Senat häufig einberufen wird, in dem täglich sehr viele Sachverständige zur Beratung über die wichtigsten Angelegenheiten berufen werden*. (2,1,129). Der Bau sei damals in gutem Zustand und unbeschädigt gewesen. (131).

Der Tempel diente – vermutlich in Räumen seines Podiums – auch als Bank, Normgewichte und -maße wurden in ihm aufbewahrt.

Nach Caesars Ermordung 44 v.Chr. hat von hier aus Mark Anton zum Volk gesprochen.

Die noch sichtbaren drei 12 m hohen Säulen mit Gebälk stammen von einem in Marmor ausgeführten Neubau, den der von Augustus adoptierte Tiberius 6 n.Chr. in seinem Namen und dem seines 9 v.Chr. verstorbenen Bruders Drusus geweiht hat:

> Brüder aus dem Geschlecht der Götter haben Götterbrüdern an der Quelle der Juturna dieses Heiligtum geweiht. (Ovid, Fasten, 1, VV. 707/708).

Antike Standbilder der Dioskuren befinden sich auf dem oberen Abschluss der Treppe, die auf das Kapitol führt, und vor dem Quirinalspalast, dem Amtssitz des Staatspräsidenten. Sie flankieren dort einen Brunnen. Zwischen ihnen erhebt sich ein Obelisk, den Domitian (81–96 n.Chr.) nach ägyptischem Vorbild hat anfertigen lassen. Sie standen ursprünglich in den Thermen des Konstantin (306–337).

Der letzte Akt der Catilinarischen Verschwörung

Eine turbulente Volksversammlung: Politik mit Steinen und Knüppeln

Mit der Verhaftung und Hinrichtung der Catilinarier in Rom war die Verschwörung noch nicht besiegt. Die Schlacht gegen Catilina, der sich zu seinen Truppen nach Etrurien begeben hatte, stand noch bevor.

Zu Beginn des Jahres 62 v.Chr. hatten die neugewählten Magistrate ihre Ämter angetreten, Quintus Metellus Celer Nepos das Amt des Volkstribunen. Er war ein Anhänger des Pompeius, der sich in Kleinasien aufhielt. Nun wollte der Tribun die Gelegenheit nutzen, die Stellung des Pompeius in Rom zu stärken und in der Volksversammlung den Antrag stellen, Pompeius unverzüglich zum Schutz des Staates gegen Catilina nach Italien zurückzurufen. Sein Kollege, der Volkstribun Marcus Porcius Cato, dessen Rede in der Senatssitzung am 5. Dezember 63 wesentlich dazu beigetragen hatte, dass der Senat die Catilinarier zum Tode verurteilt hatte, war entschlossen, sich dem Ansinnen zu widersetzen.

Der Schauplatz dieses Machtkampfes war der Tempel der Dioskuren. Von den Turbulenzen vermittelt Plutarch in seiner Biographie des Cato ein anschauliches Bild:

> An dem Tage, an dem das Volk über den Antrag abstimmen sollte, stand für Metellus eine Menge bewaffneter Fremdlinge, Fechter und Sklaven auf dem Markt bereit; auch ein großer Teil des Volkes, das durch eine Veränderung Gewinn erhoffte, sehnte sich nach Pompeius, und von Seiten Caesars ... konnte man immer auf tätige Unterstützung rechnen. Cato hingegen hatte zwar die vornehmsten und angesehensten Bürger zu Freunden, die den Unwillen mit ihm teilten, aber sie litten mit ihm mehr unter diesen Ungerechtigkeiten, als dass sie ihm in diesem Kampf beigestanden hätten. Als Cato und sein Amtskollege Thermus auf dem Weg zum Forum waren, kamen ihnen viele entgegen und warnten sie. In der Nähe des Forums blieb Cato stehen, und, als er sah, dass nicht nur der Tempel der Dioskuren mit bewaffneten Leuten umringt, sondern auch die Stufen von Fechtern bewacht waren und Metellus selbst mit Caesar oben saß, wandte er sich an seine Freunde und sagte: „Welch ein Prahlhans und Feigling muss der sein, der gegen einen einzigen wehrlosen und unbewaffneten Mann so viele Soldaten angeworben hat!“ Darauf setzte er mit Thermus seinen Weg fort. Die

Wachen auf den Stufen machten sogleich Platz, ließen aber sonst niemanden durch, so dass Cato gerade noch Munatius an der Hand mit hinaufführen konnte. So ging er nun rasch hin und setzte sich mitten zwischen Metellus und Caesar. Dadurch hinderte er sie, Kontakt miteinander aufzunehmen. Diese gerieten darüber in nicht geringe Verlegenheit; alle Gutgesinnten aber, die mit Bewunderung die feste Entschlossenheit und den stolzen unerschrockenen Mut Catos bemerkten, traten näher hinzu und ermunterten mit lautem Geschrei sowohl Cato, getrost und ohne Furcht zu sein, als auch einander selbst, zusammenzuhalten und weder die Freiheit noch den, der für sie kämpfte, im Stich zu lassen.

Darauf nahm der Gerichtsdiener den Antrag in die Hand, um ihn vorzulesen. Da aber Cato es nicht geschehen ließ, nahm ihn Metellus selbst und fing an zu lesen, bis ihm Cato das Blatt aus der Hand riss. Nun wollte Metellus, der den Wortlaut auswendig wusste, den Antrag mündlich vortragen. Allein Thermus hielt ihm mit der Hand den Mund zu und ließ ihn gar nicht zu Wort kommen. Als Metellus sah, dass Cato und Thermus zu einem hartnäckigen Kampf entschlossen waren und auch das Volk auf ihrer Seite stand, griff er, um sein Ziel zu erreichen, zu einer anderen Maßnahme und ließ die Bewaffneten, die bereitstanden, mit furchtbarem Geschrei anrücken. Da liefen alle auseinander, nur Cato blieb stehen, obwohl er von oben mit Steinen und Knüppeln beworfen wurde. Der Konsul Murena aber, der von Cato öffentlich angeklagt worden war, blieb dabei nicht gleichgültig, sondern bedeckte Cato mit seiner Toga, rief den Werfenden zu, aufzuhören, und führte ihn endlich nach vielem Zureden am Arm in den Dioskuren-Tempel.

Als jetzt Metellus sah, dass die Rednerbühne leer war und seine Gegner über den Markt flohen, glaubte er schon, gewonnen zu haben, entließ die Bewaffneten, trat dann mit gehörigem Anstand auf und versuchte, seinen Vorschlag durchzusetzen. Die Gegenpartei machte jedoch auf ihrer Flucht kehrt und drang aufs Neue mit Geschrei und so viel Zuversicht gegen ihn an, dass die Anhänger des Metellus auf den Gedanken kamen, jene hätten sich irgendwo mit Waffen versorgt, und nun furchtsam und bestürzt wegliefen. Nach ihrer Zerstreuung kam auch Cato wieder zum Vorschein, lobte das Volk und bestärkte es in seiner Gesinnung. Dieses machte sich nun bereit, dem Metellus auf jede Art und Weise Einhalt zu gebieten, und der versammelte Senat erklärte aufs Neue, dass er Cato beistehen und sich jenem Vorschlag mit allen Kräften widersetzen werde, weil er nur Unruhen und einen Bürgerkrieg in Rom stifte. (27/28; Übers.: nach Johann Friedrich Kaltwasser).

Im gleichen Monat Januar wurden die Truppen Catilinas bei Pistoria in Etrurien geschlagen, Catilina wurde getötet.

Im Jahre 60 schlossen Pompeius und Caesar mit Crassus ein Bündnis, das sogenannte erste Triumvirat. Caesar bekleidete ein Jahr später das

Amt des Konsuls, fünfzehn Jahre später war er nach Erfolgen in Krieg und Bürgerkrieg Alleinherrscher.

Cato hatte 46 Selbstmord begangen. Ein Leben in der Diktatur Caesars hatte er sich nicht zumuten wollen.

3.9 Noch einmal die Rostra: Ciceros Tod, seine postume Demütigung und das Lob des Historikers

Cicero hatte nach Caesars Ermordung 44 v.Chr. seine Hoffnung auf den jungen Octavian, der später Augustus genannt wurde, gesetzt. In 14 sogenannten Philippischen Reden hatte er Marcus Antonius, der als Rivale Octavians das Erbe Caesars für sich reklamierte, bekämpft. Doch dann einigten sich die beiden Gegner überraschend. Kurz bevor sie in Rom eintrafen, verließ Cicero die Stadt. Er war sich sicher, dass Marc Anton sich an ihm rächen werde.

Er floh zuerst auf sein Gut in Tusculum. Von dort reiste er auf Nebenwegen zu seiner Villa in Formiae, von dort weiter nach Caieta, einer Hafenstadt an der Via Appia, ca. 135 km südöstlich von Rom. Das Schiff, das er dort bestieg, versuchte vergeblich, das offene Meer zu erreichen. Widrige Winde schlugen es immer wieder zurück, und Cicero selbst litt unter dem heftigen Schlingern des Schiffes. Da ergriff ihn schließlich ein Widerwille gegen die Flucht und das Leben. Er beschloss, zu seinem in der Nähe des Strandes gelegenen Landsitz zurückzukehren und sagte: *Ich will in meinem Vaterland sterben, dass ich so oft gerettet habe.*

> Es darf als sicher gelten, dass seine Sklaven bereit waren, tapfer und treu für ihn zu kämpfen. Er aber habe befohlen, die Sänfte hinzustellen und in Ruhe abzuwarten, was das ungerechte Schicksal erzwingen werde. Als er seinen Kopf aus der Sänfte hinausstreckte und den Nacken unbeweglich darbot, wurde ihm das Haupt abgeschlagen. Das genügte der törichten Grausamkeit der Soldaten nicht. Sie warfen ihm vor, auch seine Hände hätten etwas gegen Antonius geschrieben, und hackten sie ihm ab. Der Kopf wurde dem Antonius gebracht, und er wurde auf seinen Befehl zwischen den beiden Händen an den Rostra festgeheftet, dort, wo Cicero als Konsul, wo er so oft als Konsular, wo er in eben jenem Jahr als Redner gegen Antonius gehört und wegen seiner Beredsamkeit so bewundert worden war wie keine menschliche Stimme jemals zuvor.
>
> Nur mit Mühe konnten die Menschen mit von Tränen feuchten Augen aufblicken und die Glieder ihres niedergemetzelten Mitbürgers anschauen.
>
> Er ist 63 Jahre alt geworden, so dass sein Tod, wenn es keine Gewalt gegeben hätte, gewiss nicht als unzeitig angesehen werden konnte. ...

> Wenn einer die Tugenden und Fehler gegeneinander abwägt, so wird er zu dem Urteil gelangen:
>
> Cicero war ein großer und erinnernswerter Mann. Um ihn angemessen zu loben, bedürfte es eines Ciceros als Lobredners.
>
> (Livius, Per. Lib. 120, fr. 61/62; Sen. Suas. 6,17/22).

Plutarch berichtet in der Biographie Ciceros (Kap. 49), dass die Menschen in dem Kopf an der Rednertribüne nicht etwa das Gesicht Ciceros zu sehen glaubten, sondern das Bild der Seele des Antonius. (vgl. 3.7: die Rostra).

3.10 Die Brandbestattung Caesars und der Tempel des Divus Iulius

Unweit des Vestatempels, wenige Meter nördlich, erhob sich der Tempel des Divus Iulius. Augustus hatte ihn für den zum Gott erhobenen Caesar 42 v.Chr. beschließen und errichten lassen. Er wurde 29 v.Chr. geweiht. Er ist das erste Monument für einen zum Gott erhobenen Menschen in Rom. Zugleich bekräftigte er den Herrschaftsanspruch des Augustus als des Sohnes eines Gottes: *divi filius*. Der Tempel war auf einem prominenten Platz errichtet worden: neben dem Tempel der Dioskuren. Er besaß das Recht, Asyl zu gewähren, ein Privileg, über das längst nicht mehr alle Tempel verfügten.

Caius Iulius Caeser

Nur noch Teile des Podiums, das mit Schiffsschnäbeln geschmückt war und als Rednertribüne diente, sind erhalten. Von hier aus hat Tiberius die Totenrede für Augustus gehalten.

Hier war der Platz, auf dem die Leiche des 44 v.Chr. ermordeten Caesar verbrannt worden war – ein ungewöhnlicher Akt, da Verbrennungen der Toten nur außerhalb der Stadtmauer vorgenommen werden durften. Und tatsächlich hatte man auch schon Vorbereitungen für diesen letzten Akt der Begräbnisfeierlichkeiten auf dem Marsfeld getroffen. Sueton (ca. 70 – ca. 130 n.Chr.) berichtet in seiner Caesarbiographie von dem, was sich auf dem Forum zugetragen hat:

> Als das Begräbnis angekündigt worden war, wurde ein Scheiterhaufen auf dem Marsfeld neben dem Grabmal der Julia errichtet. ... Weil der Tag für alle, die Geschenke bringen wollten, nicht auszureichen schien, wurde angeordnet, dass die Menschen ihre Gaben, ohne eine Ordnung einzuhalten, auf beliebigen Wegen der Stadt auf das Marsfeld bringen sollten. ...
> Amtierende und ehemalige Beamte trugen die Bahre von der Rednertribüne auf das Forum. Während noch die einen wollten, dass die Leiche im Heiligtum des kapitolinischen Jupiter verbrannt werde, die anderen die Kurie des Pompeius vorschlugen, zündeten plötzlich zwei Männer mit Schwertern an der Seite und je zwei Wurfspeeren in den Händen die Bahre mit Wachsfackeln an. Sogleich trug die Menge derer, die um den Platz herumstanden, trockenes Reisig herbei, Richtertribünen und Richterstühle und was ihnen sonst noch als Geschenk zur Hand war. Die Schauspieler und Musiker zogen die Gewänder, die sie für die gegenwärtige Feier aus dem Fundus der Triumphe angezogen hatten, aus, zerrissen sie und warfen sie in die Flammen. Ebenso taten es die Veteranen mit ihren Waffen, mit denen sie sich für den Leichenzug geschmückt hatten, die Matronen mit dem Schmuck, den sie trugen, und mit den goldenen Amulettkapseln und den Jugendtogen ihrer Söhne. In diese so übergroße allgemeine Trauer stimmte auch die Menge der ausländischen Mitbewohner ein, eine jede Gruppe getrennt und so, wie es bei ihnen Brauch war. Besonders taten sich die Juden hervor, die viele Nächte hintereinander den Scheiterhaufen aufsuchten. (Kap. 84).

4. Kapitel

Das Kapitol, die Burg, das Asylum und der Tarpejische Fels

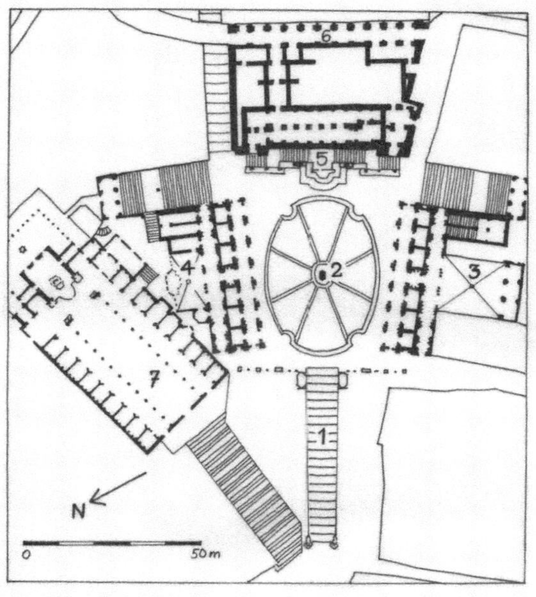

4.1 Die Kapitolinische Trias und ihr Tempel

Das Kapitol ist ein Hügel mit zwei Erhebungen. Im engeren Sinn bezeichnet man die südliche Kuppe als Kapitol, die nördliche als Arx, d.h., Burg. Es ist die Hauptburg (*caput – Haupt*) und die wichtigste Kultstätte der vereinigten Latiner und Sabiner. Dass das Haupt des etruskischen Königs Aulus/Olus hier begraben worden sei und sich davon der Name ableite, gehört in das Gebiet der Legenden.

Auf der südlichen Kuppe erhob sich der altehrwürdige Tempel der Kapitolinischen Trias: Jupiter (oder Juppiter, wie er in den römischen Quellen heißt), Juno, Minerva.

Die Piazza del Compidoglio

In den Tempel führte eine tiefe Vorhalle mit drei Reihen mit je sechs Säulen. Das Innere der Cella war dreigeteilt. Eine rückwärtige Halle (*Opisthodomos*) gab es nicht. Livius schreibt den Bau dem letzten etruskischen König, Tarquinius Superbus, zu. (1,57/58). Die Einweihung, so heißt es, sei aber erst 509 erfolgt, als Marcus Horatius und Valerius Publicola Konsuln waren. Was sich da zugetragen haben soll, erzählt Plutarch (ca. 45 – ca. 120 n.Chr.):

> Am 13. September, der ungefähr mit dem Vollmond des athenischen Monats Metageitnion übereinstimmt, vollzog Horatius, als das ganze Volk auf dem Kapitol versammelt und Stille eingetreten war, die vorgeschriebenen Riten: Er berührte die Türpfosten und sprach schon die feierliche Einweihungsformel, als Marcus, der

> Bruder des Poblicola, der schon lange an der Tür gestanden und nur auf diesen Augenblick gewartet hatte, ihm zurief: „Konsul, dein Sohn ist im Lager an einer Krankheit gestorben!“ Diese Nachricht betrübte alle, die es hörten. Horatius aber ließ sich nicht stören und sagte nur: „Werft den Leichnam, wohin ihr wollt, ich nehme die Trauer nicht an!“ Dann brachte er die Einweihung zu Ende. Die Nachricht war jedoch nicht wahr, sondern von Marcus erfunden, um den Horatius von der Einweihung abzuhalten.
>
> Horatius verdient wegen seiner Besonnenheit Bewunderung, sei es, weil er den Betrug sogleich durchschaute, sei es, weil er sich, wenn er die Nachricht glaubte, dadurch nicht aus der Fassung hatte bringen lassen.
>
> (Publicola, 14; Übers.: nach Joh. Friedrich Kaltwasser).

Auch mit diesem Ereignis verbindet sich wieder der Preis einer Tugend: Nichts Privates darf auf einen Römer einwirken, der eine Amtshandlung vollzieht.

Der Tempel ist mehrfach zerstört worden: 83 v.Chr. geriet er im Bürgerkrieg zwischen Sulla und Marius in Brand. Der Neubau, den Sulla begann, wurde erst nach seinem Tod im Jahr 69 eingeweiht. In einer Rede, die Cicero in seinem Konsulatsjahr 63 in der Volksversammlung gehalten hat, erfahren wir, dass 65 ein Blitz in den Tempel eingeschlagen hatte und die Opferschauer (*haruspices*) aus ganz Etrurien forderten, dass die unsterblichen Götter versöhnt werden müssten. Cicero zitierte sie:

> Es solle ein größeres Standbild Jupiters hergestellt, auf einem erhöhten Platz aufgestellt und anders als bisher nach Osten gewendet werden. Sie hofften, dass Pläne, die heimlich gegen das Wohl der Stadt und des Reiches geschmiedet würden, so ans Licht kämen und vom Senat und vom römischen Volk durchschaut werden könnten, wenn die Statue, die ihr seht, den Sonnenaufgang, das Forum und die Kurie erblicke.
>
> (3. Catilinarische Rede, 19/20).

Die Anführer der Catilinarischen Verschwörung waren in Gewahrsam genommen worden. Nun musste der Senat von der Notwendigkeit überzeugt werden, sie mit dem Tod zu bestrafen. Die Senatssitzung stand unmittelbar bevor. Cicero instrumentalisierte den Gott geschickt für seine Politik. (vgl. 3.7).

Als es nach dem Tod Neros (68 n.Chr.) zum Kampf um die Macht zwischen Vitellius und Vespasian kam, wurde der Tempel wiederum ein Opfer der Flammen. Der römischen Geschichtsschreiber Cornelius Tacitus (ca. 55 – ca. 120 n.Chr.) spricht von dem

> beklagenswertesten und traurigsten Frevel, der dem Gemeinwesen des römischen Volkes seit der Gründung der Stadt widerfahren ist. Es gab keinen auswärtigen Feind. Der Tempel des Iuppiter Optimus Maximus, ... wurde durch den Wahnsinn der Kaiser zerstört.

> Das Kapitol hatte schon vorher im Bürgerkrieg in Flammen gestanden, aber damals durch das Verbrechen eines Unbekannten. Diesmal wurde es offen belagert, offen in Brand gesteckt.
>
> (Historien, 3,72).

Vespasian ließ, als er siegreich aus den Diadochenkämpfen hervorgegangen und zum Kaiser proklamiert worden war, den Tempel wieder aufbauen. Er sollte nicht der letzte Herrscher sein, dem diese Ehre zuteilwurde. Sein Sohn Domitian (81–96 n.Chr.) durfte den 80 zerstörten Tempel erneut einweihen.

An dem Tempel der Kapitolinischen Trias pflegten die gewählten Konsuln am Jahresbeginn ihr Amt anzutreten und die erste Senatsversammlung abzuhalten.

Hier leisteten die Feldherren, bevor sie zum Krieg auszogen, ihr Gelübde, und hier endete ihr Triumphzug, wenn sie siegreich heimkehrten. Ihren Lorbeerkranz legten sie auf den Schoß der Jupiter-Statue.

Wer waren die Gottheiten der Trias?

Jupiter war der indogermanische Gott des heiteren Himmels. *Pater – Vater* nannte man ihn als Ausdruck besonderer Ehrerbietung. Mit der zahlreichen Nachkommenschaft des griechischen Zeus hatte das nichts zu tun.

Er war der Gott, den man um Regen bat, den man bei einem Schwur anrief und der den Eidbrüchigen strafte, und der Gott, dem man die Waffen weihte. So umfasste seine Zuständigkeit die Bereiche des Ackerbaus, des Rechts, des Krieges.

In der im Verlauf des 4. Jahrhunderts v.Chr. beginnenden Hellenisierung nahm Jupiter Züge des homerischen Zeus an. Seine Attribute, *Maximus, Optimus – der Größte, der Beste*, entsprachen dem griechischen *kýdistos, mégistos*.

Juno ist etymologisch nicht mit Jupiter verwandt, sondern mit *iuvenis – jung, tatkräftig*: Sie war die Beschützerin der jungen Frauen. Jede Frau hatte eine Juno als die ihr innewohnende Lebenskraft, wie der Mann seinen Genius hatte. Sie war die Göttin, die Römerinnen bei der Entbindung anriefen, sie entsprach insofern der griechischen Eileithyia.

Die Göttin, die für das Wachstum und das Wohlergehen der Bevölkerung sorgte, konnte sich leicht zu einer Stadtschützerin entwickeln, ohne dass sie ihre ursprüngliche Funktion einbüßen musste.

Im 4. Jahrhundert v.Chr. übernahm sie Charakteristika der in Argos verehrten Hera. Die *Hera Basíleia* mutierte zur *Juno Regina*, zur Königin Juno. Nun wurde sie die Gattin Jupiters.

Die Gänse waren ihr heilig. Das verweist auf den Orient und Ägypten. Der Isis wurden Gänse geopfert. Nach der Zerstörung Karthagos 146 v.Chr. wurde auch noch der Kult der karthagischen Himmelsgöttin auf Juno übertragen. Sie erhielt den Beinamen *Caelestis – himmlisch*.

Minerva war ursprünglich ein weibliches Pendent zu Mars, eine Kämpferin. Diese Eigenschaft machte es leicht, sie mit Athena zu identifizieren. Wie Athena war auch sie die Schutzgöttin der Handwerker und Künstler.

Wenn es auch im Pantheon der Gottheiten keine Hierarchie gab, so wurde doch der kapitolinischen Trias die höchste Verehrung gezollt.

Es gab noch zwei weitere wichtige Gottheiten, die auf dem Kapitol verehrt wurden, beide weiblich und beide Persifikationen: Ops, der Gedeihen und Fruchtbarkeit verdankt wurde, und Fides, die darüber wachte, dass Verträge eingehalten wurden. Von Ops hing die materielle Sicherheit, von Fides die politische Stabilität des Reiches ab. Der Senat nutzte den Fides-Tempel häufig als Sitzungssaal. An seinen Wänden waren völkerrechtliche Verträge und Militärdiplome angebracht.

4.2 Der Tempel der Juno Moneta und die rettenden Gänse

Auf der nördlichen Kuppe des Kapitols, der Burg, dort, wo heute die Kirche Santa Maria in Aracoeli steht, erhob sich seit 343 v.Chr. ein Tempel der Juno Moneta. Der Beiname Moneta wird von *monere – mahnen* abgeleitet. Dass es schon ein älteres Heiligtum gegeben hat, lässt sich aus der Geschichte der Rettung des Kapitols durch die Gänse der Juno im Jahre 387 (390?) v.Chr. erschließen. Seit 290 v.Chr. befand sich in der Nähe des Tempels eine Münzprägeanstalt. Wenn wir von unserem Geld als Moneten sprechen, so erinnern wir unbewusst an die Juno Moneta.

Der Name Burg verweist darauf, dass der Ort eine Schutzfunktion hatte.

Von ihm aus beobachtete auch das Priesterkollegium der Auguren den Vogelflug, um aus ihm den göttlichen Willen zu erkunden.

> Eine große Bedrohung stellte für die junge, aufstrebende römische Republik der Einfall der Gallier dar. Sie waren in Rom eingedrungen, die Burg und das Kapitol waren in allergrößter Gefahr. Denn die Gallier hatten entweder die menschliche Spur bemerkt, auf der der Bote aus Veji nach oben gelangt war, oder sie hatten selbst beim Heiligtum der Carmentis einen Felsen entdeckt, der einen leichten Aufstieg zuließ. Daraufhin hatten sie zuerst in der Morgendämmerung einen unbewaffneten Mann vorausgeschickt, der den Weg erkunden sollte. Dann stiegen sie selbst hinauf, indem sie, wo es schwierig war, die Waffen von oben nach unten weiterreichten und sich gegenseitig stützten, schoben und zogen, wie es jeweils das Gelände erforderte. Das taten sie in so großer Stille, dass sie nicht nur der Aufmerksamkeit der Wächter entgingen, sondern nicht einmal die Hunde aufweckten, obwohl doch Hunde auf nächtlichen Lärm zu reagieren pflegen. Einzig die Gänse bemerk-

ten sie. Da sie der Juno heilig waren, hatte man sie trotz der größten Hungersnot nicht angetastet. Das war die Rettung. Denn durch ihr Geschnatter und den Lärm ihres Flügelschlages wurde Marcus Manlius, der drei Jahre vorher Konsul gewesen war und der sich im Krieg bewährt hatte, geweckt. Er ergriff die Waffen, rief zu den Waffen, ging los und stieß, während die anderen Römer noch aufgeregt hin und her rannten, den Gallier, der sich schon auf dem Gipfel postiert hatte, mit seinem Schwert hinab. Als der den Halt verlor und mit seinem Sturz die Kameraden, die ihm am nächsten waren, umwarf, schlachtete er weitere Feinde ab, die in ihrer Aufregung die Waffen fallen gelassen hatten und an den Felsen hingen, an die sie sich mit den Händen klammerten. Inzwischen hatten sich auch andere Römer zusammengeschlossen und schlugen die Feinde mit Wurfgeschossen und Steinen, die sie hinabschleuderten, in die Flucht, und die ganze Mannschaft der Gallier verlor den Halt und stürzte in die Tiefe. (Livius, 5,47, 1–5).

Die heiligen Gänse der Minerva Moneta

Die Gallier zogen jedoch nicht ab, sie belagerten das Kapitol, und der Hunger zwang die Belagerten, um Verhandlungen zu bitten. Es wurde ihnen die Zahlung von 1.000 Pfund Gold auferlegt.

Zu der an sich schon höchst schimpflichen Auflage kam noch eine besondere Schmach hinzu: Die Gallier kamen mit falschen Gewichten; und als der Tribun sie zurückwies, legte der unverschämte Gal-

> lier noch sein Schwert zu den Gewichten, und man musste das für die Römer unerträgliche Wort hören: Wehe den Besiegten – vae victis. (5,48).

Schließlich erklärten die Römer den Vertrag für ungültig. Die Gallier wurden in zwei Schlachten besiegt.

> Das Lager wurde genommen, und nicht einmal ein Bote der Niederlage blieb am Leben. (5,49).

4.3 Santa Maria in Aracoeli und die Vision des Augustus

Die 1291 geweihte Kirche Santa Maria in Aracoeli steht an der Stelle eines im 6. Jahrhundert errichteten Vorgängerbaus. Über den Ursprung ihres Namens unterrichten uns die Mirabilia, eine Schrift, die im 12. Jahrhundert n.Chr. verfasst worden ist.

> Als Octavian Kaiser war, sahen die Senatoren in ihm einen Mann von so großer Schönheit, dass niemand ihm in die Augen schauen konnte, und einen Herrscher, der, weil er sich den gesamten Erdkreis tributpflichtig gemacht hatte, so viel Glück und Frieden geschaffen hatte, dass sie sagten: „Wir wollen dich anbeten, weil etwas Göttliches in dir ist. Wenn es nicht so wäre, würde dir nicht alles so gut gelingen.“ Der lehnte zunächst ab, erbat sich Bedenkzeit und rief die tiburtinische Sibylle zu sich.

Sie war eine Prophetin und prophezeite dem Kaiser die Geburt und Lebensgeschichte Christi.

> Plötzlich öffnete sich der Himmel und ein großer Glanz fiel auf ihn. Er sah im Himmel eine sehr schöne Jungfrau, die auf dem Altar stand und einen Knaben in ihrem Arm hielt. Er wunderte sich sehr. Da hörte er eine Stimme, die sagte: „Dies ist der Altar des Gottessohnes.“ Da warf er sich zu Boden und betete die Gottesmutter an. Er berichtete den Senatoren von der Erscheinung, und sie wunderten sich sehr. Diese Vision geschah in einem Gemach des Hauses Octavians, dort, wo jetzt die Kirche „der Heiligen Maria auf dem Himmelsaltar“ steht. Daher heißt sie „Santa Maria in Aracoeli“. (11).

Es sind 22 antike Säulen, die das Hauptschiff von den Seitenschiffen trennen.

4.4 Segen und Fluch der Freistatt: Das Asylum

Zwischen der nördlichen und der südlichen Kuppe des Kapitols lag das Asylum, ein Zufluchtsort. Diese Einrichtung ging der Überlieferung nach auf Romulus zurück.

> Damit sich die Größe der Stadt nicht als sinnlos erweist und eine Menge Menschen angelockt wird, wies er einen Platz als Asyl (Freistatt) aus, der jetzt eingezäunt ist und sich öffnet, wenn man den Weg emporsteigt, der zwischen zwei Hainen hindurchführt.
>
> Eine bunt gemischte Menge aus den benachbarten Orten, Freie und Sklaven ohne Unterschied, floh dorthin, weil sie das Neue reizte. Das war der Anfang der Entwicklung der Stadt zu einer großen Macht. (Livius, 1,8, 5/6).

Es sollte sich herausstellen, dass ein Ort, der den Menschen Schutz gewährte und garantierte, auch Gefahren barg: Ein Chaos wurde ausgelöst, als – nach einem Bericht des Livius – im Jahr 460 v.Chr. ca. 4.500 Verbannte und Sklaven das Asylum besetzten. Der Anführer, der Sabiner Appius Herdonius, rief vom Kapitol aus die Sklaven auf, sich vom Joch der Sklaverei zu befreien. Die römischen Bürger gerieten in Furcht, glaubten sie doch, den Feind im eigenen Haus zu haben und nicht mehr sicher sein zu können. Schließlich gelang es, der Lage Herr zu werden. Wer von den Verschwörern die Schlacht überlebte, wurde gefangen. Über sie wurde die Todesstrafe verhängt. (Livius, 3,15–18).

Die Sache wie das Wort sind griechisch. *asylon* bezeichnet einen heiligen Ort, von dem man niemanden mit Gewalt entfernen (*syláo – wegnehmen*) darf. Wer dieses Verbot missachtet, frevelt und verfällt der Strafe der beleidigten Gottheit. Ursprünglich gewährte jeder Tempelbezirk Schutz vor Verfolgung. Das galt nicht nur für rechtlose Fremde und Unschuldige, sondern sogar auch für Mörder. Sklaven konnten ihre Freiheit bewirken, Delinquenten begnadigt werden. Das machte sich Romulus zunutze. Im Laufe der Zeit wurde das Asylrecht auf bestimmte bedeutende Heiligtümer eingeschränkt.

4.5 Die Piazza del Campidoglio und das Reiterstandbild des Kaisers Marc Aurel

Gedanken eines Stoikers

Den Platz des Asylums nimmt heute die Piazza del Campidoglio ein. Der Senatorenpalast in der Mitte wird von zwei äußerlich identischen Gebäuden, dem Konservatorenpalast auf der linken und dem Neuen Palast auf der rechten Seite flankiert. Der Senatorenpalast ist Sitz des Bürgermeisters und der Verwaltung, die beiden anderen Paläste beherbergen das Kapitolinische Museum.

Blickte der Tempel der Trias auf das Forum, so öffnet sich der Platz nun zum christlichen Rom.

Als Konstantinopel 330 n.Chr. Hauptstadt geworden war, begann der Verfall der Bauten auf dem Kapitol. Erst Papst Paul III. Farnese (1534–1549) leitete eine Neugestaltung des Platzes ein. Michelangelo, den er mit dieser Aufgabe betraute, nahm 1546 seine Arbeit auf. Erst nach seinem Tod wurde das Werk vollendet. In der Mitte des Platzes, zu dem man seitdem von der Stadt auf einer prächtigen Treppe hinaufsteigt, steht das Reiterstandbild des Kaisers Marc Aurel.

Der Kaiser Marc Aurel

Der Senatorenpalast ist über dem antiken, 76 v.Chr. erbauten Tabularium errichtet worden, das das Forum im Westen abschloss. Es war das Archiv, in dem die Senatsbeschlüsse und Plebiszite, später die kaiserlichen Erlasse aufbewahrt wurden.

Unter dem Konservatorenpalast befinden sich Quader vom Fundament des Tempels der Kapitolinischen Trias. Was von dem Gebäude noch stand, ist beim Bau des Palastes zerstört worden.

Den ursprünglichen Standort des Reiterstandbildes kennt man nicht. Die Erhaltung verdankt es der Tatsache, dass man den Reiter für den Kaiser Konstantin hielt, dem das Christentum das Ende der Verfolgungen verdankte. Deshalb stand es seit dem 8. Jahrhundert vor dem päpstlichen Lateranpalast. Als man 1447 den Irrtum bemerkte, fand man für den Heiden auf dem Kapitolsplatz einen neuen Standort. Heute steht das restaurierte Original in dem Kapitolinischen Museum, im Freien ist es 1990 durch eine Kopie ersetzt worden, die Fachleute für kritikwürdig halten.

Die Statue ist überlebensgroß. Sie war vergoldet. Der Kaiser ist dargestellt, wie er sich mit einer Rede an das Volk oder an seine Soldaten wendet und einen Sieg verkündet – wahrscheinlich den Sieg über die Markomannen. Er ist mit der Tunika und einem Militärmantel bekleidet. Mittelalterliche Quellen berichten, dass vor dem Pferd ein besiegter Barbar kauerte.

Derartige Reiterstandbilder sind in Heerlagern in den Provinzen aufgestellt worden. Sie symbolisierten die Präsenz des Herrschers.

Es gab sie freilich schon in der republikanischen Zeit: An den Rostra auf dem Forum stand das vergoldete Reiterstandbild Sullas. Pompeius und Caesar ist dieselbe Ehre zuteil geworden – wenn auch nicht an den Rostra. Gemalte Kaiserbildnisse waren im ganzen Reich verbreitet.

Marcus Cornelius Fronto (ca. 100 – ca. 170 n.Chr.) schreibt an Marc Aurel, den er in der Rhetorik unterrichtet hatte:

> Du weißt ja, wie in allen Wechselstuben, Buden und Läden, Eingängen und Fenstern, ja überhaupt überall eure Bildnisse zur Schau stehen, und zwar meist schlecht gemalt. ... Und doch streift unterwegs mein Blick kein Bildnis von dir, und mag es noch so unähnlich sein, ohne dass ich mit einem Lächeln an dich denken muss.
> (Zitiert bei W. Wohmayr, a.a.O., S. 314).

Marc Aurel ist 121 n.Chr. in Rom geboren worden. 161 bestieg er als Nachfolger seines verstorbenen Adoptivvaters Antoninus Pius den Thron. 176 erhob er seinen Sohn Commodus, der ihm nachfolgen sollte, zum Mitregenten. Er verstarb 59jährig 180 in Vindobona (Wien), vielleicht an der Pest.

Die Philosophie der Stoa, zumal die Ethik, hat ihn beeindruckt. Das Leben eines stoischen Weisen zu führen, war ihm freilich nicht vergönnt. Zeit seiner Regierung musste er im Norden und Osten Kriege zur Sicherung der Reichsgrenzen führen. Sie sind auf der zu seinen Ehren errichteten Triumphsäule dargestellt, die auf der Piazza Colonna steht. Man sieht unter anderem, wie Jupiter dem fast verdursteten Heer Regen sendet, ein Bild, in dem Christen ihren Gott erkannt haben, der das Gebet christlicher Legionäre erhört. Das Kriegsgeschehen wird in all seiner Grausamkeit detailliert dargestellt: Häuser werden niedergebrannt, Menschen verschleppt oder getötet. Sollte Mitleid mit den Besiegten erregt werden? Wohl kaum. Eher sollten die Untertanen vor Aufständen gewarnt werden.

Selbstbetrachtungen heißt die Schrift, mit der der Kaiser eine neue Literaturgattung begründet hat. Er hat sie auf seinen Feldzügen niedergeschrieben. So hat man denn auch das Manuskript nach seinem Tod im Heerlager in Vindobona gefunden.

Einige Zitate mögen einen Eindruck von dem Werk des Kaisers vermitteln:

> Wie viel Unruhe vermeidet der, der nicht darauf sieht, was der Mitbürger gesagt, getan oder gedacht hat, sondern nur auf das, was er selbst tut, dass es gerecht und fromm sei. (4,18).
>
> Das Gute des mit Vernunft begabten Wesens ist die Gemeinschaft. Dass wir nämlich zum Leben in der Gemeinschaft geboren sind, ist schon längst bewiesen worden. Oder war es nicht einleuchtend, dass das Geringere um des Besseren willen existiert, das Bessere um des Umgangs miteinander willen? Besser als das Unbeseelte ist das Beseelte, besser als das Beseelte ist das Beseelte, das mit Vernunft begabt ist. (5,16,3/4).
>
> Wenn jemand es vermag, mich zu widerlegen oder mir zu beweisen, dass ich nicht richtig denke oder handle, werde ich mich gern ändern. Ich suche nämlich die Wahrheit, von der noch nie jemand einen Schaden erlitten hat. Schaden erleidet aber der, der auf seinem Irrtum oder seiner Unwissenheit beharrt. (6,21).
>
> Gewöhne dich daran, aufmerksam auf das zu hören, was von einem anderen gesagt wird, und versetze dich so sehr wie möglich in die Seele dessen, der spricht. (6,53).
>
> Sieh zu, dass du gegenüber Unmenschen nicht dasselbe empfindest wie die Unmenschen gegenüber den Menschen. (7,65).
>
> Es ist lächerlich, sich vor der eigenen Schlechtigkeit nicht zu bewahren, obwohl es möglich ist, sich vor der der anderen Menschen aber bewahren zu wollen, obwohl es unmöglich ist. (7,71).
>
> Wer sich schuldig macht, macht sich vor sich selbst schuldig; wer Unrecht tut, tut sich selbst Unrecht, weil er sich zu einem schlechten Menschen macht. (9,4).
>
> Wer hat dir gesagt, dass die Götter nicht auch bei dem helfen, was in unserer Gewalt steht? Fange an, darum zu beten, und du wirst es erleben. (9,40, 5/6).
>
> Wer gebildet und ehrfürchtig ist, sagt zu der Natur, die alles gibt und wieder zurücknimmt: „Gib, was du willst; nimm zurück, was du willst.“ Er sagt das aber nicht trotzig, sondern einzig und allein, weil er sich ihr fügt und ihr wohlgesinnt ist. (10,14).
>
> Mensch, du hast dich in diesem großen Staat als Bürger betätigt. Welche Bedeutung hat es für dich, ob es sich um fünf oder drei Jahre handelte? Denn das, was das Gesetz bestimmt, gilt un-

abhängig von den Jahren für alle gleich. Was ist also schlimm daran, wenn dich nicht etwa ein Tyrann oder ein ungerechter Richter aus dem Staat fortschickt, sondern die Natur, die dich hineingeführt hat? Es ist so, wie wenn der leitende Beamte einem Schauspieler, den er unter Vertrag genommen hat, kündigt. „Aber ich habe nicht die fünf Akte gespielt, sondern nur drei." „Du hast recht. In deinem Leben besteht aber das ganze Drama nur aus drei Akten. Denn der setzt das Ende fest, der seinerzeit für die Zusammenfügung verantwortlich war und jetzt für die Auflösung verantwortlich ist. Du bist für beides nicht verantwortlich. Gehe also heiter fort; denn auch der, der dir kündigt, ist fröhlich." (12,36).

4.6 Vom Muttertier zum Raubtier: Die kapitolinische Wölfin

Cicero erwähnt in der 3. Catilinarischen Rede (Kap. 19), dass auf dem Kapitol eine vergoldete Statue gestanden habe, die den kleinen Romulus zeigte, wie er nach den Zitzen einer Wölfin schnappte und an ihnen saugte. Neben ihm war sein Zwillingsbruder Remus dargestellt. (Cicero, de divinatione, 2,45).

Die kapitolinische Wölfin

Die Statue hielt die Erinnerung an die Geschichte der wunderbaren Rettung der Kinder wach, die Livius erzählt. Sie beginnt in Alba Longa, der Mutterstadt Roms, und mit ihrem König Proca:

Proca zeugte Numitor und Amulius. Dem Numitor, der der Ältere war, vermachte er die altehrwürdige Königsherrschaft des Geschlechtes, dessen Stammvater Silvius war. Die Gewalt war jedoch stärker als der Wille des Vaters oder die Achtung vor dem Alter. Amulius vertrieb den Bruder und übernahm die Herrschaft. Er häufte Verbrechen auf Verbrechen. Die männliche Nachkommenschaft seines Bruders löschte er aus. Rhea Silvia, der Tochter des Bruders, nahm er die Hoffnung auf Kinder, nachdem er sie unter dem Schein der Ehre zur Vestalin bestimmt hatte.

Ich bin aber davon überzeugt, dass die Gründung einer so großen Stadt wie Rom und des nach dem Machtbereich der Götter größten Imperiums dem Schicksal verdankt wurde. Als die Vestalin vergewaltigt wurde und Zwillinge gebar, gab sie Mars als Vater der unter ungeklärten Umständen gezeugten Kinder aus, sei es, weil sie es glaubte, sei es, weil ein Gott als Urheber des Fehltritts schicklicher war. Aber weder die Götter noch die Menschen schützten sie und die Kinder vor der Grausamkeit des Königs. Die Priesterin wurde gefesselt ins Gefängnis abgeführt, ihre Söhne ließ der König im Tiber aussetzen. Nun war der Fluss durch göttliche Fügung gerade über die Ufer getreten. Flache Lachen ließen es nicht zu, an irgendeiner Stelle an den Lauf heranzukommen, und für die, die die Kinder brachten, bestand die einzige Möglichkeit darin, die Wanne mit den Kindern ins Wasser zu setzen, mochte es auch noch so träge dahinfließen. Nun also setzten sie die Kinder in der Überzeugung, sie würden so den Befehl des Königs am besten ausführen, in dem überschwemmten Bereich aus, der ihnen am nächsten war, dort, wo jetzt der „ruminalische Feigenbaum“ steht; es heißt, er sei ursprünglich der „romularische“ genannt worden. Damals war diese Gegend noch öde und leer.

Über den Fortgang des Geschehens weiß die Überlieferung folgendes: Als das seichte Wasser die auf ihm dahintreibende Wanne, in der die Kinder ausgesetzt worden waren, auf Grund gesetzt habe, sei eine durstige Wölfin angelockt worden und habe den Kindern ihre Zitzen so zart dargeboten, dass der königliche Oberhirte sie entdeckte, wie sie die Knaben gerade mit der Zunge leckte. Er soll Faustulus geheißen haben. Er habe sie zum Hof seiner Frau Laurentia gebracht, damit sie sie aufziehe. Es wird auch behauptet, Laurentia sei, weil sie ihren Körper feilgeboten habe, unter den Hirten als „Wölfin“ bekannt gewesen, und so sei die Geschichte von dem Wunder entstanden. (1,3,10–4,7).

Wölfinnen nannte man die Prostituierten.

Heute kann man die Wölfin mit den beiden an ihren Zitzen saugenden Kindern in dem Kapitolinischen Museum bewundern. Sie sieht freilich ganz anders aus, als sie Publius Vergilius Maro (70–19 v.Chr.) in der Aeneis beschreibt:

Volcanus, den die Römer mit Hephaistos identifizierten, hatte auf Bitten seiner Gemahlin Venus Waffen für Aeneas gefertigt, dem Flüchtling aus

Troja und Gründer von Lavinium, der Mutterstadt von Alba Longa. Auf dem Schild hatte der Gott die zukünftige Geschichte Roms dargestellt:

> Mars war die grünende Grotte geweiht, in der die Wölfin,
> die gerade geworfen hatte, sich nach vorne
> beugte; die Zwillingskinder hingen, indem sie spielten,
> an den Zitzen und leckten die Wölfin, die sie für ihre
> Mutter hielten, gar nicht ängstlich. Die aber beugte
> ihren schlanken Hals zu ihnen und streichelte beide;
> mit der Zunge berührte sie die beiden Körper. (8, VV. 630–635).

Eine Gemme aus dem 3. Jahrhundert n.Chr. zeigt die Wölfin mit eben dieser Geste.

Aus der liebevollen Wölfin ist in der Darstellung, die wir im Museum betrachten, ein Raubtier geworden, das wachsam die Augen aufhält, mehr böse droht als zärtlich leckt. Zu den beiden Kindern hat sie keinerlei Beziehung.

Und in der Tat: Handelte es sich in der Antike um ein etruskisches Werk, das zwischen 480 und 470 v.Chr. entstanden ist, so ist die Museumswölfin erst im Mittelalter hergestellt worden. Die Zwillinge wurden später, 1471, im Auftrag des Papstes Sixtus IV. hinzugefügt. Er ließ das Standbild auf dem Kapitol aufstellen und stilisierte sich damit zum Nachfolger des Romgründers.

Das Original, heißt es, sei von den Vandalen zunächst 455 n.Chr. nach Karthago, von Kaiser Justinian (527–565 n.Chr.) von dort nach Konstantinopel verschleppt worden. Als die Venezianer 1204 die Stadt eroberten, hätten sie es eingeschmolzen, um Kupfermünzen herzustellen.

4.7 Tarpeia und der Tarpeische Fels: Verrat oder kluge List?

Tarpeischer Fels – so heißt die Südspitze des Kapitols, von deren Höhe zum Tode Verurteilte hinabgestoßen wurden. Die letzte Exekution dieser Art fand 43 n.Chr. statt. Die Via Monte Tarpeio stellt eine Verbindung zwischen dem Forum und dem Kapitol her.

Das Attribut *tarpeisch* verweist auf eine Legende, die in die Frühzeit Roms zurückführt, zu dem Raub der Sabinerinnen. Livius berichtet, der Raub habe die Römer in eine Reihe von Kriegen mit betroffenen Völkern verwickelt. Als letztes griffen die Sabiner unter ihrem König Titus Tatius zu den Waffen.

> Sie fügten der Planung eine List hinzu. Befehlshaber der Burg war der Römer Spurius Tarpeius. Tatius bestach dessen junge Tochter mit Gold: Sie sollte die bewaffneten Sabiner in die Burg einlassen. Zufällig hatte sie gerade den ummauerten Bezirk verlassen, um für Opferhandlungen Wasser zu holen. Als die Sabiner eingelassen wa-

ren, brachten sie das Mädchen um, indem sie ihre Schilde über sie warfen, sei es, damit es eher so scheine, als sei die Burg mit Gewalt erobert worden, sei es, weil sie ein Exempel statuieren wollten, dass nirgendwo das Wort, das man einem Verräter gegeben hat, gehalten wird.

Es wird noch eine Geschichte hinzugefügt: Die Sabiner trugen gewöhnlich goldene Armreifen von beträchtlichem Gewicht am linken Arm und dazu mit Edelsteinen besetzte Ringe von großer Schönheit. Das Mädchen habe sich als Lohn ausbedungen, was sie an ihrer linken Hand trügen. Deshalb seien die Schilde statt goldener Geschenke über sie gehäuft worden. (1,11,5–9).

Der Schluss rehabilitiert das junge Mädchen und stilisiert sie zu einer Heldin: Sie hat die Sabiner ihrer Schilde beraubt und sie damit geschwächt. Sie hat sich für das Vaterland geopfert. Im Kult ist diese Version kanonisiert worden, denn die Vestalinnen – und Tarpeia soll eine Vestalin gewesen sein – haben ihr ein ehrendes Andenken bewahrt.

Dass sie von dem nach ihr benannten Felsen hinabgestürzt worden sei, erwähnt Livius nicht.

Bei dem Dichter Sextus Propertius (ca. 47 – ca. 2 v.Chr.) wird aus der Beziehung der Tarpeia zu dem König Titus Tatius eine Liebesgeschichte:

Jedes Mal, wenn die vestalische Jungfrau zu der Juturnischen Quelle hinabstieg, um Wasser zu schöpfen, beobachtete sie den sabinischen König, wie er in der Ebene sein Pferd tummelte und in der Quelle tränkte. Sie verliebte sich in ihn. In einem Selbstgespräch reflektiert und beklagt sie ihre Situation. In Gedanken spricht sie den Geliebten an:

Dich ziert die bestickte Toga und nicht ihn, den
ein barbarisches Tier säugt – für die Mutter kein Lob.
Werde ich, Freund, bei dir geehrt als Gattin des Königs?
Rom, das verratene, ist meine Mitgift für dich.

In dem Konflikt zwischen der Treue zu ihrer Vaterstadt und der Liebe rechtfertigt sie ihren Verrat:

Zögerst du? Aber geraubt worden sind die sabinischen Mädchen,
Raube mich, räche sie doch, gleiches Recht steht dir zu.

Die Gelegenheit zum Verrat bietet sich, als die Römer ein Fest gefeiert hatten, an dem auch die Wachen hatten teilnehmen dürfen.

Da hielt Tarpeia die Zeit für günstig, sie traf den Gegner,
und sie schließt den Vertrag, knüpft sich auch selbst an ihn. ...
Alles war im Schlaf versunken, nur Jupiter wachte,
wollte, dass die Tat ihre Strafe erhält.
Schon war das schützende Tor, war die schlafende Stadt verraten.
Er bestimme den Tag, bat sie, für das Fest.
Tatius aber – selbst der Feind ehrt nicht das Verbrechen –
sagte: „Heirate, steig in mein Königsbett.“

Sprach's und deckte sie zu mit den Schilden seiner Begleiter.
„Diese Mitgift hast du dir, Jungfrau, verdient."
Von der Führerin hat der Hügel den Namen erhalten.
Wächterin, ungerecht wurde der Lohn dir zuteil.
(4.4, VV. 81–94 mit Auslassungen).

Es gehört sich eigentlich nicht, meint der Dichter, dass ein so prominenter Ort zwischen dem Kapitol und dem Forum nach einer Verräterin, die er als Führerin und ironisch als Wächterin bezeichnet, benannt worden ist.

Properz greift in seiner Elegie ein in der antiken Dichtung sehr geläufiges Thema auf: Ariadne verlässt Kreta, um Theseus, Medea verlässt Kolchis, um Jason zu folgen. Dido zerbricht an dem Konflikt zwischen der Treue zu ihrem Eheversprechen und der Liebe zu dem Trojaner Aeneas.

Für die Frau geht die Geschichte niemals glücklich aus. Warum?

5. Kapitel
Wohnen wie die Götter:
Der Palatin und Neros „Goldenes Haus“

Die ältesten Spuren auf dem Palatin stammen aus dem 10. Jahrhundert v.Chr. Hier soll Romulus gewohnt haben. Der Hügel entwickelte sich zur Wohnstadt der vornehmen und reichen Römer. Augustus baute hier sein Haus. Er stellte das Heiligtum der Magna Mater, das 191 v.Chr. geweiht worden war, dann zweimal abbrannte, wieder her, und er weihte dem Apollon, den er als seinen Schutzgott verehrte, einen Tempel, in dem er bedeutende griechische Kunstwerke ausstellte. Zu dem Heiligtum gehörte eine Bibliothek, die vom Senat als Sitzungssaal genutzt werden konnte.

Augustus wohnte inmitten von Gottheiten.

Dass der Begriff Palast von Palatin abgeleitet ist, bestätigt Dio Cassius (um 200 n.Chr.) in seiner *Römischen Geschichte*:

> Der kaiserliche Palast heißt Palatium, nicht, weil irgendwann einmal der Beschluss gefasst worden wäre, ihn so zu nennen, sondern weil der Kaiser auf dem Palatin wohnte und dort sein strategisches Hauptquartier hatte und weil sein Haus einen gewissen Ruhm von dem ganzen Hügel bezog, auf dem Romulus gewohnt hatte.
>
> (53,16,5).

Ovid (43 v.Chr. – 17/18 n.Chr.) nennt die Wohnung des Zeus *palatia caeli – Himmelspalast*. (Met.,1, V. 176).

Tiberius (14–37 n.Chr.) hat einen neuen Palast erbauen lassen, den Domitian (81–96 n.Chr.) dann vergrößerte, nachdem er den Hügel durch Substruktionen erweitert hatte. Plutarch (ca. 45 – ca. 120 n.Chr.) attestiert dem Kaiser eine krankhafte Bausucht:

> Wenn einer, der die Pracht des Kapitols bewundert, eine einzige Säulenhalle im Palast des Domitian sähe, eine Basilica, ein Bad oder einen Aufenthaltsraum der Mätressen, könnte er passend finden, was Epicharm zu einem Verschwender gesagt hat: „Du bist kein Menschenfreund, du bist krank; du freust dich daran, Geld auszugeben.“
>
> Er könnte sich veranlasst sehen, etwa so zu Domitian zu sprechen:
>
> „Du bist nicht fromm und nicht auf deine Ehre bedacht. Du bist krank, du freust dich daran, zu bauen. Wie jener Midas wünschst du, dass dir alles zu Marmor und Gold wird.“ (Publicola, 15,5).

Epicharm war ein Komödiendichter aus Sizilien. Er lebte im 5. Jahrhundert v.Chr.

Dem Satiriker Martial (ca. 40 – ca. 104 n.Chr.) erschienen selbst die Pyramiden Ägyptens klein angesichts der Größe des Palastes (8,36), und ironisch empfahl er dem Zeus des Phidias in Olympia Domitians Architekten Rabirius, falls er sich einmal ein würdiges Haus wünschen sollte. (7,56).

Im Gegensatz zu den Kritikern war Statius (40/50 – nach 96 n.Chr.), der sogar einmal zu einem Festessen in den Palast eingeladen worden war, voller Bewunderung:

> Heiliges Haus, gewaltig groß und ausgezeichnet
> nicht durch hundert Säulen, sondern durch so viele
> Säulen, dass sie Atlas helfen und die Götter
> und den Himmel tragen können. In der Nähe
> staunt das Haus des Donnerers, alle Götter freuen
> sich, dass dein Palast dem ihren in nichts nachsteht.
> Denn so weit erstreckt sich dieser Bau: Die Halle
> greift weit aus, ist ausgedehnt und offener als ein
> Feld, und schützend fasst sie in sich viel des Äthers.
> Nur der Herr ist größer, das Haus erfüllt er mit der
> Macht seines Geistes. Es wetteifern miteinander und mit dem
> glänzenden Stein aus Troja die Berge Libyens, Smyrna
> liefert viel und Chios. Es gibt Marmor, dessen
> grün-blaue Farbe der des Meeres nicht nachsteht. Der Marmor,
> der aus Luma stammt, muss nur die Säulen tragen.
> Weit nach oben wandert der Blick, erreicht, ermüdet,
> kaum die Höhe. Die Decke gleicht dem vergoldeten Himmel.
>
> (Silvae, 4,2, VV. 8–31).

Wie könnte es anders sein, als dass dem gottgleichen Herrscher ein Haus ziemt, das an Größe, an Höhe und Ausdehnung alles Vorhandene übertrifft? Nero hatte es vorgemacht, Domitian ahmte es nach. Aus aller Welt wurden die wertvollsten Materialien herbeigeschafft. Repräsentations- und Wohnräume waren getrennt. Die Palastaula besaß einen von einem Säulenkranz gebildeten Obergaden.

Man war im Allgemeinen nicht kleinlich, Altes einzureißen und auf seinem Fundament Neues zu errichten, noch größer, noch höher, noch aufwändiger. Aber Domitians Palast wurde instand gehalten, immer wieder renoviert. Teile der Anlage waren selbst im Mittelalter noch bewohnt. Das meiste freilich verfiel, wurde überbaut, zum Beispiel mit den Farnesinischen Gärten.

Systematische Ausgrabungen begannen erst 1860, sie dauern bis heute an.

Auf dem Esquilin, dem nördlich des Kolosseums gelegenen Hügel, hatte sich Nero sein goldenes Haus (*domus aurea*) gebaut, nachdem sein Palast im Jahre 64 n.Chr. ein Raub der Flammen geworden war.

Er wollte mit diesem Bau Rom zu einer Residenzstadt machen, wie sie die großen Reiche im Osten besaßen.

Mit Spottgedichten machte man sich über den Palast lustig. Ein Distichon lautete:

> Rom wird ein einziges Haus, nach Veji begebt euch, Quiriten,
> falls sich dieses Haus nicht bis nach Veji erstreckt.
>
> (Sueton, Nero,39).

Veji war eine nördlich von Rom gelegene Etruskerstadt. Nach dem Galliereinfall 387 v.Chr. erwogen die Römer, sich dort anzusiedeln.

Neros Nachfolger, die Kaiser Vespasian (69–79 n.Chr.) und Titus (79–81), zerstörten das goldene Haus, widmeten das gesamte Gelände um und machten es der Bevölkerung zugänglich. Dort, wo ein See angelegt worden war, entstand das *Amphitheatrum Flavium*, das Kolosseum. Auf den Substrukturen des Residenzbaus wurden in den Jahren 106–109 die Trajansthermen errichtet.

104 Räume hat man ausgegraben. Einer von ihnen ist ein Oktogon, das von einer Kuppel überwölbt wird, in deren Mitte sich eine Öffnung befindet, ein *oculus – Auge*. Vielleicht war dies der berühmte Speisesaal, den Sueton in seiner Nerobiographie (31) erwähnt.

In dem schon in der Renaissance freigelegten und zugänglichen Untergeschoss hat man Malereien entdeckt, die als sogenannte Grotesken stilbildend gewirkt haben.

In den Palastruinen ist die Laokoon-Gruppe gefunden worden, die heute im Vatikanischen Museum steht.

6. Kapitel

Antike Götter und christliche Märtyrer: Das Pantheon

DAS PANTHEON

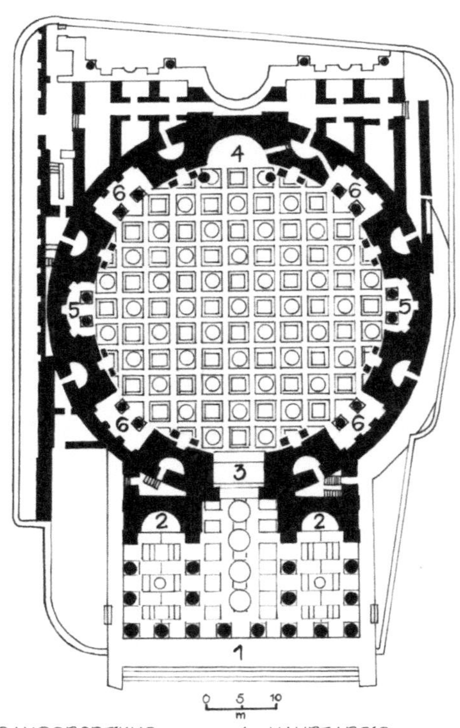

1 EINGANGSPORTIKUS
2 NISCHEN FÜR DIE STATUEN DES AUGUSTUS UND DES AGRIPPA
3 EINGANGSVESTIBÜL
4 HAUPTAPSIS
5 HALBRUNDE NEBENAPSIDEN
6 RECHTECKIGE NEBENAPSIDEN
7 APSIS DER RÜCKWÄRTIGEN BASILIKA DES NEPTUN

Das Pantheon wurde zwischen 27 und 25 v.Chr. von Marcus Agrippa erbaut, den Augustus zu seinem Nachfolger bestimmt hatte. Agrippa war mit seiner Tochter Julia verheiratet. Er starb 12 v.Chr.

Der heutige Bau ist nach einem durch einen Blitz verursachten Brand um 125 n.Chr. von Kaiser Hadrian (117–138 n.Chr.) in einer vielfach veränderten Form neu errichtet worden. Aus dieser Zeit stammt die Inschrift, die Agrippa als Bauherrn nennt. Zu dem Komplex gehörten ein Apollon-Tempel, eine Bibliothek und eine Portikus, die nach der Schwester Octavians *Octavia* hieß und die der Senat als Sitzungssaal nutzen konnte.

Der Vorbau mit seinen acht korinthischen Säulen vermittelte dem Besucher den Eindruck, er betrete einen Tempel. Umso überraschter war er, dass sich vor ihm unerwartet ein großer, überkuppelter, runder Raum öffnete. Der Eindruck war überwältigend, nicht nur durch die Pracht des Marmors, mit dem der Raum ausgekleidet war, sondern auch durch die Harmonie der Maße: Der Durchmesser des Zylinders, auf dem die Kuppel aufruht, entspricht mit 43,5 m der Höhe der Kuppel, die Höhe des Zylinders dem Radius der Kuppel. Der untere Bereich ist durch sieben Nischen gegliedert, der obere durch Fenster und quadratische Wandfelder. Die Lichtöffnung (*oculus*) in der Kuppel misst 9 m.

Es gibt keinen Hinweis darauf, wem der Bau geweiht war.

Bei dem älteren Plinius (ca. 23/24–79 n.Chr.) ist der Name Pantheon überliefert. (Naturgeschichte, 36,38). Ein späterer Autor, Cassius Dion, der um 200 n.Chr. lebte, nennt ebenfalls diesen Namen und macht sich über seine Bedeutung Gedanken:

> Er (Agrippa) vollendete das sogenannte Pantheon. Es heißt vielleicht so, weil unter den Statuen viele Götterbilder waren, zum Beispiel eines des Ares und eines der Aphrodite. Ich glaube allerdings, dass es seinen Namen erhielt, weil es als Rundbau dem gewölbten Himmel gleicht.
>
> Agrippa wollte dort auch eine Statue des Augustus aufstellen und das Bauwerk nach ihm benennen. Als Augustus beide Ehren ablehnte, stellte Agrippa im Tempel eine Statue Caesars auf, in der Vorhalle eine des Augustus und eine von sich selbst.
>
> (53,27).

War der Bau vielleicht den Gestirnsgottheiten geweiht oder hat er dem Herrscherkult gedient? Wolfram Martin erwägt, dass das hadrianische Gebäude eine Aula gewesen sein könnte, Teil eines Kaiserforums mit Räumen verschiedener Funktionen. (a.a.O.).

Kaiser Konstans II. hat 603 die vergoldeten Bronzetafeln, mit denen das Dach gedeckt war, nach Konstantinopel geholt und sie durch Bleitafeln ersetzt.

Eine Inschrift in der Vorhalle kündet davon, dass Papst Urban VIII. Barberini 1632 die *decora inutilia – den unnützen Zierrat* der bronzenen Innenverkleidung der Vorhalle hat abnehmen lassen. Daraus wurden 80 Kanonen für die Engelsburg gegossen und die von Bernini geschaffenen Säulen des Altarbaldachins über dem Grab des Apostels Petrus geschaffen.

Das Pantheon, Rekonstruktion

In einem antiken Marmorsarkophag sind 1833 die Gebeine Raffaels (1483–1520) beigesetzt worden, nachdem man seine Grabstätte wiederentdeckt hatte. Oben auf der Randleiste des Sarkophags ist eine Inschrift zu lesen, die der Kardinal Pietro Bembo, ein Freund Raffaels, verfasst hat:

> ílle hic ést Raphaél,timuít quo sóspite vínci
> rérum mágna paréns ét moriénte morí.
> Raffael liegt hier im Grab. Es fürchtete die Natur, er
> siege, solange er lebt; stirbt er, so stürbe sie auch.

Viele illustre Persönlichkeiten haben im Pantheon ihre letzte Ruhestätte gefunden.

Der überkuppelte Bau hat zahlreichen Architekten als Vorbild gedient: So für den Bau des Petersdoms in Rom (1560–1600), des Invalidendoms in Paris (ca. 1690), des Kapitols in Washington (ca. 1800) und des Berliner Doms (ca. 1900).

Dass das Pantheon 609 von Papst Bonifatus IV. der Jungfrau Maria und allen Heiligen geweiht worden ist, berichtet der Mönch Beda Venerabilis, der von 672 bis 739 lebte, in seiner *Historia ecclesiastica gentis Anglorum*. Der Papst hat Märtyrer in dem Gebäude bestatten lassen und das Allerheiligenfest gestiftet:

> Kaiser Phocas befahl auf Bitten des Papstes Bonifaz, in dem alten Heiligtum, das Pantheon genannt wird, den Schmutz des Götzendienstes zu entfernen und eine Kirche der Jungfrau Maria und aller Märtyrer einzurichten, damit dort, wo einst nicht der Kult der Götter, sondern der Dämonen ausgeübt wurde, fortan das Geheimnis der Heiligen begangen werde.
>
> (zitiert bei M. Wallraff, a.a.O., S. 140).

Der Kaiser Justinian hatte im 6. Jahrhundert Italien für das Byzantinische Reich zurückerobert. Phokas (602–610) überließ dem Papst das Pantheon. Zum Dank ließ der Papst auf dem Forum die Phokassäule aufstellen, die eine vergoldete Statue des Kaisers trug. Teile der Säule stammen aus dem 2. Jahrhundert n.Chr.

Es gibt zwar keine inhaltliche Verbindung des antiken Pantheons zu dem christlichen Allerheiligenfest, keine Kulttransformation, aber dass der Papst die antiken Dämonen durch christliche Märtyrer ersetzten ließ, war ein deutliches Zeichen dafür, dass der neue Monotheismus den alten Polytheismus überwunden hatte.

7. Kapitel

Zeitvertreib: Die Stätten und ihre Funktionen

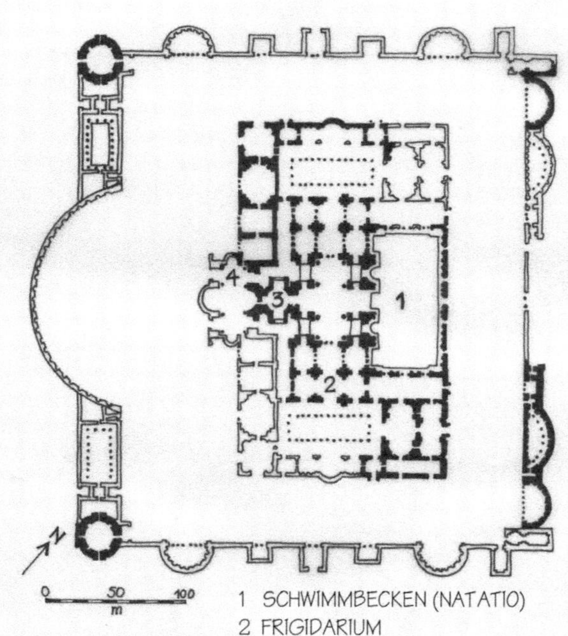

7.1 Die Thermen

Zahl und Größe

Über ein öffentliches Bad verfügte Rom schon im 2. Jahrhundert v.Chr. Im 4. Jahrhundert n.Chr. gab es außer den privaten Bädern in den Villen ca. 1000 kleinere öffentliche Anlagen, die in privatem Besitz waren, und 11 große, die seit dem 1. Jahrhundert n.Chr. ausschließlich von Kaisern gestiftet worden waren.

Die ersten großen Thermen hatte Agrippa, der Schwiegersohn des Augustus, in den Jahren 16–19 v.Chr. auf dem Marsfeld erbauen lassen.

Die Reihe der sog. Kaiserthermen, in denen die Räume symmetrisch angeordnet waren und die zu einem längeren Aufenthalt, zum Lesen, Spielen, Essen einluden, begann mit Nero (62 n.Chr.). Es folgten 80 n.Chr. die Titus- und 109 die Trajansthermen. Die Caracallathermen sind zwar während der Regierungszeit des Kaisers (211–127) im Jahr 212 begonnen, aber erst lange danach, 235, fertiggestellt worden. Sie sind noch von Theoderich (511–533) wieder instand gesetzt worden. Statuen, die die Anlage schmückten, der Farnesische Stier, der Hercules Farnese und die Flora, befinden sich heute im Nationalmuseum in Neapel.

Es gab noch eine Steigerung: Die 298–306 erbauten Diokletiansthermen. 3000 Personen konnten sich gleichzeitig in der weiträumigen Anlage vergnügen. Das Frigidarium ist heute der Hauptraum der Kirche S. Maria degli Angeli. Papst Sixtus V. (1585–1590) hat Material des Baus für die Kirche S. Maria Maggiore verwendet.

Architektur und Ausstattung waren aufwändig. Die Anlagen wurden von Mal zu Mal höher, größer, prächtiger. Die Wände der riesigen, hohen überwölbten oder überkuppelten Säle waren bemalt, die Fußböden mit Mosaiken geschmückt, die Bassins mit verschiedenfarbigem Marmor eingefasst. Durch Fenster in den Gewölben und Kuppeln fiel Licht ein. Der Phantasie waren keine Grenzen gesetzt, wenn es darum ging, die Räume zu verschönern. Wertvolle Statuen zogen die Blicke der Besucher auf sich.

Im 6. Jahrhundert n.Chr. setzte der Verfall ein: durch die Einfälle der Goten (410), der Vandalen (450), durch den Rückgang der Bevölkerung und schließlich durch den Sieg des Christentums, mit dessen Moralvorstellungen der öffentliche Badebetrieb nicht vereinbar war. Im Ostreich waren die Christen allerdings offenbar weniger prüde, dort blieb die Tradition erhalten; die Araber haben sie übernommen und fortgeführt.

Der Badebetrieb: Betrachtungen eines Intellektuellen

Thermen (von griechisch *thermós – warm*) waren für die Römer das, was für die Griechen die Gymnasien waren. Während zu den Gymnasien aber nur Männer Zutritt hatten, waren die Thermen auch Frauen zugänglich. Manchmal gab es für die Geschlechter getrennte Bereiche, manchmal unterschiedliche Badezeiten. Trieb man in den Gymnasien nackt Sport, so trug man in den Thermen in der Regel Badekleidung. Die Griechen haben die Thermen erfunden, die Römer haben sie technisch und architektonisch vervollkommnet. Thermen waren im gesamten Imperium verbreitet.

Hypokausten heißt das ausgeklügelte Heizsystem (von griechisch *kausis – Heizen*), bei dem heiße Luft unter die Fußböden und mit Hilfe von Hohlziegeln hinter den Wandverkleidungen nach oben und teilweise sogar über die Decke geführt wurde, so dass die Räume von einer warmen Hülle umgeben waren.

Mit den Präfurnien (*furnus – Ofen*), in denen die Luft erhitzt wurde, standen Anlagen in Verbindung, in denen das Wasser erwärmt wurde. Es wurde mit Holz geheizt. Der Verbrauch war enorm hoch. Ganze Wälder fielen dem Luxus zum Opfer.

Die Räume waren in ihrer Funktion festgelegt. In ihrer Zahl, Größe und Ausgestaltung gab es jedoch viele Variationsmöglichkeiten.

Im Apodyterium (griech. *apodýomai – sich ausziehen*) legte man seine Kleider ab. Zur Aufbewahrung dienten in der Regel Wandnischen. Vor Dieben musste man sich in Acht nehmen: Schon der Komödiendichter Plautus (ca. 250 – ca. 180 v.Chr.) warnt vor ihnen:

> Weißt du nicht, dass selbst der, der, um zu baden, in eine Badeanstalt geht und sorgfältig auf seine Kleider achtet, bestohlen wird? Du siehst leicht, wer aufpasst, der Wächter weiß aber nicht, wer ein Dieb ist. (Rudens, VV. 382–385).

Das sollte sich auch nicht ändern: Catull (ca. 84 – ca. 54 v.Chr.) spricht von einem Bäderdieb – *fur balnearius* (Carmen 33, V.1), und Apuleius (ca. 120 – ca. 160 n.Chr.) von Räubern (*latrones*), die sich durch die Bäder schleichen und kleine Diebstähle begehen. (Met. 4,9).

Das Frigidarium (*frigidus – kalt*), der Kaltbaderaum, war entweder mit einem Becken oder mit Wannen ausgestattet.

Das Tepidarium (*tepidus – lauwarm*), der Warmluftraum, bildete den Übergang vom Frigidarium zum Caldarium (*calidus – heiß*), in dem man sich, in Wannen sitzend, ca. 40 ° heißes Wasser über den Körper gießen ließ und in dem die Raumtemperatur 50 °C, die Luftfeuchtigkeit annähernd 100 % betrug.

Manche Thermen verfügten darüber hinaus über ein Laconicum (*Laco – der Lakonier, Spartaner*) oder Sudatorium (*sudare – schwitzen*), einen Schwitzraum, in dem trockene Luft auf 60 °C erhitzt war. Frauen war es verboten, ihn zu benutzen, er galt als ihrer Gesundheit abträglich.

Ein Außenbecken (*natatio* zu *natare – schwimmen* oder *piscina* zu *piscis – Fisch*) rundete zuweilen das Ensemble ab. Das Wasser war nur knietief, die wenigsten konnten schwimmen. Das war wohl ein Ort, an dem sich Männer und Frauen – auch nackt – trafen. Martial (ca. 40–104 n.Chr.) schreibt in einer Satire, in der ein Mann zu seiner Geliebten spricht:

> Lobe ich dein Gesicht, bewundere Beine und Hände,
> sagst du, Galla, zu mir: „Sähest du mich erst nackt!"
> Aber immer verweigerst du uns gemeinsames Baden.
> Hast du, Galla, denn Angst, ich gefiele dir nicht? (3,51).

Verbote, dass Frauen das Männern vorbehaltene Schwimmbad betreten, wurden mehrfach ausgesprochen, aber immer wieder missachtet.

Man konnte sich gut und gerne einen ganzen Tag in den Thermen aufhalten, die Räume mehrfach gemächlich von einem Ende zum anderen durchwandern, sich salben und massieren lassen, Ball spielen, Gymnastik treiben, lesen, sich unterhalten oder einfach nur ausruhen. Es gab Bibliotheken, Läden und Gaststätten, Ärzte boten ihre Hilfe an.

Auch an Latrinen (aus *lavatrina – Waschraum*) hatte man gedacht. Unter den nebeneinander angeordneten Sitzen verlief ein Wasserkanal, der für Spülung sorgte und der an das Abwassersystem angeschlossen war. Duftstoffe sorgten für einen erträglichen Geruch. Da gab es keine Trennung der Geschlechter und keinen Sichtschutz.

Die großen Kaiserthermen kosteten keinen Eintritt, in anderen Anlagen war er so gering bemessen, dass jeder sich das Vergnügen leisten konnte.

Einen Eindruck davon, wie es in einem solchen öffentlichen Bad zuging, vermittelt uns der Stoiker Seneca (ca. 1–65 n.Chr.) in einem seiner Briefe, die er an seinen Freund Lucilius geschrieben hat.

> Ich müsste längst tot sein, wenn Ruhe wirklich so notwendig für den ist, der sich in seine Studien vertieft, wie allgemein angenommen wird. Hier umdröhnt mich von allen Seiten mannigfacher Lärm. Ich wohne direkt über einem Bad. Stelle dir jetzt alle Arten von Geschrei vor; sie können dich dazu bringen, deine Ohren zu verfluchen.
>
> Ziemlich kräftige Männer trainieren und schwingen ihre bleischweren Hände; ich höre sie stöhnen, wenn sie sich anstrengen oder so tun, als ob sie sich anstrengten; wenn sie die Luft einhalten und dann ausstoßen, höre ich Zischen und ganz raues Wiederatemholen.

> Wenn ich auf einen unfähigen Masseur stoße, der sich nur auf die gewöhnliche Art der Massage versteht, höre ich, wie seine Hände auf die Schultern klatschen. Der Ton ändert sich je nach dem, ob er mit offener oder geschlossener Hand auftrifft. Kommt ein Ballspieler dazu, der anfängt, seine Aufschläge zu zählen, bin ich vollends am Ende.
>
> Stell dir weiter einen Raufbold vor, einen Dieb, der gefasst wird, einen, der sich im Bad gern singen hört; stell dir die Leute vor, die du hörst, wenn sie ins Becken springen und klatschend auf das Wasser aufschlagen.
>
> Deren Töne sind wenigstens natürlich, aber denk dir einen Haarausrupfer, der ununterbrochen hohe und krachende Töne von sich gibt, um sich bemerkbar zu machen, und nicht eher den Mund hält, als bis er jemandem die Achselhaare ausrupft und den Gepeinigten dazu bringt zu schreien.
>
> Endlich die verschiedenen Schreie der Kuchenbäcker, Zuckerbäcker und Wursthändler; nicht zu vergessen die Verkäufer der Garküchenspeisen, die ihre Waren anpreisen, jeder in einer anderen Tonart. (Epistel. mor., 56,1/2).

Kein Wunder, dass Epiktet (ca. 50 – ca. 130 n.Chr.), ebenfalls ein stoischer Philosoph, warnt:

> Wenn du vorhast, in ein Bad zu gehen, dann denke an die, die sich bereits darin aufhalten. Sie bespritzen dich mit Wasser, stoßen dich ins Becken, schimpfen über dich und bestehlen dich. (Encheiridion 4).

Trotzdem möchten die Römer auf das Vergnügen, das die Thermen bieten, nicht verzichten. In einem Grabepigramm lässt sie ein Toter wissen:

> Bäder und Wein und die Liebe richten den Körper zugrunde.
> Liebe, Bäder und Wein geben dem Leben Sinn.
>
> (CIL VI 15258).

Wie sauber mag wohl das Wasser gewesen sein? Der Anspruch an Reinlichkeit und Hygiene war offenbar nicht sehr hoch. Der Kaiser Marc Aurel (161–180 n.Chr.) denkt beim Bad jedenfalls an so Ekelhaftes wie Öl, Schweiß, Schmutz und fettige Wasser. (8,24).

Wir wissen in der Tat nicht, wie oft das Wasser ausgewechselt wurde.

7.2 Tiere gegen Tiere, Menschen gegen Tiere, Menschen gegen Menschen: Das Kolosseum

Der Bau und seine Geschichte: Vom Vergnügungszentrum zur christlichen Gedenkstätte

Als Kaiser Nero 68 n.Chr. Selbstmord beging, war sein Palast, die *domus aurea*, noch nicht fertiggestellt. Nero verfiel der Ächtung. Die Erinnerung an ihn sollte ausgelöscht werden.

Seine Nachfolger aus dem Geschlecht der Flavier, die Kaiser Vespasian (69–79 n.Chr.) und Titus (79–81), widmeten das gesamte Gelände des Goldenen Hauses um und machten es der Bevölkerung zugänglich. Dort, wo ein See angelegt war, entstand das *Flavium amphitheatrum*. Die Beute aus dem Jüdischen Krieg (66–70) diente der Finanzierung.

Hadrian (117–138) platzierte die bronzene Kolossalstatue Neros neben den Bau und weihte sie dem Sonnengott Sol; war sie doch von einem griechischen Künstler nach dem Vorbild des Kolosses von Rhodos geschaffen worden, der den Sonnengott Helios darstellte. Im Mittelalter ist davon der Name Colosseum abgeleitet worden. Die Statue gibt es nicht mehr, sie ist eingeschmolzen worden.

Der Bau wurde 80 n.Chr. von Titus feierlich eingeweiht, aber die Abschlusszone ist dem Bau erst in den folgenden Jahren hinzugefügt worden, so dass er auf fünf Ränge aufgestockt wurde. Etwa 50.000 Zuschauer – nach anderen mehr als 70.000 – fanden in ihm Platz. Die Einweihungsfeierlichkeiten dauerten 100 Tage.

In der Spätantike verfiel das Monument. Im 5. Jahrhundert n.Chr. sank die Zahl der Veranstaltungen, in der ersten Hälfte des 6. Jahrhunderts hörten sie ganz auf.

Die Päpste machten sich daran, antike Monumente als billige Steinbrüche für die Bauten ihrer Kirchen und Paläste zu nutzen.

508 verursachte ein Erdbeben Schäden.

Tagelöhner fanden in dem Bau Unterschlupf, Handwerker richteten in ihm ihre Werkstätten ein.

Nachdem die Normannen 1084 Rom erobert hatten, erwarben angesehene und reiche Familien antike Bauwerke und bauten sie zu Schutzburgen um. In dem Kolosseum richteten sich für mehr als 200 Jahre bis 1312 die Frangipani ein. Dass sie, ihren Bedürfnissen entsprechend, zahlreiche Veränderungen vornahmen, versteht sich.

1386 wurde das Gebäude christianisiert. Der Orden der Salvatorbrüder zog ein. Auf die Wände wurden Christusbilder gemalt.

Colosseum und Titusbogen

Colosseum, Rekonstruktion

In der Gegenreformation verwandelte sich das antike Monument zu einer Verehrungsstätte der in ihm umgekommenen Märtyrer. Eine kleine Kirche wurde errichtet, sie wurde 1622 so vergrößert, dass sie die Ruinen überragte. Die Arkaden wurden mit Bildern von Märtyrern ausgemalt.

1749 wurde ein Kreuzweg eingeweiht. In der Mitte der Arena stand ein Kreuz; Pilgern, die es küssten, wurde ein Ablass gewährt.

Bilder aus der christlichen Epoche der Geschichte des Bauwerks sind auch heute noch an den Wänden sichtbar.

Von 1675 stammt die folgende Inschrift, eine Aufforderung an den Besucher:

> Das flavische Amphitheater ist nicht so sehr wegen seiner Größe, seiner Architektur und der Erinnerung an die Zuschauer der Vergangenheit berühmt als durch das heilige Blut zahlloser Märtyrer. Betritt es als ein ehrfürchtiger Gast, verfluche in dem erhabenen Bau römischer Größe die Grausamkeit der Kaiser, blicke auf die Heroen christlicher Tapferkeit und bete zu ihnen.

Nicht alle beurteilten die Metamorphose in eine christliche Gedenkstätte so positiv. Gustave Flaubert (1821–1880) schrieb:

> Was sie aus dem Kolosseum gemacht haben, die Elenden! Sie haben ein Kreuz in die Mitte des Zirkus gestellt und um die Arena herum zwölf Kapellen! (zitiert bei Waiblinger, a.a O., S. 34).

Stendhal (1783–1841) erzählt in seinen *Römischen Spaziergängen*,

> wie der Besucher durch das Gebetemurmeln der Frommen, die in Gruppen von 15–20 Personen die Stationen des Kalvarienberges absolvieren, gestört wird oder durch einen Kapuziner, der, seit Benedikt XVI. das Bauwerk restaurierte, am Freitag hier predigt. (zitiert bei Waiblinger, a.a.O., S. 92).

Zu Beginn des 18. Jahrhunderts begann man wieder, das Bauwerk als Stätte der antiken Zivilisation zu betrachten. Seine Besichtigung gehörte zur Grand Tour.

1874 übernahmen die Archäologen das Regiment. Die antiken Elemente wurden freigelegt, möglichst alles, was nicht antik war, wurde beseitigt.

Die Verehrung der Märtyrer blieb erhalten. Seit 1964 zelebriert der Papst am Karfreitag im Kolosseum eine Messe.

Der Bau, der weder wie ein Theater über eine Bühne noch wie ein Circus über eine Rennstrecke verfügte, wurde für drei Arten von Veranstaltungen genutzt: Tierhetzen am Vormittag, Hinrichtungen in der Mittagspause und als Höhepunkt Gladiatorenkämpfe am Nachmittag. So hatte es Augustus geregelt.

Tierjagden und Tierhetzen: Bewunderung und Ablehnung

Eine Jagd auf Tiere gehörte, seit sie erstmals im Jahr 186 v.Chr. veranstaltet worden war, zu den beliebtesten Attraktionen. Austragungsorte waren das Forum, der Circus oder das 29 v.Chr. auf dem Marsfeld errichtete Amphitheater, das aber seit der Zeit des Kaisers Caligula (37–41 n.Chr.) nicht mehr benutzt wurde.

Tierhetzen konnten auf sehr unterschiedliche Weise inszeniert werden. Eine Art bestand darin, Tiere mit Tieren kämpfen zu lassen: einen Tiger mit einem Löwen, einen Elefanten mit einem Stier. (Martial, Liber spectaculorum, 18,17).

Tierhetzen, Detail des Gladiatorenmosaiks (Bad Kreuznach)

Eine besonders aufwändige Jagd von Menschen auf Tiere hat der Kaiser Probus (276–282 n.Chr.) veranstaltet:

> Am ersten Tag durfte das Volk auf 1000 Strauße, 1000 Hirsche, 1000 Wildschweine, 1000 Gazellen und auf Steinböcke, wilde Schafe und andere Pflanzenfresser Jagd machen, am zweiten Tag schickte er 100 Löwen gleichzeitig in die Arena, danach 100 Leoparden aus Libyen, ebenso viele aus Syrien, und 100 Löwinnen, 300 Bären. Außerdem ließ er nicht weniger als 300 Gladiatorenpaare auftreten. (Historia Augusta, Probus, 19).

Kein Zweifel, das war eine monströse Veranstaltung, selbst wenn man annimmt, dass die Zahlen stark übertrieben sind. Jäger waren normalerweise Kriegsgefangene und zum Tode Verurteilte, aber auch ausgebildete Gladiatoren. Nur sie hatten im Kampf gegen die Tiere eine reelle Überlebenschance. Probus gab offenbar den Zuschauern die Jagd frei. Wie muss man sich das vorstellen?

Es verwundert nicht, dass ganze Tierarten, zum Beispiel der Braunbär, vom Aussterben bedroht waren. Naturschutz war den Römern fremd.

Nicht alle fanden an derartigen Schauspielen Gefallen. Von den Spielen, die von Pompeius im Jahre 55 v.Chr. anlässlich der Einweihung des von ihm errichteten ersten steinernen Theaters in Rom veranstaltet hat, berichtet Cicero seinem Freund und Gutsnachbarn Marcus Marius unter anderem:

> Den Abschluss bildeten Tierhetzen, fünf Tage lang, jeweils zwei täglich, großartige Veranstaltungen ohne Zweifel. Aber welch ein Vergnügen können sie einem gebildeten Menschen bereiten, wenn entweder ein schwacher Mensch von einem mächtigen Tier zerfleischt oder ein ansehnliches Tier von einem Jagdspieß durchbohrt wird? Du hast das, wenn man es anschauen musste, oft angeschaut, und auch wir, die Zuschauer dieser Spiele, haben nichts Neues gesehen. Der letzte Tag gehörte den Elefanten. Da war zwar die Bewunderung der Menge und insbesondere des niederen Volkes groß, aber ein Vergnügen stellte sich nicht ein. Danach kam sogar so etwas wie Mitleid auf, und man äußerte sich dahingehend, dass doch dieses Tier in gewisser Weise mit dem Menschengeschlecht verwandt sei. (Ad fam. 7,1).

Das Fleisch der getöteten Tiere wurde an die arme Bevölkerung verteilt oder entsorgt.

Zwischen den Tierhetzen im römischen Amphitheater und den im 18. Jahrhundert eingeführten spanischen Stierkämpfen besteht kein Traditionszusammenhang.

Tierjagden, Detail des Gladiatorenmosaiks (Bad Kreuznach)

Hinrichtungen

Hinrichtungen standen in der Mittagspause auf dem Programm. Eine besonders perfide Art, Menschen mit dem Tod zu bestrafen, bestand darin, sie in der Aufführung eines Mythos auftreten und einen Helden darstellen zu lassen, der umkommt. Dabei kam es auf Mythentreue nicht an. Prometheus wurde von Zeus begnadigt und gerettet, nicht aber der zum Tod verurteilte Mensch in der Arena: Man ließ ihn, am Kreuz hängend, von Bären zerfleischen. (Martial, Liber spectaculum, 7).

Orpheus ist tatsächlich getötet worden, in seiner Heimat, in Thrakien, im Rhodopegebirge, von rasenden Weibern, die sich von ihm missachtet fühlten. Im Kolosseum hat man sie durch einen Bären ersetzt:

> Was das Rhodopegebirge dem Mythos gemäß
> von Orpheus sah, das hat dir die Arena gewährt,
> Caesar. Felsen krochen heran, herbeilief ein schöner
> Wald. Man denkt sich so den hesperidischen Hain.
> Jede Art wilder Tiere gab es, vermischt mit Schafen,
> über des Sängers Haupt flog eine Vogelschar.
> Undankbar war nur der Bär, der ihn so grausam zerfleischt hat.
> Das entspricht nicht dem, was der Mythos erzählt.
> (Martial, Liber spectaculorum, 21).

Von einer Massenhinrichtung berichtet Seneca:

> Es gab eine reine Menschenschlächterei. Gladiatoren verfügten über keinen Schutz, ihr ganzer Körper war den Schlägen ausgesetzt. ... Mit keinem Helm, keinem Schild wird der Schwertstreich aufgefangen. Wozu Schutz? Wozu Kunstfertigkeit? Das zögert den Tod nur hinaus. In der Morgenvorstellung werden Menschen den Löwen und Bären zum Fraß vorgeworfen, in der Nachmittagsvorstellung ihren Zuschauern. Wer getötet hat, soll einen finden, der ihn tötet. Der Sieger wird nur aufgespart, damit auch er stirbt. Jeder Kampf endet mit dem Tod. ... Mit Prügeln werden sie dazu getrieben, sich zu verwunden, sich gegenseitig zu schlagen, die Brust nackt dem Gegner zugewandt. (Ep.mor., 7,3–5).

Das hatte nichts mit den regelrechten Gladiatorenkämpfen zu tun, die am Nachmittag dargeboten wurden.

Seneca kannte das Kolosseum noch nicht. Er bezog sich auf eine Veranstaltung an einem von ihm nicht genannten Ort.

Die Faszination der Gladiatorenkämpfe

„Er nahm den Wahnsinn gierig auf."

Der folgende Text vermag etwas von der Faszination dieser Kämpfe zu vermitteln, die auch in der Spätantike noch ungebrochen war. Der Kirchenvater Augustinus (354–430 n.Chr.) erzählt folgende Geschichte von seinem Schüler Alypius:

> Hier (in Rom) ist er in unglaublicher Weise von einer unglaublichen Gier nach Gladiatorenspielen hingerissen worden. Obwohl er nämlich solche Art der Unterhaltung ganz und gar verabscheute, führten ihn einige von seinen Freunden und Mitschülern, die ihn zufällig trafen, als sie von einem Mahl zurückkehrten, mit freund-

schaftlich-sanfter Gewalt in ein Amphitheater, obwohl er sie heftig zurückwies und Widerstand leistete. Es war gerade die Zeit, in der die grausamen und tödlichen Spiele veranstaltet wurden. Er sagte zu ihnen: „Wenn ihr auch meinen Körper an diesen Ort zerrt und dort auszuharren zwingt, so könnt ihr doch meinen Geist und meine Augen nicht auf jene Darbietungen richten. Ich werde zwar anwesend sein, aber trotzdem abwesend, und ich werde auf diese Weise stärker sein als ihr und die Spiele." Sie hörten es, ließen sich aber nicht davon abbringen, ihn mitzunehmen, weil sie wohl herausfinden wollten, ob er das bewerkstelligen könnte.

Sie betraten das Theater und fanden noch freie Plätze. Die Begeisterung der Zuschauer war grenzenlos, die Stimmung auf dem Siedepunkt. Alypius schloss die Augen und verbot seinem Geist, sich in die Niederungen solcher Übel zu begeben. Hätte er doch auch die Ohren verstopft! Denn als das ganze Volk bei einem bestimmten Ereignis des Kampfes gewaltig aufschrie und der Schrei an sein Ohr drang, wurde er neugierig, und in der Überzeugung, er könne alles, was er zu Gesicht bekomme, geringachten und geistig bewältigen, öffnete er die Augen. Da wurde er in seiner Seele schwerer verwundet als der Gladiator, den er hatte sehen wollen, am Körper verwundet wurde, und er wurde erbarmungsloser niedergestreckt als der, dessen Sturz jenen Schrei ausgelöst hatte, der in seine Ohren eingedrungen war und seine Augen geöffnet hatte. So kam es, dass sein Geist getroffen wurde und niederstürzte, sein Geist, der bisher noch eher tollkühn als tapfer gewesen war und umso schwächer, je mehr er sich selbst zugetraut hatte, obwohl er doch sein Vertrauen hätte dir, Gott, schenken sollen. In dem Moment, da er nämlich das Blut sah, zog er das ungeheuerliche Geschehen in sich hinein und konnte sich davon nicht mehr abwenden, sondern er nahm den Wahnsinn gierig auf, wusste nicht, was ihm geschah, fand Gefallen an dem verbrecherischen Kampf und wurde trunken nach Blut. Er war nicht mehr der, als der er gekommen war, sondern einer aus der Masse, in die er geraten war, und ein echter Genosse von denen, die ihn mitgenommen hatten. Was soll ich noch sagen? Er schaute, schrie, geriet außer sich und nahm einen Wahnsinn mit sich nach Hause, der ihn antrieb, nicht nur mit denen zurückzukehren, von denen er zuvor dorthin geschleppt worden war, sondern ihnen vorauszueilen und dabei andere mit sich zu ziehen.

(Conf., 6,8, (13)).

Die Anfänge dieser Veranstaltungsart gehen in Rom auf das Jahr 264 v.Chr. zurück; Organisatoren waren zwei junge Männer, die ihrem verstorbenen Vater, einem Senator, damit die ihm gebührende Ehre erweisen wollten. Die Kämpfe wurden auf dem *forum boarium, dem Kuhmarkt*, ausgetragen; später – erstmals 184 v.Chr. – wurden sie auf das Forum verlagert.

Gladiatorenmosaik (Bad Kreuznach)

Gladiatorenmosaik (Bad Kreuznach)

Die Gladiatoren versinnbildlichten die Tugend, die *virtus*, des Toten und zugleich die Vaterliebe und Freigebigkeit der Veranstalter. Der im Kampf unterlegene Gladiator wurde dem Toten als Opfer dargebracht.

Die Sitte hat ihren Ursprung wohl nicht bei den Etruskern, sondern in Kampanien im oskisch-samnitischen Raum.

Allmählich lösten sich die Spiele aus dem Zusammenhang mit dem Totenkult. Todesdatum und Termin der Spiele konnten weit auseinanderliegen. Schließlich verzichtete man gänzlich auf ihre kultische Verankerung. Magistrate und Kandidaten veranstalteten die Spiele, um sich der Gunst des Volkes zu versichern. In der Kaiserzeit wurden sie zu einem festen Bestandteil der Feierlichkeiten im Rahmen des Kaiserkultes. Veranstalter waren in Rom fortan i.d.R. die Kaiser, in den Provinzen die Statthalter, die Priester des Kaiserkults oder reiche Mäzene.

Gladiatoren waren in der Regel Kriegsgefangene und Straftäter (*damnati ad ludum*). Sie waren wie die Schauspieler und Prostituierten ehrlos, d.h., sie hatten keine Bürgerrechte. Es gab allerdings auch arme Bürger, die sich für Geld verdingten.

Viele waren Familienväter, die Erfolgreichen waren Stars. (Juvenal, 6, VV. 82–115). Der Starkult ist nicht erst eine Erscheinung unseres Medienzeitalters.

Wir sind geneigt, auf diese Art antiker Vorstellungen mit Verachtung herabzublicken, uns mit Abscheu von ihnen abzuwenden. Es gab aber selbst unter den intellektuellen Römern durchaus auch positive Urteile. Cicero schreibt in seinem Werk *Gespräche in Tusculum* im Jahre 45 v.Chr. Folgendes:

> Was für Schläge halten die Gladiatoren aus, obwohl sie doch entweder schlechte Menschen sind oder Barbaren. So lassen sich die, die gut geschult sind, lieber einen Schlag versetzen, als ihm schändlich auszuweichen. Wie oft erlebt man, dass sie nichts lieber wollen, als ihrem Besitzer oder dem Volk zu gefallen. Selbst Schwerverwundete schicken Boten zu ihren Herren und lassen fragen, was sie wünschen. Wenn sie es ihnen recht gemacht hätten, seien sie bereit, den Todesstoß zu empfangen. Welcher auch nur mittelmäßige Gladiator hat je gestöhnt, welcher jemals nur seine Miene verzogen? Welcher hat sich schimpflich verhalten, nicht nur, solange er stand, sondern auch, wenn er getroffen zu Boden sank? Wer hat nicht, wenn er zu Boden gesunken war und der Befehl erteilt wurde, ihm den Todesstoß zu versetzen, seinen Hals hingehalten? So viel vermögen das körperliche Training, die geistige Einstellung, die Gewöhnung. Wenn dies aber „ein ordinärer Samniter, des Ranges und Ortes würdig", vermag, wird dann ein Mann, der von Geburt an zu einem ruhmvollen Leben bestimmt ist, auch nur in einem Winkel seiner Seele so verweichlicht sein, dass er sie nicht durch geistiges Training und Vernunft stärken kann? Das Schauspiel, das die Gladiatoren bieten, erscheint einigen Menschen grausam und unmenschlich. Und es mag sein, dass das zutrifft, jedenfalls, wie die Spiele heute gegeben werden. Als aber noch verurteilte Verbrecher mit dem Schwert gegeneinander kämpften, da konnte es vielleicht weniger für die Ohren, gewiss für die Augen keine bessere Abhärtung gegen den Schmerz und den Tod geben. (2,41).

Fast prophetisch klingt der Satz, dass kein Gladiator sich scheut, seinen Hals dem Todesstoß hinzuhalten. Cicero selbst hat so gehandelt. Als die Häscher des Marc Anton ihn auf der Flucht einholten, hielt er seinen Kopf aus der Sänfte und forderte sie auf, ihre Arbeit zu tun. (Plutarch, Cicero, 48,5; vgl. 3,9).

Vor Beginn der Veranstaltung zogen die Gladiatoren, von einem kleinen Orchester begleitet, in einer Prozession durch die Stadt. Die Menschen konnten sie begutachten und auf ihre Favoriten ihre Wetten abschließen. Auch die Kämpfe selbst wurden von Musikern untermalt. Dass die Gladiatoren den Veranstalter als die Todgeweihten (*morituri*) begrüßten, stimmt nicht. Eine Episode, die Sueton in der Biografie des Kaisers Claudius berichtet, ist verallgemeinert worden. (21,6). Die Gladiatoren hatten durchaus Überlebenschancen, selbst als Verlierer.

Über Leben und Tod entschied der Veranstalter mit einer Bewegung des Daumens. (Juvenal, 3, VV. 34–37). Für die Entscheidung wird die Menge, die sich lautstark vernehmlich machte, sicher eine Rolle gespielt haben.

Für die Ausbildung zeichneten die Eigentümer verantwortlich, meistens Privatleute, die Gladiatorenschulen betrieben. Eine in der Nähe des Kolosseums gelegene Schule gehörte dem Kaiser. In den Schulen herrschte eine militärische Ordnung. Der Eigentümer vermietete seine Gladiatoren, kassierte die Miete und bezahlte die Gladiatoren.

Es gab keine Massenkämpfe, je zwei Gladiatoren mit unterschiedlicher Bewaffnung traten gegeneinander an. Der Kampf musste nicht mit einem Sieger enden. Es gab auch ein Unentschieden, wenn die beiden Männer bis zur Erschöpfung gekämpft hatten und der Schiedsrichter den Kampf abbrach. Dann durften sich beide als Sieger fühlen und auf Begnadigung hoffen.

Tapfere Kämpfer wurden ehrenvoll begraben. Alle anderen wurden entsorgt, in den Tiber geworfen oder in eine Schlucht außerhalb Roms gestürzt.

Der Eintritt war frei. Die Sitzordnung war seit einem Edikt des Kaisers Augustus streng reglementiert. Bestimmte Bereiche waren Ehrengästen, den Senatoren, Rittern, Priestern und Vestalinnen vorbehalten. Die Ritter und Senatoren mussten mit der Toga bekleidet sein.

Aufführungen im Circus oder im Kolosseum gehörten zu den wenigen Möglichkeiten, in denen der Kaiser in Kontakt zu den Menschen treten konnte. Die Zuschauer verliehen ihrer Zufriedenheit oder Unzufriedenheit Ausdruck, der Kaiser konnte sich ein Bild von der Stimmung des Volkes machen.

Gerne ließen es die Kaiser sich etwas kosten, um sich beliebt zu machen. Domitian (81–96 n.Chr.) ließ einmal an einem Tag Esskörbe, am nächsten Geschenkgutscheine unter den Zuschauern verteilen. (Sueton, Domitian, 4; vgl. auch: Martial, 8,78; Statius, 1,6, VV. 9–20).

Zu denen, die in den Amphitheatern ihr Leben lassen mussten, gehörten auch Christen, die sich zu ihrem Glauben bekannten und sich weigerten, dem Kaiser wie einem Gott zu opfern. Nicht nur aus diesem Grund lehnten christliche Kirchenlehrer wie Tertullian (ca. 160 – ca. 220 n.Chr.) und Augustinus (354–430) jede Art von Schauspielen, bei denen zum Vergnügen der Zuschauer Blut vergossen wurde, kategorisch ab.

Naumachien

Zur Einweihungsfeier des Kolosseums im Jahre 80 n.Chr. gehörte auch eine Seeschlacht. Der Kaiser Titus ließ die Arena fluten. Voller Bewunderung stellte Martial fest, dass, wo eben noch Land war, plötzlich ein Seegefecht stattfand und dass, kaum war die Schlacht geschlagen, wieder Land wurde, was eben noch Meer war. (Martial, Liber spectaculorum, 24).

Titus war nicht der erste, der derartige Schauspiele veranstaltete. Caesar und Augustus hatten es ihm vorgemacht.

Seit Domitian die unterirdischen Anlagen ausgebaut hatte, konnte die Arena nicht mehr geflutet werden.

Androclus und der Löwe: Ein Sujet für Bernard Shaw

Wir fügen eine rührende Geschichte an, die der römische Schriftsteller Aulus Gellius (ca. 130 – ca. 170 n.Chr.) in seinem Werk mit dem Titel *Attische Nächte* erzählt. Sie handelt von Androclus und wurde so berühmt, dass George Bernard Shaw (1856–1950) sie zum Sujet einer Komödie gemacht hat, die 1952 und 1968 verfilmt worden ist.

Gellius beruft sich auf einen gewissen Apion (1. Jh. n.Chr.), der behauptet, Augenzeuge gewesen zu sein. Eher verdankte er die Anregung einer Fabel Äsops (6. Jh. v.Chr.). Als Ort wird der Circus maximus genannt, wahrscheinlicher ist das Kolosseum.

> Dem Volk wurde ein großartiges Schauspiel einer Jagd auf wilde Tiere geboten. ... Es gab dort viele wilde Tiere; Tiere, die so aussahen oder so wild waren, hatte man noch nie gesehen. Ganz besonders bewunderte man die Löwen, die alle anderen Bestien überragten, und unter ihnen wiederum speziell einen. Der hatte aller Aufmerksamkeit und Augen durch seine Körpergröße und Angriffslust, durch Furcht einflößendes und durchdringendes Brüllen, durch die Muskeln und die wallende Nackenmähne auf sich gezogen.
>
> Jetzt wurde der Sklave eines ehemaligen Konsuls gemeinsam mit vielen anderen in die Arena geführt. Er war zum Kampf mit wilden Tieren verurteilt worden. Er hieß Androclus. Als jener Löwe den Mann von weitem sah, blieb er stehen, als ob er sich wundere. Er näherte sich ihm langsam und friedlich, als wenn er ihn kenne. Dann wedelte er sanft mit dem Schwanz, wie Hunde es zu tun pflegen, die sich einschmeicheln wollen, schmiegte sich an den Körper des Mannes und leckte mit seiner Zunge zart seine Arme und Beine. Der Mann war vor Angst schon fast gestorben. Als er sich dank der schmeichelhaften Gesten des so wilden Tieres erholt hatte, richtete er seine Augen ganz langsam auf den Löwen und

blickte ihn an. Da konnte man sehen, wie beide, der Mensch und der Löwe, froh und glücklich waren, als wenn sie sich gegenseitig wiedererkannt hätten.

Apion erzählt, dass das Volk auf diesen ganz und gar erstaunlichen Vorgang mit lautem Geschrei reagierte. Da sei Androclus von dem Kaiser herbeizitiert und gefragt worden, warum ein so grausames Tier wie der Löwe ihn als einzigen verschont habe, und Androclus habe ihm folgende fantastische und merkwürdige Geschichte erzählt:

„Als mein Herr Prokonsul in der Provinz Afrika war, habe ich mich gezwungen gesehen, mich den täglichen ungerechten Schlägen durch die Flucht zu entziehen. Ich zog mich in die Ebenen und Sandwüsten zurück und hoffte, dass sie mir sicheren Unterschlupf vor meinem Herrn, dem Statthalter dieses Landes, böten. Ich war entschlossen, auf irgendeine Art den Tod zu suchen, wenn es mir an Nahrung fehlen sollte. Da fand ich, als die Mittagssonne heftig brannte, eine Höhle, die abseits und versteckt lag. Ich kroch in sie hinein und verbarg mich in ihr. Es dauerte nicht lange, da näherte sich dieser Löwe der Höhle. Eine Pfote war lahm und blutig. Mit Stöhnen und Klagelauten machte er auf die Schmerzen und Qualen aufmerksam, die ihm seine Wunde bereitete."

Der Löwe habe ihn, sagte Androclus, als er ihn in die Höhle kommen sah, in Angst und Schrecken versetzt.

„Die Höhle war, wie sich herausstellte, seine Behausung. Als er eintrat und ich mich weit hinten zu verstecken suchte, näherte er sich mir zahm und freundlich, hob seine Pranke und schien sie mir, gleichsam Hilfe suchend, entgegenzustrecken. Da entfernte ich einen großen Splitter, der in seiner Fußsohle steckte, presste den Eiter aus der Wunde, der sich in ihrem Inneren gebildet hatte, säuberte sorgfältig – nun schon ganz furchtlos – die verletzte Stelle und wischte das Blut ab. Das Tier fühlte sich durch meine Hilfe und Bemühungen erleichtert, legte seine Pranke in meine Hände, ließ sich fallen und schlief ein. Seit diesem Tag lebten der Löwe und ich drei Jahre lang in derselben Höhle unter denselben Bedingungen. Denn der Löwe brachte die fetten Teile der Tiere, die er jagte, zu mir in die Höhle, und ich briet sie, da ich über kein Feuer verfügte, in der Mittagssonne und aß sie. Aber schließlich wurde ich dieses tierischen Lebens überdrüssig. Als der Löwe wieder einmal zur Jagd aufbrach, verließ ich die Höhle. Ich war etwa drei Tage unterwegs, da wurde ich von Soldaten gesichtet, festgenommen und von Afrika nach Rom zu meinem Herrn gebracht. Der ordnete sogleich an, dass ich zum Tode verurteilt und den Tieren vorgeworfen werde. Aber jetzt verstehe ich, dass dieser Löwe, der, nachdem ich mich entfernt hatte, genauso gefangen wurde wie ich, mir für meine medizinische Hilfe danken will."

Apion überliefert, dass Androclus diese Geschichte erzählt hat. Sie sei in voller Länge auf eine Tafel geschrieben worden und, indem die Tafel herumgetragen wurde, dem Volk bekannt gemacht worden. Auf Bitten aller Zuschauer sei Androclus freigelassen und freigesprochen worden. Der Löwe sei ihm dank des Votums des Volkes geschenkt worden.

„Später“, berichtet Apion, „haben wir Androclus gesehen, wie er den Löwen an einer dünnen Leine hielt und mit ihm die Runde durch die Läden der ganzen Stadt machte, wie er mit Geld beschenkt, der Löwe mit Blumen bestreut wurde. „Dies ist der Löwe, der den Menschen beherbergt, dies ist der Mensch, der den Löwen geheilt hat.“, riefen alle, die ihnen begegneten.“

7.3 Die Römer im Wettfieber: Der Circus maximus

Die Anlage und ihre Geschichte

Der Circus maximus liegt in der Senke zwischen Palatin und Aventin. Er war eine dem Kolosseum durchaus vergleichbare imposante Anlage. Wer ihn heute sucht, wird enttäuscht sein: Auf einer großen Rasenfläche zeichnet sich lediglich der Grundriss ab, von den Tribünen sind nur noch wenige Reste erhalten.

Schon in der Zeit der etruskischen Könige diente der Ort der Überlieferung nach als Wettkampfplatz. Für die Zuschauer wurden Holztribünen errichtet, die nach und nach durch Steinstufen ersetzt wurden.

Augustus ließ 10 v.Chr. einen ägyptischen Obelisken aufstellen. Er weihte die Wettkampfstätte damit dem Sonnengott Sol. Wie dieser mit seinem Wagen am Himmel seine Runden dreht, so sollten es hier unten die Wettkämpfer mit ihren von Pferden gezogenen Wagen tun. Der Obelisk steht heute auf der Piazza del Popolo. Kaiser Constantius II. fügte 357 n.Chr. einen zweiten Obelisken hinzu, der heute vor dem Lateranpalast seinen Platz gefunden hat.

Im Jahre 64 n.Chr. brach am südöstlichen Ende ein verheerender Brand aus, der weite Teile Roms in Asche legte. Sehr schnell stand der gesamte Circus in Flammen. Die Anlage wurde neu errichtet und bis zum 4. Jahrhundert n.Chr. immer wieder verschönert.

Der Circus maximus war mit seinen 600 × 225 m die größte, aber nicht die einzige Anlage ihrer Art in Rom. Berühmt-berüchtigt war der Circus des Nero auf dem Gelände des Vatikans. Sind in ihm doch viele Christen auf Befehl des Kaisers getötet worden, weil sie den gerade erwähnten Brand gelegt haben sollen.

Pferdebahnen kannten auch die Griechen, sie bezeichneten sie als Hippodrom (*híppos-Pferd, drómos-Laufbahn*).

Der Circus Maximus, Rekonstruktion

Die Grundform war ein langgestrecktes Rechteck. Die eine Schmalseite war von einem Halbkreis (*Exedra*) umschlossen. Die Sieger durchquerten sie und verließen durch die *porta triumphalis* die Arena. An der gegenüberliegenden Schmalseite befand sich das Eingangstor (*porta pompae*), zu dessen beiden Seiten jeweils sechs Startboxen angeordnet waren. Über der Exedra und den Längsseiten saßen die Zuschauer auf den Tribünen (*cavea*), Männer und Frauen gemeinsam, auf Plätzen, die nach einem streng-hierarchischen System zugewiesen wurden. Zur Zeit Hadrians (117–138 n.Chr.) fasste der Circus ca. 80 000 Zuschauer. Es gibt Schätzungen, die von einer zwei-, ja, dreimal höheren Zahl ausgehen.

Ein Wettkampf mit tödlichem Ausgang

Die Rennbahn war in der Mitte durch eine Mauer geteilt (*spina –Rückgrat*), an deren Enden sich, von ihr getrennt und auf halbrunden Sockeln, Pfeiler (*metae, zu metari – abmessen, begrenzen*) als Wendemarken befanden. Auf der Spina standen Götterbilder, die erwähnten Obelisken und ein Gestell mit je sieben Eiern auf der einen und sieben Delphinen auf der anderen Seite. Jedes Mal, wenn die Wettkämpfer eine der sieben vorgeschriebenen Runden beendet hatten, wurde je ein marmornes Ei und ein

Delphin entfernt. Delphine waren das Symbol der Dioskuren und des Neptun, der Schutzgötter der Reiter.

Ein Rennen dauerte ca. 10 Minuten, an einem Tag wurden mehr als 20 Wettkämpfe ausgetragen. Meistens traten Zweigespanne (*bigae*) oder Viergespanne (*quadrigae*) gegeneinander an. Bis zu zwölf Gespanne konnten gleichzeitig starten.

Waren die Jockeys ursprünglich wagemutige Amateure, so bildete sich allmählich ein Berufsstand heraus, der aus freien Bürgern, Freigelassenen und Sklaven bestand. Es gab viel Geld zu verdienen, Sklaven konnten sich freikaufen. Die Besitzer der Rennpferdeställe waren immens reiche und mächtige Unternehmer, die die Jockeys unter Vertrag hatten.

Es kämpften jeweils vier durch Farben gekennzeichnete Parteien (*factiones*) gegeneinander, wobei die Jockeys die Farbe von Wettkampf zu Wettkampf wechseln konnten. In einer Grabinschrift rühmt sich ein gewisser Aurelius Polynices (Vielsieger) damit, dass er 739 Siege errungen habe, und zwar für unterschiedliche Parteien. (CIL 10049a).

Die vier Farben symbolisierten die vier Elemente und vier Jahreszeiten, die sieben Runden die Himmelssphären.

Die ludi circenses waren in Rom ein großes Ereignis. Die Menschen fieberten ihnen entgegen und setzten viel Geld auf die von ihnen favorisierte Farbe. Der Historiker Ammianus Marcellinus (ca. 330 – ca. 395 n.Chr.) schreibt:

> Sobald der ersehnte Tag der Zirkusspiele graut, eilen sie alle noch vor Sonnenaufgang wie losgelassen Hals über Kopf dahin, als wollten sie die später miteinander wettkämpfenden Rennwagen an Geschwindigkeit übertreffen. Über den Ausgang der Wagenrennen sind sie zerstritten, und sehr viele verbringen in ängstlicher Erwartung wegen ihrer Wettleidenschaft schlaflose Nächte. (18, 4,31).

Das Fest begann mit dem feierlichen Einzug des für die Organisation zuständigen Beamten, es folgten wehrpflichtige junge Männer zu Fuß und zu Pferd und schließlich Träger elfenbeinerner Bilder von Gottheiten und des Kaisers.

Von einem spannenden Wagenrennen, das für einen der Teilnehmer, Orest, tödlich ausging, berichtet in Sophokles' (497/96–406 v.Chr.) Tragödie *Elektra* ein Bote. Austragungsort war die Ebene von Delphi. Die Geschichte ist erfunden, um Klytaimestra, die Mutter des Orest, zu täuschen: Sie soll glauben, ihr Sohn sei tot und sie brauche folglich fortan keine Angst mehr davor haben, dass er sie als Rächer für die Ermordung ihres Gatten Agamemnon töten werde.

Zehn Viergespanne traten gegeneinander an. Zwölf Runden mussten durchfahren werden.

Sie stellten sich mit ihren Viergespannen auf,
wie es die Wettkampfrichter durch den Losentscheid
bestimmten. Alle stürmten auf ein Zeichen der Trompete los,
mit lauten Rufen trieben sie die Pferde an
und schüttelten die Zügel mit den Händen. Die
Arena hallte wider von dem Lärm der Wagen, und die Luft
erfüllte Staub. Gedränge herrschte. Mit
den Peitschen hieben alle Wagenlenker auf
die Pferde ein, dass sie zuerst die Wagen ihrer Gegner überholen und
danach die Pferde, und sie stoben, angetrieben durch die Peitschen,
schnaubend schnell dahin.
Schwer keuchend spritzten sie den Geifer auf
die Rücken und die Räder derer, die
vor ihnen fuhren. Mit der Nabe streifte stets Orest
die Säulen, die an jedem Ende standen. Freien Lauf
ließ er dem rechten Pferd, das Linke hielt er fest am Zaum.
Die Wagen hielten Kurs so lange, bis des Ainianen Fohlen, die
nur schwer zu zügeln waren, als sie sechs,
vielleicht auch sieben Runden schon
durchfahren hatten, ihren Kurs verließen und
mit ihren Stirnen an den Wagen, den der Mann
aus Barke lenkte, stießen. Dieser eine Fehler führte schnell
zu Stoß und Fall. Die Ebene von Krisa füllte sich
mit Trümmern. Als der kluge Wagenlenker aus Athen
das sah, da wich er aus, hielt inne und umfuhr
das Pferdeknäuel in der Mitte. Er vertraute auf das Ende, blieb
ganz hinten. Als Orest nun den Athener, der alleine noch
im Rennen war, erblickte, ließ er laut
die Peitsche seinen schnellen Pferden um
die Ohren sausen und verfolgte ihn. Er kam an ihn heran,
bald waren seine, bald des Gegners Pferdeköpfe vorn.
Schon hatte er, der Arme, der ganz aufrecht, ungefährdet auf
dem festen Wagen stand, fast alle Runden hinter sich gebracht,
da lockert er die Zügel, als das linke Pferd
die Biegung nehmen will, und rammt die Säule. Es zerbricht
die Achse, und er gleitet aus dem Wagen, er verfängt
sich in den Riemen, fällt zur Erde. Seine Pferde stieben mitten
auf die Bahn.
Das Volk schreit auf, als es ihn aus dem Wagen fallen sieht,
aus Trauer um den jungen Mann, der so viel Gutes schon
geleistet hatte und der nun so schlimmes Leid erlitt.
Bald wurde er am Boden hingeschleift,
bald richteten sich seine Glieder hoch zum Himmel auf,
bis endlich Wagenlenker seine Pferde bändigten und ihn
erlösten. So sehr war er von dem vielen Blut entstellt,
dass keiner seiner Freunde ihn erkannte, der ihn sah.
(VV. 709–756).

Eine kritische Stimme: Christen meiden den Wahnsinn des Circus

Quintus Septimius Florens Tertullianus (geb. zwischen 150 und 170, gest. nach 220 n.Chr.) war der erste in einer längeren Reihe bekannter Christen, die Afrika hervorgebracht hat. Ihr bedeutendster Vertreter war Augustinus (354–430 n.Chr.). Der Anwalt Tertullian hat sich in zahlreichen Schriften zum Christentum bekannt und es gegen die Heiden verteidigt. Er war ein ethischer Rigorist. Den Vergnügungen der Römer hat er den Kampf angesagt.

> Wenn uns (Christen) die Raserei verboten wird, dann meiden wir jede Art von Schauspiel, auch den Circus, wo Raserei in besonderer Weise das Kommando führt. Sieh doch nur, wie das Volk schon rasend zu dem Schauspiel kommt, schon lärmend, schon verblendet und wie es sich durch die Wetten in Aufregung versetzt. Ihm ist der Prätor zu langsam, es richtet seine Augen gespannt auf die Urne mit den Losen. Dann erwartet es aufgeregt das Startzeichen. Ein Schrei ist Ausdruck des alle einenden Wahnsinns. Erkenne ihre Verrücktheit an ihrem unsinnigen Tun. „Er hat das Zeichen mit dem Starttuch gegeben." rufen sie und informieren sich gegenseitig über das, was alle zur gleichen Zeit gesehen haben.
>
> Ich verstehe das als einen Beweis ihrer Blindheit. Sie sehen nicht, was das ist, womit das Startzeichen gegeben worden ist. Sie halten es für ein Tuch. Aber es ist in Wirklichkeit ein Symbol für den aus der Höhe hinabgeworfenen Teufel. Deshalb beginnen nach diesem Zeichen die Raserei, der Übermut, die Zwietracht und alles das, was den Priestern des Friedens nicht erlaubt ist. Die Folge sind Schmähungen, Beschimpfungen ohne Grund für Hass, Beifall ohne verdiente Zuneigung ...
>
> Was ist widerlicher als der Circus, wo die Zuschauer nicht einmal ihre Würdenträger und Mitbürger schonen?
>
> (De spect., 16,1–4,7).

Mit dem letzten Satz spielt Tertullian darauf an, dass die Zuschauer bei Massenveranstaltungen, sei es im Amphitheater, im Theater oder im Circus, gelegentlich lautstark ihren Unmut gegenüber Amtspersonen, ja, auch gegenüber dem Kaiser, zum Ausdruck brachten. Schon der Satiriker Juvenal (ca. 60–155 n.Chr.) hatte bedauert, dass es in der Kaiserzeit keine Volksversammlungen, keine Wahlen mehr gab. Es waren die Spiele, die dem Volk die Möglichkeit gaben, sich zu artikulieren. Der Kaiser und seine Entourage vermochten aus der Stimmung den Grad ihrer Beliebtheit oder Unbeliebtheit abzulesen.

So hätte man diesen Veranstaltungen doch durchaus auch etwas Positives abgewinnen können.

7.4 Das Stadion und die Piazza Navona

Wir fügen einen kleinen Abschnitt über das antike Stadion hinzu, weil sich die Kontur der antiken Wettkampfstätte im modernen Stadtbild erhalten hat: Es handelt sich um einen der beliebtesten und belebtesten Plätze Roms, die Piazza Navona. Hier war 46 v.Chr. ein Stadion errichtet worden, das der Kaiser Domitian (81–96 n.Chr.) zu einer monumentalen Anlage ausgestaltet hat. Sie maß 275 m x 106 m, die Tribünen fassten 30 000 Zuschauer. Der Name des Platzes ist von *agon* abgeleitet. *Agon* heißt im Griechischen *Wettkampf*.

Das Stadion war eine typisch griechische Einrichtung, eine Laufbahn mit einer Länge von 600 Fuß; das entsprach (örtlich unterschiedlich) 165–180 m. Der Wettlauf war eine Disziplin der Olympischen Spiele, er war in den Kult integriert. Die Männer, die gegeneinander antraten, waren nackt, wie es ja allgemein bei den Griechen üblich war, nackt Sport zu treiben. Die Nacktheit betrachteten die Griechen als ein Merkmal, das sie von den Barbaren unterschied:

> Bei den Lydern und bei nahezu allen Barbaren bringt es große Schande mit sich, wenn selbst ein Mann nackt gesehen wird.
>
> (Herodot, 1,10).

Die Römer standen der griechischen Athletik ablehnend gegenüber. Als Domitian die Kapitolinischen Spiele zu Ehren des kapitolinischen Jupiter nach griechischem Vorbild begründete, dürften die Wettkämpfer wohl eher Griechen gewesen sein, während sich die Römer auf die Rolle der Zuschauer beschränkten. Den athletischen Wettbewerben der Griechen fügte der Kaiser musische Disziplinen und Pferderennen hinzu. Für die musischen Agone wurde neben dem Stadion ein Odeon gebaut, die Pferderennen wurden im Circus maximus ausgetragen. Die Spiele fanden alle vier Jahre statt. Der Sieger erhielt einen Eichenlaubkranz und, falls er es nicht besaß, das römische Bürgerrecht.

Als das Kolosseum nach einem Brand 217 n.Chr. eine Zeit lang unbenutzbar war, wurde das Stadion auch als Amphitheater genutzt.

Die heilige Agnes soll hier den Märtyrertod erlitten haben: 258/59 oder 304. Ihr Andenken bewahrt die am Platz 1652–1654 errichtete Barockkirche Sant' Agnese in Agone, die einen älteren Bau aus dem Mittelalter ersetzte. Zur gleichen Zeit entstand der Vierströmebrunnen.

Durch den Kirchenraum kann man auf das 6 m tiefer gelegene antike Niveau gelangen.

Die Piazza Navona

7.5 Ein Besuch im Theater:

Die Gebäude

Das älteste aus Stein erbaute Theater Roms, das Theater des Pompeius (106–48 v.Chr.), das auf dem Marsfeld errichtet worden war, wäre im heutigen Stadtbild nicht mehr sichtbar, wenn die Häuser in der Via di Grotta Pinta unweit des Blumenmarktes nicht der Krümmung der Tribüne folgten. Dabei war es ein imposanter Bau, der, aus Beutegeldern finanziert, 55 v.Chr. feierlich und aufwändig mit Tierhetzen, Gladiatorenkämpfen, musischen Agonen und Theateraufführungen eingeweiht worden war. Er war weit mehr als nur ein Theater, er war ein ausgedehnter Komplex. In der Mitte der Tribüne ragte ein Tempel der Venus victrix, der siegreichen Venus, empor. Er sollte wohl den profanen Bau kultisch legitimieren und dem Eindruck entgegenwirken, es werde eine typisch griechische Einrichtung in Rom etabliert. An das Scenengebäude schloss sich eine Wandelhalle an, die *Porticus Pompeii*, von der man in die *Curia Pompeii* gelangte, einen Sitzungssaal, in dem am 15. März 44 Caesar ermordet wurde.

Die noch sichtbare Krümmung der Tribüne des Pompeius-Theaters

Das Theater verfügte über 27 000 Plätze.

Von Tacitus (ca. 55 – ca. 120 n.Chr.) erfahren wir, dass die Stiftung des Pompeius nicht die ungeteilte Begeisterung der Römer gefunden hatte. Der Historiker kommt auf das Thema zu sprechen, als er erwähnt, dass Nero (54–68 n.Chr.) Kampfspiele nach griechischer Sitte einführen wollte:

> Es gab unterschiedliche Meinungen wie bei fast allem Neuen. Einige machten geltend, dass auch Pompeius von den älteren Leuten getadelt worden sei, weil er ein auf Dauer angelegtes Theater erbaut habe. Vorher sei man gewohnt gewesen, dass für die Spiele jedes Mal Bänke aufgestellt worden seien, und auch die Bühne sei nur für die jeweilige Aufführung errichtet worden. In noch fernerer Vergangenheit habe das Volk im Stehen den Spielen zugeschaut, damit es nicht sitzend die Tage der Aufführungen mit Nichtstun verbrächte. Man solle bei der alten Sitte bleiben. (Annalen, 14,20).

Das Pompeiustheater sollte nicht das einzige in Rom bleiben. Schon Caesar plante eine neue Spielstätte und erwarb ein Grundstück, das etwas weiter südlich lag. Augustus führte den Bau aus, weihte ihn 13 oder 11 v.Chr. ein und widmete ihn Marcellus, seinem Neffen und Schwiegersohn, der 23 v.Chr. verstorben war. Das Theater war kleiner als das des Pompeius, diente aber als Vorbild für das Kolosseum.

Das Marcellustheater

Im Mittelalter ist es zu einem Palast umgebaut worden. Der Komplex ist kürzlich restauriert worden und ist noch heute bewohnt.

Mit einem weiteren kleinen Bau, dem Balbus-Theater auf dem Marsfeld, erhöhte sich die Zahl der Theater auf drei.

Jede einzelne der großen Arenen, des Kolosseums und des Circus maximus, zählte mehr Plätze als alle Theater zusammen.

Das Parisurteil, eine Pantomime: „Venus war nackt und unbedeckt."

Was erwartete die Menschen im Theater? Natürlich Komödien eines Plautus (ca. 250 – ca. 180 v.Chr.) und Terenz (ca. 195/185–159 v.Chr.), pompös inszenierte griechische und römische Dramen, vor allem aber und seit der Zeit des Augustus vermehrt Mimen und Pantomimen.

In den Mimen traten die Schauspieler und Schauspielerinnen ohne Masken auf. Tanz und Gesang waren wichtige Elemente, als Thema dominierte die Erotik. Es wurde viel improvisiert, auf aktuelle Ereignisse Bezug genommen.

Die zweifellos beliebteste Form war die Pantomime. Die Akteure, Männer und Frauen, waren gut bezahlte, wenn auch nicht sehr angesehene Künstler. Mythische Stoffe wurden pantomimisch im Tanz dargestellt, unserem Ballett vergleichbar. Die Bühnenbilder waren raffiniert und aufwändig gestaltet. Die Schauspieler trugen Masken.

Eine anschauliche Vorstellung einer Aufführung verdanken wir Apuleius (ca. 120 – ca. 180 n.Chr.). Im 2. Jahrhundert n.Chr., berichtet er, stand im Theater in Korinth das Parisurteil auf dem Programm. Korinth war 146 v.Chr. von den Römern zerstört, dann von Caesar als römische Bürgerkolonie neu gegründet worden. Seit Augustus war es die Hauptstadt der Provinz Achaia und hauptsächlich von einer lateinisch sprechenden Bevölkerung bewohnt. Aber auch in griechischen Städten hatten römische Vergnügungen Einzug gehalten. Selbst in Athen veranstaltete man in dem alt-ehrwürdigen Dionysostheater Gladiatorenspiele.

Die Göttinnen Juno, Minerva und Venus stritten über die Frage, welche von ihnen die Schönste sei. Jupiter setzte den trojanischen Prinzen Paris als Richter ein, der wie so viele prominente Kinder ausgesetzt worden war und – unerkannt – bei einem Hirten aufwuchs. Er sollte derjenigen, der er den Preis zuerkannte, einen goldenen Apfel überreichen.

> Jungen und Mädchen in der Blüte jugendlichen Alters, schön anzusehen, hübsch gekleidet, zeigten mit graziösen Schritten in wohlgeordneten Formationen, die sich zu einem griechischen Waffentanz fügten, reizende Figuren; jetzt schwenkten sie ein in ein sich drehendes Rad, jetzt verbanden sie sich zu einer schrägen Reihe, dann formierten sie sich zu einem offenen Viereck und trennten sich wieder in zwei Gruppen. Sobald aber das Schlusssignal der Trompete den viel verschlungenen Wegen des hin und her wogenden Tanzes ein Ende gesetzt hatte, wurde der Vorhang aufgezogen, die Draperien wurden zusammengefaltet, die Bühne öffnete sich dem Blick.
>
> Da war ein aus Holz künstlich errichteter Berg; er stellte jenes berühmte Gebirge dar, das der Dichter Homer als Ida besungen hat; mit hoher Kunstfertigkeit war er aufgeschichtet; er war bepflanzt mit echten Büschen und Bäumen; auf dem Gipfel hatte man eine Quelle angelegt, aus der Flusswasser herabströmte. Ein paar Ziegen rupften Gras; ein junger Mann, schön gekleidet – ein exotisches Gewand floss ihm von den Schultern, eine goldene Mütze bedeckte sein Haupt –, spielte nach der Art des phrygischen Paris den Aufseher über die Tiere. Ebenfalls auf der Bühne ein hübscher Knabe, nackt bis auf die linke Schulter, die ein Jünglingsmantel bedeckte, schön mit dichtem blonden Haar; aus dem zwei goldene Flügelchen hervorragten, die ganz symmetrisch befestigt waren. Heroldstab und Zweig machten ihn als Merkur kenntlich. Der lief im Tanzschritt vor, in seiner Rechten hielt er einen mit Blattgold verzierten Apfel, den er dem Darsteller des Paris reichte. Durch Gestik bezeichnete er ihm den Auftrag Jupiters, dann zog er sich gekonnt zurück und entschwand den Blicken.

Jetzt trat ein Mädchen auf mit hoheitsvoller Miene, sie glich der Göttin Juno: Das Haupt umschloss ein glänzendes Diadem, außerdem trug sie ein Zepter.

Eine andere stürmte herein, die man für Minerva halten sollte: Das Haupt war mit einem strahlenden Helm bedeckt, der Helm seinerseits mit einem Lorbeerkranz; sie hob den Schild und schwang die Lanze ganz wie Minerva, wenn sie kämpfte.

Zu diesen trat eine Dritte, sie war durch beachtliche Schönheit ausgezeichnet; und durch die Anmut ihrer göttlichen Hautfarbe gab sie sich als Venus zu erkennen, wie Venus war, als sie noch Jungfrau war; sie hatte eine vollendete Figur, sie war nackt und unbedeckt, nur dass sie mit einem feinen Seidentuch die Scham beschattete, freilich so, dass sie doch sichtbar blieb. Diese zarte Hülle blies ein Windhauch allzu neugierig und liebevoll schäkernd fort, so dass, wenn sie weggeweht wurde, die Jugendblüte sich offen zeigte, bald drückte er die Hülle in begieriger Lust fest an den Körper, so dass sie sich eng anschmiegte und den verführerischen Reiz der Scham ganz fein konturierte. Die Farben an der Göttin waren unterschiedlich: der Körper weiß, weil sie vom Himmel herabsteigt, der Umhang blau, weil sie aus dem Meer emporsteigt.

Nun folgten den drei Mädchen, die die Göttinnen darstellten, jeweils ihre Begleitung, der Juno Castor und Pollux; ihre Häupter waren mit ovalen Helmen bedeckt, die Sternspitzen schmückten, auch die beiden waren junge Schauspieler. Das Mädchen, das die Juno darstellte, trat, während eine jonische Flöte verschiedene Melodien spielte, vor und versprach mit ruhiger und ungekünstelter Gestik und Hoheit der Mimik dem Hirten, sie werde ihm die Herrschaft über ganz Asien zuerkennen, wenn er ihr den Preis der Schönheit zuspreche.

Jene aber, die der Waffenschmuck zu Minerva gemacht hatte, begleiteten als Schutz zwei Knaben, Waffen tragende Gefährten der Kriegsgöttin, mit Namen „Schrecken“ und „Furcht“; sie tanzten mit gezückten Schwertern. Hinter Minerva spielte ein Flötenbläser eine kriegerische dorische Melodie, er mischte tiefe Töne mit hellen Klängen nach Art der Trompete und gab so den Anstoß zu einem lebhaften und schwungvollen Tanz. Die Göttin erklärte unterdessen mit bewegtem Kopf und drohend blickenden Augen, mit schnellen und schwungvollen Gesten dem Paris energisch, dass er, wenn er ihr den Schönheitspreis überlasse, mit ihrer Unterstützung ein mit Kriegstrophäen ausgezeichneter Held sein werde.

Sieh, da stand nun voller Anmut Venus, mit großem Beifall der Zuschauer bedacht, mitten auf der Bühne, eine Schar ausgelassen-fröhlicher Jungen umgab sie, sie lächelte hold. Man hätte sagen mögen, diese schlanken und süßen Knaben seien als echte Liebesgötter gerade eben vom Himmel herab- oder aus dem Meer herausgeflogen, denn mit ihren Flügelchen und kleinen Pfeilen und auch sonst in ihrem Aufzug passten sie vorzüglich zu dieser Vorstellung, und als ging es zu einem Hochzeitsmahl, leuchteten sie mit brennenden Fackeln ihrer Herrin voran. Hereinströmten anmutige Scharen junger Mädchen, hier anmutige Grazien, dort liebliche Horen; indem sie Sträuße und einzelne Blumen warfen und ihre Göttin feierten, hatten sie sich zu einem sehr kunstvollen Reigen aufgestellt und umschmeichelten die Herrin aller Lust mit dem Schmuck des Frühlings. Die Flöten ließen aus ihren vielen Löchern lydische Melodien lieblich erklingen. Während sie die Herzen der Zuschauer süß betörten, begann nun, weit betörender noch, Venus, sich anmutig zu bewegen und mit verhalten-zögerndem Schritt und sanft wiegendem Körper und kaum merklich nickendem Haupt dahinzuschreiten und dabei dem weichen Klang der Flöten in ihren Bewegungen genau zu entsprechen und bald mit mild geschlossenen, bald mit scharf drohenden Augen ihr Verlangen zum Ausdruck zu bringen, ja, zuweilen allein mit Blicken zu tanzen. Sobald sie vor die Augen des Richters trat, da sah man, wie sie ihm mit einer schwungvollen Armbewegung versprach, sie werde ihm, wenn er sie den anderen Göttinnen vorziehe, eine Frau schenken, von größter Schönheit und ihr ganz ähnlich.

Da reichte der Phryger dem Mädchen willig den goldenen Apfel, den er in der Hand hielt, und stimmte so für den Sieg der Venus. Kaum war jenes Parisurteil gefällt, verließen Juno und Minerva gemeinsam traurig und so, als wenn sie zornig wären, die Bühne, wobei sie ihren Unmut über die Zurückweisung deutlich zu verstehen gaben. Venus aber freute sich und äußerte ihre Freude im Tanz zusammen mit dem ganzen Chor.

Dann sprudelte auf der Bergspitze aus einer versteckten Röhre in Safran aufgelöster Wein empor und, herabtropfend, bespritzte er mit duftendem Regen die ringsum weidenden Ziegen, bis sie in schöner Färbung das ihnen eigene Weiß mit einer gelben Farbe vertauscht hatten. Und plötzlich, als das ganze Theaterrund süß duftete, ließ ein Erdspalt den hölzernen Berg verschwinden. (10,29,3–32; 34,1/2).

Die Entscheidung war, dem Mythos zufolge, Ursache des trojanischen Krieges: Paris, dessen wahre Identität inzwischen erkannt worden war, raubte, von der Liebesgöttin verführt, die schöne Helena, die Ehefrau des Menelaos, des Königs von Sparta. Die Verletzung des Gastrechts veranlasste den Heereszug der Griechen nach Troja.

Nicht immer hat man die Kenntnis des Mythos vorausgesetzt. Es gab auch Aufführungen, in denen Chöre während der Darbietung den Inhalt referierten.

Die Kritik der Christen: Es mangelt an Schamgefühl und Zurückhaltung

In dieser Form der Mimen und Pantomimen lernten die Christen das Theater kennen. So ist es kein Wunder, dass sie es ablehnten. Der lateinische Kirchenschriftsteller Tertullian (ca. 160 – ca. 220 n.Chr.) hielt es für ein Werk der Dämonen, die außer den übrigen Befleckungen des Götzendienstes auch die Unreinheit der Schauspiele ins Werk gesetzt hätten. (De spectaculis, 10,12).

Der Kirchenvater Augustinus (354–430 n.Chr.) schildert eine Aufführung, die er bei einem Fest der in seiner nordafrikanischen Heimat verehrten Göttin Caelestis in einem Tempel gesehen hatte:

> Schauspieler, die Schamgefühl hatten, eine Darstellerin, die sich Zurückhaltung auferlegt hätte, haben wir dort nicht gesehen. Alle Arten von Unzucht wurden dargeboten. Man wusste, was der jungfräulichen Gottheit gefiel, und zeigte Dinge von der Art, dass auch eine verheiratete Frau noch etwas lernen und vom Tempel mit nach Hause nehmen konnte. Einige klügere Frauen wandten zwar ihren Blick von den unzüchtigen Bewegungen der Schauspieler ab, suchten sich aber mit heimlicher Aufmerksamkeit die Kunst des Lasters anzueignen. Im Tempel wurde öffentlich zur Belehrung angeboten, was man bestenfalls in der Verborgenheit seines Hauses zu tun pflegte. (De civitate dei, 2,26).

Der griechische Kirchenlehrer Johannes Chrysostomos (349/350–407 n.Chr.) sorgte sich um das Seelenheil der Menschen:

> Wenn du ins Theater gehst und dort Platz nimmst und die nackten Glieder der Frauen gierig mit den Augen verschlingst, hast du kurzfristig ein Vergnügen, danach aber nährst du ein starkes Feuer. ... Sag mir, wie wirst du denn noch vernünftig denken können, wenn jene Handlungen, wenn das, was du siehst, und das, was du hörst, deine Seele beherrschen und du von solchen Dingen träumst?
>
> (Homilie 5 auf den 1. Brief an die Thessalonicher, Kap. 4).

Hat er vielleicht die Wirkung des Theaters überschätzt?

Das Volk blieb von derartigen Warnungen unbeeindruckt.

Schließlich ließen selbst die christlichen Kaiser das Theater unangetastet. Noch im Jahr 399 n.Chr. verfügte Honorius (393–423) Folgendes:

> Wir haben zwar den heidnischen Riten durch ein heilbringendes Gesetz ein Ende bereitet, lassen es aber nicht zu, dass den festlichen Zusammenkünften der Bürger und der gemeinsamen Freude aller ebenso ein Ende bereitet wird. Deshalb verfügen wir, dass die Vergnügungen nach alter Sitte weiterhin dem Volk ausgerichtet

> werden ..., aber ohne jegliches Opfer und ohne jeglichen verdammungswürdigen Aberglauben.
>
> (Codex Theodosianus, 16,10,17).

Das Theater hatte seinen Ursprung in Athen, im Kult des Dionysos. Als das Christentum seine eigene Form entwickelte, geschah dies wiederum im Rahmen des Kultes. Das geistliche Spiel hatte in der Osterliturgie seinen Platz. Lieferte in der heidnischen Antike der Mythos den Stoff, so war es jetzt die Bibel.

8. Kapitel

Der Vatikan

Die Tugend des Cincinnatus: Vom Pflug zum Feldherrn

Das Gebiet, der Ager Vaticanus, wurde ursprünglich landwirtschaftlich genutzt. Die Legende weiß zu berichten, dass hier Lucius Quinctius Cincinnatus gerade auf seinem Acker arbeitete, als er die Nachricht erhielt, er sei zum Dictator ernannt worden. Der Senat konnte in einer Krise einen Dictator ernennen. Er trat an die Stelle der beiden Konsuln, seine Amtszeit war auf ein halbes Jahr begrenzt.

Rom befand sich im Krieg mit den Äquern, einem italischen Bergvolk, das östlich von Rom am oberen Anio, einem Nebenfluss des Tiber, siedelte. Sie waren erbitterte Feinde der Römer und unternahmen immer wieder Raubzüge in deren Gebiet.

So auch im Jahr 458 v.Chr. Sie hatten das Lager des römischen Heeres umzingelt. Rom war ihnen schutzlos preisgegeben. Den Eingeschlossenen gelang es jedoch, Reiter in die Stadt zu schicken. Die Nachricht von der verzweifelten Situation des Heeres traf den Senat völlig unvorbereitet. Eilig ernannte er Cincinnatus zum Diktator:

> Für die, die alle menschlichen Werte geringer schätzen als den Reichtum und die der großen Ehre und der Tapferkeit nur dann einen Platz einräumen, wenn daraus endloser Reichtum erwächst, lohnt es sich nicht, dem Folgenden ihre Aufmerksamkeit zu schenken.
>
> Der Einzige, auf dem die ganze Hoffnung für die Herrschaft des römischen Volkes ruhte, Lucius Quinctus, war gerade damit beschäftigt, jenseits des Tiber, gegenüber dem Ort, wo sich jetzt die Schiffswerften befinden, ein Feld von vier Morgen zu bewirtschaften. Der Ort heißt jetzt „Quinctische Wiesen“. Sei es nun, dass er gerade einen Graben aushob oder dass er sich auf seinen Spaten stützte oder dass er pflügte, er war auf jeden Fall mit einer landwirtschaftlichen Arbeit beschäftigt, als er von Gesandten, nachdem sie sich gegenseitig begrüßt hatten, gebeten wurde, er möge zum Wohl für sich selbst und für den Staat die Toga anlegen und die Aufträge des Senats anhören. Er wunderte sich und wollte immer wieder wissen, ob es damit seine Richtigkeit habe. Dann forderte er aber seine Frau Racilia auf, die Toga aus der Hütte zu holen. Er reinigte sich vom Staub und wischte sich den Schweiß ab, zog die Toga an und trat hervor. Die Gesandten gratulierten ihm,

> begrüßten ihn als Dictator und beriefen ihn in die Stadt. Sie erklärten ihm, welcher Schrecken im Heer herrsche. Ein Schiff lag von Staats wegen für Quinctius bereit. Als er übergesetzt hatte, empfingen ihn seine drei Söhne, die ihm entgegengekommen waren; ihnen schlossen sich andere Verwandte und Freunde an, schließlich der überwiegende Teil des Senats. Von so vielen Menschen begleitet, wurde er in sein Haus geleitet, die Liktoren gingen voran. Eine Menge Volks lief herbei, aber sie war keineswegs so erfreut beim Anblick des Quinctus. Sie meinte, die Macht sei zu groß und der Mann, der mit dieser Machtfülle ausgestattet sei, zu hart. Und in jener Nacht geschah nichts mehr in der Stadt, außer dass man Wache hielt. (Livius, 3,26,7–12).

Quinctius besiegte die Äquer und trat am 16. Tag von der Diktatur zurück, die er für sechs Monate übernommen hatte. (a.a.O., 29).

Die Quinctischen Wiesen lagen im Vatikan, *in Vaticano*, wie Plinius der Ältere versichert. (Nat. hist., 18,20).

Livius (59 v.Chr. – 17 n.Chr.) ist politisch nicht leicht einzuordnen. Seine Erzählung von Cincinnatus entsteht in den 20er Jahren des 1. Jahrhunderts v.Chr., also in der Zeit, in der Augustus noch dabei ist, seine Herrschaft zu festigen. Gibt der Historiker hier der Überzeugung Ausdruck, dass Macht, wie es die republikanische Verfassung vorsah, nur auf Zeit verliehen werden sollte? Die Geschichte hat einen anderen Weg eingeschlagen.

Neros grausames Spiel mit den Christen

Mit der römischen Geschichte des Vatikans verknüpft sich nicht nur die gute Erinnerung an den Landwirt, Feldherrn und Dictator Cincinnatus, sondern auch an das Leid, das den Christen nach dem Brand Roms im Jahre 64 n.Chr. hier zugefügt worden ist.

Caligula (37–41 n.Chr.) besaß hier eine private Rennbahn, auf deren Mittelstreifen der Obelisk stand, der sich heute auf dem Petersplatz befindet.

Nero (54–68) ließ einen Park anlegen. Beide, der Circus und der Garten, sollten in dem Martyrium der Christen eine Rolle spielen.

Tacitus (ca. 55 – ca. 120 n.Chr.) berichtet:

> Nicht menschliche Bemühung, nicht Schenkungen des Kaisers oder Versuche, die Götter zu versöhnen, vermochten das schlimme Gerücht zum Schweigen zu bringen, dass man glaubte, der Brand sei befohlen worden. Um dem Gerede ein Ende zu machen, verdächtigte Nero andere. Er fügte denen die ausgesuchtesten Strafen zu, die durch ihre Verbrechen verhasst waren und die das Volk „Christiani" nannte.

> Der Urheber dieses Namens, Christus, ist zur Zeit des Kaisers Tiberius auf Veranlassung des Prokurators Pontius Pilatus hingerichtet worden. Der verderbliche Aberglaube wurde dadurch zwar für den Augenblick zurückgedrängt, lebte dann aber wieder auf, und zwar nicht nur in Judäa, dem Land seines Ursprungs, sondern auch in der Stadt Rom, wo alles Schreckliche und Schändliche zusammenströmt und betrieben wird.
>
> Zuerst ergreift man die, die sich offen zu diesem Aberglauben bekannten, dann durch ihre Anzeige eine ungeheuer große Menge. Die Menschen wurden nicht in erster Linie des Verbrechens der Brandstiftung überführt als vielmehr des Hasses auf das Menschengeschlecht. Während sie starben, wurden sie noch verhöhnt. Manche wurden in Tierhäute gesteckt und sollten von Hunden totgebissen werden, viele wurden ans Kreuz geschlagen und in Brand gesteckt. Sie sollten bei Einbruch der Dunkelheit dazu dienen, die Nacht zu erhellen. Nero hatte für dieses Schauspiel seine Gärten zur Verfügung gestellt und verband es mit einer Circusaufführung. Er mischte sich in der Kleidung eines Wagenlenkers unter das Volk, oder er stellte sich auf einen Rennwagen.
>
> Obwohl es Schuldige betraf, die die höchsten Strafen verdienten, erregte das Schauspiel Mitleid, da diese Menschen ja nicht zum Nutzen des Staates umgebracht wurden, sondern nur, um die grausame Lust eines einzigen Menschen zu befriedigen.
>
> (Annalen, 15,44).

Dadurch, dass die Christen in Tierhäute gehüllt, dass sie wie Sklaven zum Kreuzestod verurteilt und im Rahmen von Circusspielen zur Schau gestellt wurden, erlitten sie eine dreifache Demütigung.

Nero hatte sich zur Zeit des Brandes nicht in Rom aufgehalten.

Der Historiker empfindet keine Sympathie mit den Christen. Ihnen – wie auch den Juden – warf man vor, dass sie sich von der Gemeinschaft der Bürger isolierten, an Schauspielen und religiösen Festen nicht teilnähmen, an die Götter nicht glaubten und sich dem Kaiserkult verweigerten. Man unterstellte ihnen blutige Mahlzeiten und Ritualmorde und ertrug es nicht, dass sie denen, die nicht an ihren Gott glaubten, die Verurteilung in einem bevorstehenden Weltengericht prophezeiten.

Anlass zu dem Missverständnis gaben unter anderem Verse aus dem Johannesevangelium:

> Jesus sprach zu ihnen: wahrlich, wahrlich, ich sage euch: Wenn ihr nicht esst das Fleisch des Menschensohnes und trinkt sein Blut, so habt ihr hier kein Leben in euch. Wer mein Fleisch isst und mein Blut trinkt, der hat das ewige Leben, und ich werde ihn am jüngsten Tag auferwecken. Denn mein Fleisch ist die wahre Speise, und mein Blut ist der wahre Trank. Wer mein Fleisch isst und trinkt mein Blut, der bleibt in mir und ich in ihm.
>
> (6, VV. 53–56; Übers.: M. Luther)

Petrus und Paulus: Starben die Apostel in Rom?

Ob der Apostel Paulus unter denen war, die der Kaiser hat töten lassen, weiß man nicht; ja mehr noch: Man weiß noch nicht einmal, ob er überhaupt getötet worden ist. Die Apostelgeschichte endet mit der Nachricht, dass er in Rom gefangen gehalten wurde.

Man glaubt, die sterblichen Überreste seines Körpers lägen in einem Sarg in der Kirche San Paolo fuori le mura, sein Haupt wird in der Lateranbasilika verehrt.

Von Petrus weiß man nicht, ob er in Rom war.

Aus dem Ende des 1. Jahrhunderts n.Chr. stammen die frühesten Überlieferungen, die auf seinen Märtyrertod hindeuten (1. Clemensbrief, 1, V.5ff., Ev. des Johannes, 21, VV. 16f.: 13, V.36). Eine spätere Legende berichtet davon, dass er in der Nachfolge Christi in Rom gekreuzigt worden sei, auf eigenen Wunsch mit dem Kopf nach unten.

Die Überlieferung von einem Petrusgrab, über dem zuerst um 324 die vatikanische Basilika des Konstantin und dann die Renaissancekirche (1506 begonnen) errichtet worden ist, geht auf die Zeit um 200 n.Chr. zurück.

Wenn Petrus auch wohl nicht in dem mit ihm in Verbindung gebrachten Grab liegt, so ist es doch nicht auszuschließen, dass er, wenn er in Rom gestorben ist, in dem Areal des Vatikans bestattet worden ist. Durch das Gebiet führten Straßen nach Etrurien, an deren Seiten vom 1. bis zum 4. Jahrhundert Gräber angelegt worden sind.

Historisch lassen sich der Aufenthalt und der Tod Petri in Rom weder beweisen noch widerlegen. Für beides spricht die schon früh einsetzende starke Tradition und der Fund einer besonderen Grabanlage.

9. Kapitel

Die Sorge für den ewigen Ruhm: Die Mausoleen des Augustus und des Hadrian

Das Monument des Augustus und der Tod des Kaisers

Eine kurze Beschreibung des Mausoleums verdanken wir dem Historiker und Geographen Strabon (63 v.Chr. – nach 23 n.Chr.), einem Zeitgenossen des Augustus. Er spricht von dem sogenannten Mausoleum. Er beschreibt es als einen großen Erdhügel, der neben dem Tiber aufrage. Auf einer hohen, marmorverkleideten Grundmauer erhebe sich bis zum Gipfel ein mit immergrünen Bäumen bewachsener Hügel, auf dessen Spitze ein ehernes Standbild des Kaisers Augustus stehe. Unter dem Erdhügel seien Augustus und seine Verwandten bestattet. Dahinter sei ein großer Park angelegt worden, in dessen Mitte sich die mit Steinen eingefasste und mit Pappeln bepflanzte Brandstätte befinde. (5,3,8/9).

Weder die Schriftquellen noch die archäologischen Erkenntnisse erlauben eine wissenschaftlich fundierte Rekonstruktion des Baus.

Beiderseits des im Süden liegenden Eingangs waren Bronzetafeln aufgestellt. Auf ihnen war der Bericht aufgezeichnet, in dem Augustus über sein politisches Wirken Rechenschaft ablegt. Sie waren von zwei Obelisken flankiert, deren einer heute Teil des Dioskurenbrunnens auf dem Quirinalsplatz ist, während der andere vor der Rückseite der Basilika Santa Maria Maggiore aufgestellt worden ist.

Octavian hat das Mausoleum 29 v.Chr. auf dem Marsfeld errichten lassen. Der Name Mausoleum ist von dem berühmten Grab abgeleitet, das sich Maussolos, der König von Karien (377–355 v.Chr.), in Halikarnassos (heute Bodrum) an der kleinasiatischen Küste hatte errichten lassen. Octavian beanspruchte damit schon damals den Rang eines hellenistischen Herrschers. Er war gerade aus Alexandrien zurückgekehrt, nachdem er seinen Widersacher, Marc Anton, besiegt und Ägypten erobert hatte (31 v.Chr.). Auch etruskische Tumuli könnten ihn beeinflusst haben.

Die Reihe derer, die in dem Mausoleum begraben wurden, begann mit Marcellus, einem Neffen des Augustus und Kandidaten für seine Nachfolge. Er starb 23 v.Chr. Außer Augustus (gest. 14 n.Chr.) und einigen seiner Verwandten wurden die Kaiser Tiberius (gest. 37), Caligula (gest. 41), Claudius (gest. 54) und Nerva (gest. 98) in dem Grabmal beigesetzt.

Das Augustus-Mausoleum

Im Mittelalter diente das Gebäude als Festung. Später nutzte man es als Raum für verschiedene Aufführungen. In den Jahren 1936–38 ist es freigelegt worden.

Über den Tod und das Begräbnis des Augustus berichtet Sueton (ca. 70 – nach 130 n.Chr.) in seiner Augustusbiographie:

> Augustus starb in demselben Raum, in dem sein Vater Octavius gestorben war, im Konsulatsjahr des Sextus Pompeius und Sextus Apuleius am 19. August um 3 Uhr nachmittags, 35 Tage, bevor er sein 76. Lebensjahr vollendet hätte. Die Dekurionen der Städte und Kolonien trugen den Leichnam von Nola nach Bovillae, und zwar wegen der Jahreszeit nachts, während sie ihn tagsüber in der Basilica oder dem größten Tempel der jeweiligen Stadt niederlegten. Von Bovillae an übernahm der Ritterstand die Aufgabe. Er trug den Leichnam in die Stadt hinein und bewahrte ihn im Eingang des Hauses des Augustus auf. ...
>
> Bei den Begräbnisfeierlichkeiten hielt man Maß: An zwei Orten wurde eine Grabrede gehalten; von Tiberius vor dem Tempel des göttlichen Julius, von Drusus, dem Sohn des Tiberius, von den alten Rostra aus. Auf den Schultern von Senatoren wurde er auf das Marsfeld getragen und dort verbrannt. Und es gab auch einen Mann, einen gewesenen Praetor, der schwor, er habe das Bild des Eingeäscherten in den Himmel emporsteigen sehen. Die sterblichen Überreste sammelten die führenden Männer des Ritterstan-

> des, nur mit einer offenen, ungegürteten Tunika bekleidet und barfuß, ein und setzten sie im Mausoleum des Augustus bei: Augustus hatte diesen Bau zwischen der Via Flaminia und dem Tiberufer in seinem 6. Konsulatsjahr errichten lassen. Schon damals hatte er die umliegenden Wälder und Promenaden der Öffentlichkeit zur Verfügung gestellt. (Kap. 100).

Von Dio Cassius (um 200 n.Chr.) erfahren wir weitere Einzelheiten:

Der Sarg sei aus Gold und Elfenbein angefertigt und mit einer purpurnen Decke geschmückt worden. Eine Wachsnachbildung des Kaisers in der Kleidung eines Triumphators sei dem Trauerzug vorangetragen, zwei Statuen seien mitgeführt worden. Darsteller hätten nicht nur Masken der verstorbenen Angehörigen des Julisch-Claudischen Geschlechts getragen, sondern auch die Masken von Männern, die sich in der Vergangenheit um Rom verdient gemacht hätten. Romulus sei ihnen vorangeschritten. (56,34).

Augustus war in Nola, einem Ort in Kampanien, gestorben. Am 17. September wurde er unter die Götter aufgenommen.

Wer war dieser Mann, der in dieser Grabanlage bestattet sein wollte und bestattet wurde? Wie wollte er von der Nachwelt gesehen und beurteilt werden?

Augustus von Primaporta

Der Tatenbericht des Augustus: „Ich habe alle an Autorität übertroffen."

Sueton schreibt in seiner Biographie des Augustus, der Princeps habe ein Jahr und vier Monate vor seinem Tod sein Testament erstellt.

Das trifft gewiss nur für die letzte Fassung zu. Der Text ist sicher schon früher verfasst und im Laufe der Jahre mehrfach geändert worden.

Der Princeps habe verfügt, dass der Bericht auf Bronzetafeln aufgezeichnet werde und dass die Bronzetafeln vor seinem Grabmal aufgestellt werden sollten. Tiberius habe, dem Willen seines Vorgängers entsprechend, 28 n.Chr. zwei Pfeiler mit der Inschrift beiderseits des Eingangs des Mausoleums errichten lassen. (Kap. 10).

Die Pfeiler sind verloren gegangen. Der Text hat sich aber an einem dem Augustus und der Roma geweihten Tempel in Ancyra in der Provinz Galatien, heute Ankara, erhalten. Nach dem Fundort spricht man von dem *monumentum Ancyranum*. Da im Osten des Reiches Griechisch die Verkehrssprache war, ist der Bericht auch ins Griechische übersetzt worden.

Es hat zahlreiche Kopien im römischen Imperium gegeben. In Antiochia hat man Fragmente in lateinischer, in Apollonia in griechischer Sprache gefunden.

Der Stil ist einfach; kurze Sätze werden aneinandergereiht; auf Verständlichkeit wurde Wert gelegt. Die griechische Übersetzung, eher eine Übertragung, erinnert an die Sprache des Neuen Testaments.

Der Bericht fügt sich in mehrfacher Weise in die Tradition ein: Ägyptische Pharaonen und hellenistische Herrscher haben ihre Taten und Verdienste in Inschriften überliefert, römische Grabinschriften haben die Leistungen der Verstorbenen für die Nachwelt bewahrt, republikanische Beamte legten dem Senat Rechenschaft über ihre Unternehmungen ab, wie es zum Beispiel Caesar in seinem Bericht über den Krieg in Gallien getan hat, und schließlich pflegte ein Redner bei einer römischen Begräbnisfeier eine Lobrede auf den Verstorbenen zu halten. Augustus machte sich zu seinen eigenen Laudator.

Es kam Augustus darauf an, den Prinzipat als eine Fortführung der Idee der Republik, der *res publica libera*, erscheinen zu lassen und sich in die Reihe der großen Römer einzufügen, deren Statuen er auf seinem Forum hatte aufstellen lassen. Tatsächlich hat er mit dem Prinzipat eine neue Verfassung begründet. Mit Augustus beginnt die Kaiserzeit.

In dem Tatenbericht liest sich die Geschichte seines politischen Aufstiegs folgendermaßen:

> Im Alter von 19 Jahren habe ich aus eigenem Entschluss und mit eigenen Mitteln ein Heer aufgestellt, mit dessen Hilfe ich den Staat, der durch die Gewaltherrschaft einer Clique unterdrückt

wurde, befreit habe. Aufgrund dieser Leistung hat mich der Senat im Konsulatsjahr des Caius Pansa und Aulus Hirtius durch ehrenvolle Beschlüsse in seine Reihen aufgenommen mit dem Recht, in der Stellung eines Konsuls abzustimmen, und er hat mir die militärische Befehlsgewalt übertragen. Er befahl mir, als Proprätor gemeinsam mit den Konsuln dafür Sorge zu tragen, dass der Staat keinen Schaden erleide. In demselben Jahr hat mich das Volk, als die beiden Konsuln im Krieg gefallen waren, zum Konsul und zum Triumvir gewählt mit dem Auftrag, den Staat neu zu ordnen. Die Mörder meines Vaters habe ich verbannt und auf diese Weise durch gesetzmäßige gerichtliche Urteile ihre Verbrechen gerächt. Als sie später Krieg gegen den Staat begannen, habe ich sie in einer doppelten Schlacht besiegt.

(Kapitel 1/2).

Von Augustus kann man lernen, wie man Geschichte verfälscht.

Was war wirklich geschehen?

Es klingt mutig, dass er aus eigenem Entschluss ein Heer aufgestellt habe. In Wirklichkeit handelte es sich um einen revolutionären Akt. Niemand hatte ihn dazu legitimiert. Aber immerhin: Er bewahrte Rom vor der Diktatur des Antonius.

Dass der Senat ihn in seine Reihen aufnahm, war weniger ein Zeichen des Dankes als politisches Kalkül. Er wollte ihn gegen Antonius in Stellung bringen.

Als er Antonius besiegt hatte, war er dann in einer so starken Position, dass er es erzwingen konnte, vom Volk mit wohlwollender Billigung des Senats zum Konsul gewählt zu werden.

Mit Antonius hat sich Octavian dann versöhnt. Mit ihm und dem eher unbedeutenden Lepidus schloss er sich zu einem Triumvirat zusammen. Und diese Triumvirn waren es, die sich den Auftrag gaben, den Staat zu ordnen, und die sich den Auftrag dann nachträglich vom Senat haben legitimieren lassen.

Schließlich: Nicht er war im Krieg gegen die Caesarmörder bei Philippi (42 v.Chr.) der strahlende Sieger, sondern viel eher Antonius, den er keiner Erwähnung für wert hält.

In den beiden Schlusskapiteln spricht Augustus von seinem politischen Erbe und von den Ehrungen, die ihm zuteil geworden sind.

In meinem sechsten und siebenten Konsulatsjahr (28/27 v.Chr.) habe ich, nachdem ich die Flammen des Bürgerkriegs gelöscht hatte und nachdem ich mit dem Einverständnis der gesamten Bevölkerung in den Besitz aller Macht gekommen war, den Staat aus meiner Gewalt in die Herrschaft des Senats und des römischen Volkes überführt.

Für dieses mein Verdienst ist mir durch Senatsbeschluss der Name „Augustus“ verliehen worden, und die Türpfosten meines Hauses wurden im Namen des Staates mit Lorbeer geschmückt, und über

meiner Haustür wurde ein Bürgerkranz angebracht, und ein goldener Schild wurde in der Curia Julia aufgestellt. Die Aufschrift auf dem Schild bezeugt, dass der Senat und das römische Volk ihn mir wegen meiner Tapferkeit, Milde, Gerechtigkeit und Frömmigkeit geweiht haben.
Seit dieser Zeit habe ich alle an Autorität (*auctoritas*) übertroffen, an Amtsgewalt habe ich aber nicht mehr besessen als alle die anderen, die im jeweiligen Amt meine Kollegen waren.
In meinem dreizehnten Konsulatsjahr gaben mir der Senat, der Ritterstand und das gesamte römische Volk den Titel „Vater des Vaterlandes" (*pater patriae*), und sie beschlossen, dass eine entsprechende Inschrift in der Vorhalle meines Hauses, in der Curia Julia und auf dem Forum des Augustus unter der Quadriga angebracht werde, die für mich durch Senatsbeschluss dort aufgestellt worden ist.
Ich schreibe dies in meinem 76. Lebensjahr.

(Kapitel 34/35).

Augustus sieht seine wesentlichen Verdienste darin, dass er die Zeit der Bürgerkriege beendet und dass er, obwohl er mit dem Einverständnis aller unumschränkter Herrscher gewesen sei, die freie Republik wiederhergestellt habe.

Er verschweigt, dass er als Imperator auf Dauer der oberste Befehlshaber der Truppen war.

Die Organe des Staates haben ihm Dankbarkeit erwiesen. Augustus bedeutet der *Erhabene*. Der Titel erhob ihn in eine übermenschliche Sphäre. Der Lorbeer zeichnete ihn als Imperator, die Bürgerkrone als Retter der Bürgerschaft aus. Der Schild ehrte ihn wegen seiner Tugenden: der Tapferkeit gegenüber dem Feind, der Milde gegenüber den Besiegten, der Gerechtigkeit, dem Fundament des Staates, und der Frömmigkeit, d.h. der Pflichterfüllung gegenüber Göttern und Menschen. Fromm (*pius*) hieß Aeneas, der auf göttliches Geheiß von Troja nach Latium gekommen ist und als Ahnherr des römischen Reiches und des Julischen Geschlechts, aus dem Augustus stammte, verehrt wurde. In dessen Nachfolge trat Augustus. Er vereinigte in sich alle Tugenden, die einen idealen Herrscher ausmachen.

Mit wie grausamen Mitteln er sich die Macht erkämpft hatte, wird ausgeblendet.

auctoritas ist von *augere – vermehren* abgeleitet und bezeichnet den Einfluss, den jemand aufgrund seiner herausragenden und in ihrer Besonderheit allgemein anerkannten Persönlichkeit ausübt und der ihm gegenüber anderen Personen und Positionen ein Übergewicht verleiht. In der Republik kam sie dem Senat zu. Jetzt war sie ein wesentliches Fundament des Prinzipats. Problematisch musste es werden, wenn Nachfolger des Augustus nicht über eine vergleichbare Autorität verfügten.

Auch den Titel Vater des Vaterlandes (*pater patriae*) kannte schon die Republik. Er ist z.B. Cicero zugesprochen worden, als er die Gefahr erkannt hatte, die dem Staat von der Catilinarischen Verschwörung drohte (63 v. Chr). Augustus setzte ihn an den Schluss seines Berichts. Er hatte für ihn offenbar einen ganz besonders hohen Wert. Er hatte ihn 2 n.Chr. erhalten.

Das war der Mann, der in dem Mausoleum bestattet wurde. So sollten ihm die Römer ein ehrendes Andenken bewahren. Die Leistungen und Tugenden sollten zugleich als Appelle an die zukünftigen Herrscher verstanden werden, danach zu streben, sich des Augustus würdig zu erweisen.

Ist ihm gelungen, was er erstrebt hat? Tacitus (ca. 55 – ca. 120 n.Chr.) urteilt kritisch:

> Als die Verfassung geändert worden war, blieb nirgendwo etwas von der altehrwürdigen guten Sitte erhalten. Das Bewusstsein der Gleichheit war geschwunden, man hörte nur noch auf das, was der Princeps befahl. (Annalen, 1,4).

Das Mausoleum des Hadrian: Vom Grabmal zur Engelsburg

Der Bau ist zwar schon von Hadrian (117–138 n.Chr.) begonnen, aber erst von seinem Nachfolger Antoninus Pius 139 n.Chr. vollendet worden. Hadrian knüpfte im Hinblick auf den Namen und die Form an die Anlage des Augustus an. Sein Mausoleum war eine verkleinerte Kopie.

Viele Kaiser wurden in diesem Grabbau beigesetzt: Außer Hadrian (gest. 138) Antoninus Pius (gest. 161), Marc Aurel (gest. 180), Commodus (gest. 192), Septimius Severus (gest. 211), und Caracalla (gest. 217).

Über Hadrians Grabkammer konnte man ein Gedicht lesen, das, so steht es in der Historia Augusta, der Kaiser selbst verfasst und in sein Testament aufgenommen hat:

Animula vagula blandida	Reizendes, kleines, unstetes Seelchen,
hospes comesque corporis,	Gast und Gefährtin des Körpers,
quae nunc abibis in loca	die du nun fortgehen wirst zu einer
pallidula rigida nudula	ganz bleichen, starren, nackten Stätte.
	(Kap. 27).

Die Seele verlässt den Körper, wenn der Mensch stirbt, und vertauscht den Ort, an dem sie Freude geschenkt hat, mit dem finsteren und freudlosen Hades. *Carpe diem, nutze den Tag*, möchte der tote Kaiser denen zurufen, die noch in dieser Welt weilen.

Die Engelsburg

Ab dem 10. Jahrhundert gehörte das Grabmal den Päpsten, die es im 15. Jahrhundert zur Festung ausbauten und mit reich möblierten Wohnungen ausstatteten. 1277 hatten sie einen in die Mauer integrierten Verbindungsgang zum vatikanischen Palast geschaffen, der 1527 Papst Clemens VII. die Flucht vor den Soldaten Karls V. (*Sacco di Roma*) ermöglichte. Papst Pius VII. diente der Bau viele Monate als Schutz vor Napoleon. Im 19. Jahrhundert ergriffen die Franzosen Besitz von ihm, 1870 ging er schließlich in das Eigentum des italienischen Staates über, der ihn als Gefängnis nutzte. Im 20. Jahrhundert wurde er restauriert und der Öffentlichkeit zugänglich gemacht.

Den Namen Engelsburg hatte das Grabmal schon 590 erhalten. Die Legende erzählt, dass Papst Gregor I., der Große, als eine furchtbare Pest wütete, Gott um Hilfe gebeten habe. Als er betete, habe er über dem Grabmal einen Engel gesehen, der sein Schwert in die Scheide gesteckt und das Ende der Pest verkündet habe. Am nächsten Tag sei das Gebet erhört worden. Im 16. Jahrhundert stand auf der Spitze ein Engel aus Marmor, der sich heute im Innenhof befindet. Er ist 1552 durch eine Bronzefigur ersetzt worden.

10. Kapitel

Ein Altar für den Frieden: Die Ara Pacis Augustae

Der Altar: Die Symbolik des Bildprogramms

29 v.Chr. war das Mausoleum erbaut worden, 20 Jahre später, 9 v.Chr., wurde der Altar der Friedensgöttin, die *Ara Pacis*, eingeweiht, südlich des Grabbaus, nicht weit von ihm entfernt. 13 v.Chr. hatte der Senat den Beschluss zu seiner Errichtung gefasst. Die beiden Monumente waren aufeinander und auf eine Sonnenuhr bezogen, die zugleich mit dem Altar eingeweiht wurde. Zeiger war ein mit einer Kugel bekrönter ca. 30 m hoher ägyptischer Obelisk, dessen Schatten am Geburtstag des Kaisers durch die Achse des Altars fiel. Der Obelisk stammte aus dem 6. Jahrhundert v.Chr. und stand in Heliopolis, in Rom symbolisierte er die Eroberung Ägyptens 31 v.Chr. Heute hat er seinen Platz auf dem Monte Citorio vor dem Parlamentsgebäude gefunden.

Die Friedensgöttin, Pax, war ebenso die Personifikation eines Abstraktums wie es die Göttin Concordia war, die Göttin der Eintracht, der man auf dem Forum einen Tempel geweiht hatte. Die Göttin Pax ist eine Übertragung der griechischen Göttin Eirene. Mit der Einweihung des Altars am 30. Januar, dem Geburtstag der Livia, der Gattin des Princeps, wurde ihr Kult in Rom begründet.

Der Altar visualisiert in seinem Bildprogramm die ethisch-religiösen Werte, denen Augustus sich verpflichtet fühlte und auf die er das römische Volk verpflichten wollte. Er erwähnt ihn in seinem Tatenbericht:

> Als ich in den Provinzen Gallien und Spanien siegreich Kriege geführt hatte und nach Rom zurückkehrte, hat der Senat im Konsulatsjahr des Titus Nero und des Publius Quinctilius beschlossen, zum Dank für meine Rückkehr auf dem Marsfeld einen Altar des Augustusfriedens zu weihen, an dem die Beamten, Priester und Vestalinnen jährlich ein Opfer darbringen sollten.
>
> (Kapitel 12).

Der Senat ehrte mit dem Altar den Mann, der nicht nur den inneren Frieden nach der Beendigung der Bürgerkriege, sondern auch den äußeren Frieden durch die Sicherung der Grenzen im Westen des Reiches hergestellt hatte.

Wie dankbar die Römer ihrem Kaiser waren, hat Horaz (65–8 v.Chr.) in einer Ode zum Ausdruck gebracht:

> Sicher schreitet der Stier durch die Felder,
> Ceres und die Segen spendende Göttin der Fruchtbarkeit nähren die Felder,
> rasch durchfahren die Seeleute die befriedete See hierhin und dorthin,
> die Treue hütet sich davor, beschuldigt zu werden.
>
> Da das Haus nun keusch ist, wird es durch keine Unzucht mehr beschmutzt,
> Sitte und Gesetz haben das Unrecht gezähmt,
> Mütter werden für Kinder gelobt, die ihnen gleichen,
> Strafe folgt der Schuld auf dem Fuß.
>
> Wer fürchtet den Parther, den kalten Skythen,
> wer die Krieger, die das raue Germanien gebiert,
> solange der Caesar lebt? Wer sollte sich
> Sorgen machen wegen eines Krieges mit dem wilden Spanien?
> (Ode 4,5, VV. 17–28).

All das wird Bestand haben, solange Augustus lebt. Die schlichte Feststellung schließt den Wunsch ein, dass ihm ein langes Leben vergönnt sein möge.

Der Altar stand auf dem Marsfeld an der Via Flaminia, die von Norden in die Stadt führte. Von ihr aus konnte man den Altar zwar betreten, der Haupteingang lag jedoch auf der gegenüberliegenden Seite. Da das Gelände dort abfiel, führten Treppen zu dem Altar hinauf. Er war von einer mit Reliefs geschmückten Umfassungsmauer umgeben.

Betrat man ihn von der Straße aus, erblickte man beiderseits des Eingangs auf großen Bildplatten Darstellungen zweier Frauengestalten, Personifikationen der kriegerischen Roma, die auf den nach siegreichem Kampf eroberten Waffen thront, und vielleicht der Tellus (Erde), der großen Mutter der Früchte, der großen Mutter der Menschen (Vergil, Georgica, 2, VV. 173/74), oder der Pax.

Links und rechts des Haupteingangs waren auf der einen Seite Mars und Faustulus abgebildet, der Hirte, der die ausgesetzten Zwillinge Romulus und Remus gefunden und gerettet hatte, auf der anderen Seite Aeneas, der den Penaten ein Opfer darbringt. Ein kleiner Schrein ist diesen Göttern geweiht. Aeneas wird von seinem kleinen Sohn Iulus begleitet, auf den das Julische Geschlecht seinen Ursprung zurückführt.

Die Ara Pacis

Roms Größe verdankt sich der Konvergenz göttlicher Fügung und menschlicher Frömmigkeit. Das gilt für Mars und Faustulus, denen die Kinder ihr Leben verdanken, ebenso wie für Aeneas, den göttliche Fügung von Troja nach Latium geführt hat. Fromm ist er dem Willen der Gottheit gefolgt, und fromm hat er die Penaten, die Schutzgötter des Hauses und des Reiches, aus seiner Heimat nach Latium gebracht und dort heimisch gemacht.

So wie Mars seine schützende Hand über die Zwillinge gehalten hat, so darf auch das augusteische Rom stets auf seine Hilfe vertrauen. Und wie der fromme Aeneas weiß sich auch der fromme Augustus in der Obhut der Götter.

Auf seinem Forum hat Augustus dem Mars als dem Rächer (*Mars Ultor*) einen Tempel errichtet, den er gelobt hatte, bevor es 42 v.Chr. bei Philippi zur entscheidenden Schlacht gegen die Caesarmörder kam. 2 v.Chr. ist er geweiht worden.

Sind die Schmalseiten des Altars Allegorien und mythischen Themen gewidmet, so repräsentieren die Längsseiten die augusteische Gegenwart: Sie stellen eine Prozession dar, an der viele Mitglieder des Kaiserhauses und vor allem Augustus selbst mit verhülltem Haupt (als Augur?) teilnehmen. Die Prozession ist ein Sinnbild nicht nur der Frömmigkeit, sondern auch der friedlichen Eintracht. Vielleicht handelt es sich um die Feier anlässlich der Einweihung des Altars.

Höhepunkt der Feier wird das Opfer sein. Ovid vergegenwärtigt das Geschehen:

> Weihrauch, ihr Priester, gebt in die Flammen des Friedensaltars, hat
> Wein die Stirn besprengt, falle das Opfertier.
> Ewig währe das Haus und der Friede, den es verbürgt. Die
> Götter bittet fromm, gnädig erhören sie euch.
>
> (Fasten, 1, VV. 719–722).

Das Prozessionsthema erinnert an den Fries des Parthenontempels in Athen und auf die enge Verflechtung der römischen Kultur und Religion mit der griechischen.

Die Marmorplatten im unteren Feld der Umfassungsmauer sind mit einem üppigen Rankendekor geschmückt, der vielleicht an das mythische und von Augustus wiederbelebte goldene Zeitalter erinnern sollte.

Auf einem kleinen Fries im Innern des Altars sind Reliefs weiblicher Figuren zu sehen. Ihre unterschiedlichen Trachten weisen sie als Personifikationen von Völkern aus, die Augustus dem Reich eingegliedert hat.

Die Namen der Künstler sind unbekannt.

Als im Verlauf des ersten Jahrhunderts Kaiser wie Nero (54–68) und Domitian (81–96) die Herrschaft wie Despoten ausübten, sollte sich zeigen, dass der Frieden im Innern teuer erkauft war. Tacitus (ca. 55 – ca. 120 n.Chr.) formuliert es so:

> Wie die alte Zeit gesehen hat, was äußerste Freiheit bedeutet, so haben wir gesehen, was äußerste Knechtschaft bedeutet.
>
> (Agricola, 2,3).

Der 2006 eröffnete, von dem amerikanischen Architekten Richard Meier konzipierte Schutzbau des Altars steht nicht dort, wo einst der Altar eingeweiht worden war.

Das Tieropfer: Die Eingeweide für die Götter, das Fleisch für die Menschen

Ein Opfer konnte jeder darbringen, es bedurfte dazu keines Priesters. Nicht jedes Opfer war blutig. Nahrungsmittel wie Wein, Honig und Früchte waren den Göttern auch willkommen. Bauern opferten ihre Erstlingsgaben. Als Opfertiere dienten hauptsächlich Schweine, Schafe und Stiere. Sie mussten makellos sein. Sie wurden geschmückt, bevor sie zum Altar geführt wurden. Wichtig war, dass sie sich willig führen ließen.

Das öffentliche Opfer wurde in der Regel von einem Priester vollzogen. Ein Flötenspieler begleitete die Zeremonie. Der Gemeinde wurde Schweigen geboten: *favete linguis*. Der Opfernde verhüllte sein Haupt mit der Toga. Nachdem er ein rituelles Gebet gesprochen hatte, wurden Wein und gesalzenes Dinkelmehl über das Tier geschüttet. Bevor das Tier getötet wurde, hat man es betäubt. Sein Blut spritzte auf den Altar. Die Untersuchung der Eingeweide gab darüber Auskunft, ob das Tier als Opfer geeignet war. Wenn nicht, musste die Zeremonie wiederholt werden. Die Eingeweide, Leber, Galle, Lunge und Herz, wurden im Altarfeuer verbrannt, ein Geschenk für die Götter. Das übrige Fleisch wurde zubereitet und von der Opfergemeinde verzehrt oder auf dem Markt verkauft.

Für die Christen stellte sich die Frage, ob sie das Fleisch eines heidnischen Opfertieres essen durften. Der Apostel Paulus (1. Jh. n.Chr.) hat sich dieses Problems in dem 1. Brief an die Korinther angenommen. (10, V. 23–11, V.1).

11. Kapitel

Wahlkampfstrategien

Des Quintus Cicero Empfehlungen für seinen Bruder Marcus: Das Marsfeld

Das dem Gott Mars geweihte Marsfeld umfasste den Raum westlich der modernen Via del Corso bis zu dem Tiberknick. Das Militär nutzte es als Übungsplatz, und alljährlich im Sommer versammelten sich die Bürger auf dem Platz in Centuriatscomitien zur Wahl der Prätoren, Konsuln und – in jedem 5. Jahr – Zensoren. In der Zeit der ausgehenden Republik und in den beiden ersten Jahrhunderten der Kaiserzeit entstanden auf dem Gelände eine Reihe repräsentativer Gebäude: die Theater des Pompeius und des Marcellus im Süden, das Pantheon und das Stadion Domitians in der Mitte, die Ara Pacis, die Sonnenuhr und das Mausoleum des Augustus im Norden.

Die Centuriatscomitien waren aus der Heeresversammlung hervorgegangen und daher aus dem durch die Stadtmauern eingegrenzten Bezirk verbannt. Jede der 193 Centurien hatte eine Stimme. Da aber die beiden ersten Stände über 98 Stimmen verfügten und jeweils zuerst aufgerufen wurden, konnte der Wahlvorgang abgebrochen werden, sobald die Stimmen der 98 Centurien ein eindeutiges Ergebnis erbrachten. War das nicht der Fall, wurden 20 Centurien des zweiten Standes aufgerufen und so fort. So einflussreich die Nobilität war, sie musste sich der Wahl stellen, aber sie tat gut daran, das Wahlverhalten nicht dem Zufall zu überlassen.

Wohl dem, der, wenn er sich um ein Amt bewarb, einen guten Berater an seiner Seite hatte. Marcus Tullius Cicero hatte das Glück, als er sich 64 um das Konsulat des Jahres 63 bewarb. Er war einer von sieben Kandidaten. Bewerber hießen Kandidaten, weil sie eine weiße (*candidus*) Toga trugen. Einer der Konkurrenten Ciceros war der aus einer adligen Familie stammende Lucius Sergius Catilina. Cicero war ein *homo novus*, ein Neuling, der sich als erster aus seiner Familie um das höchste Amt im Staat bewarb. Man musste die Honoratioren gewinnen, um vom Volk gewählt zu werden. Cicero wurde gewählt. In seinem Konsulatsjahr musste er die Verschwörung seines adligen Mitbewerbers Catilina niederschlagen. (vgl. 3.7 die Catilinarische Verschwörung).

Sein Berater war sein vier Jahre jüngerer Bruder Quintus (102–43 v.Chr.). Er hat später, 62, mit Caesar zusammen die Prätur bekleidet und unter dessen Kommando an der Eroberung Galliens teilgenommen.

Seine Ratschläge hat er in einem *commentariolum petitionis consulatus, Notizen zur Bewerbung um das Konsulat*, niedergelegt. Manche seiner Ratschläge dürften wohl auch für heutige Bewerberinnen und Bewerber nützlich sein, wenn sie auch nicht in jedem Fall empfehlenswert sind.

Es gibt Zweifel, ob Quintus Cicero tatsächlich der Verfasser der Schrift ist.

> Quintus grüßt seinen Bruder Marcus.
> Bedenke, was das für eine Bürgerschaft ist, um welches Amt du dich bewirbst, wer du bist. Künftig musst du dich nahezu täglich, wenn du zum Forum hinabgehst, darauf besinnen: Ich bin ein „homo novus", ich bewerbe mich um das Konsulat. Das ist Rom.
>
> Dem Nachteil des homo novus wirst du am ehesten durch deinen Ruhm als Redner begegnen. Da du mit diesem Ruhm startest und dadurch bist, was du bist, sei deshalb auf deine Reden so vorbereitet, als ob in jedem einzelnen Fall ein Urteil über deine Fähigkeit im Ganzen gefällt würde. (§ 2). Sorge dafür, dass dir die Mittel dieser Rhetorik – über die du, wie ich weiß, verfügst – präsent sind. (§ 3).
>
> Sorge durch Mahnung, Bitten und jedes andere wirksame Mittel dafür, dass es für diejenigen, die dir etwas schulden, keine bessere Gelegenheit geben wird, dir Dank abzustatten, und für diejenigen, die dir wohlgesinnt sind, keine bessere Gelegenheit, dich ihnen gegenüber zu verpflichten.
>
> Offensichtlich vermag einem homo novus auch das Wohlwollen der Männer der Nobilität zu nützen, besonders das der ehemaligen Konsuln. Es ist hilfreich, von denen, in deren Rang und Gruppe du aufgenommen werden willst, dieses Ranges und dieser Gruppe für würdig betrachtet zu werden. Man muss sie mit Umsicht um ihre Stimmen bitten, muss Gesandte zu ihnen schicken und sie davon überzeugen, dass wir immer die Position der Optimaten vertreten haben und keineswegs zu den Popularen gehörten. Was wir im Sinn der Popularen gesagt zu haben scheinen, hätten wir nur gesagt, um Cnaeus Pompeius auf unsere Seite zu bringen, um diesen mächtigen Mann dafür zu gewinnen, unseren Wahlkampf zu unterstützen oder wenigstens nicht zu behindern. (§ 4/5).

Es gab in Rom keine Parteien in unserem Sinn. Es gab die Optimaten, d.h., die Besten, die sich auf den Senat, und die Popularen, die sich auf die Macht des Volkes und ihrer Versammlungen stützten. Im Senat saßen mehrheitlich Optimaten. Ein Politiker wie Cicero war gut beraten, sich mit dem popularen Pompeius, einem sehr mächtigen Mann, gut zu stellen, ohne es sich mit den Optimaten zu verderben. Es galt, zu lavieren.

> Da es drei Mittel gibt, durch die das Wohlwollen und Interesse der Menschen am meisten auf diese Wahl gelenkt werden, nämlich Wohltat, Hoffnung und auf Sympathie beruhende Zuneigung,

muss man seine Aufmerksamkeit darauf richten, auf welche Weise man sich jeweils jedes dieser Mittel bedient. (§ 21).

Wenn du auch in erster Linie auf die Hilfe der erworbenen und gefestigten Freundschaften vertrauen musst, so werden doch im Verlauf der Bewerbung viele neue nützliche Freundschaften geschlossen. Der Wahlkampf hat bei allen Unannehmlichkeiten einen Vorteil: Du kannst ohne Ehrverlust mit allen Leuten Freundschaft schließen, mit denen du willst. Würdest du dich zu einer anderen Zeit mit ihnen einlassen, so dass sie mit dir Umgang pflegen, dann würdest du abgeschmackt zu handeln scheinen. Würdest du dich aber im Wahlkampf nicht mit vielen – und zwar in ernsthaftem Bemühen – einlassen, dann würdest du dich als kein guter Bewerber erweisen. (§ 25).

Da wir das Thema „Begleitung" erwähnt haben, rate ich dir, dafür zu sorgen, dass du sie täglich nutzt, und zwar Begleiter jeder Art, jeder Stellung, jedes Alters. Denn aufgrund der bloßen Menge wirst du dir eine Vorstellung davon machen können, welche Kräfte und Fähigkeiten dir auf dem Marsfeld zur Verfügung stehen werden. Man muss drei Gruppen unterscheiden: die dir morgens ihre Aufwartung machen, die dich zum Forum begleiten und deine Anhänger. (§ 34).

Diejenigen, die dir ihre Aufwartung machen, sind meistens Leute aus dem Volk. Sie suchen, wie es heutzutage üblich ist, mehrere Häuser auf. Du musst alles daransetzen, zu zeigen, dass du diesen ihren kleinen Dienst sehr schätzt. Zeige denen, die in dein Haus kommen, dass du sie wahrnimmst. Sage es ihren Freunden, damit sie es ihnen berichten, und sag es ihnen häufig selbst.

Wenn die Menschen mehrere Bewerber aufsuchen und sehen, dass einer von ihnen diesen ihren Dienst besonders hoch schätzt, schließen sie sich oft diesem an und verlassen die anderen und werden allmählich aus solchen, die allen möglichen Leuten dienen, zu eigenen Anhängern, aus „geschminkten" zu verlässlichen Unterstützern. (§ 35).

Die Dienste der Begleiter sind wichtiger als die derer, die dich zu Hause aufsuchen. Folglich zeige ihnen, dass dir ihr Dienst willkommen ist. Gehe, soweit es möglich ist, immer zur selben Zeit zum Forum. Wenn du auf deinem täglichen Weg von einer Menge begleitet wirst, vermehrt das dein Ansehen, dein Prestige. (§ 36).

Die dritte Gruppe ist die Schar deiner ständigen Begleiter: Sorge dafür, dass diejenigen, die das freiwillig tun, erkennen, dass du dich ihrer dank ihrer so großen Freundlichkeit für alle Zeit verpflichtet fühlst. Von denen, die in deiner Schuld stehen, verlange diese Dienstleistung. Wer nicht zu alt ist und keine Verpflichtung hat, soll dir regelmäßig Gefolgschaft leisten; wer es nicht kann, soll seine Verwandten zu diesem Dienst verpflichten. Ich wünsche sehr, dass du stets von einer Menge begleitet wirst. Ich bin überzeugt, dass das der Sache dienlich ist.

Bei der ersten Gruppe handelt es sich um Klienten, freie Bürger, Männer aus dem Volk, die sich des Beistandes einer einflussreichen Persönlichkeit versichern und als Gegengabe selbst für ihren Herrn (*patronus*) ihre Stimme abgeben und nach Kräften für ihn werben. Man spricht von einer Klientelgesellschaft. Der Zusammenhalt beruht auf gegenseitigen Verpflichtungen. Das Verhältnis derer, die sich einander verpflichtet fühlen, ist von gegenseitigem Vertrauen (*fides*) geprägt.

> Da dieser ganze letzte Teil meiner Schrift sich mit der eifrigen Unterstützung der Freunde befasst hat, darf ich es nicht unterlassen, auf das hinzuweisen, vor dem man sich in dieser Sache hüten muss: Alles ist voll von Betrug, Heimtücke, Unredlichkeit. Es ist jetzt nicht die Zeit zu einer ausführlichen Auseinandersetzung darüber, wie ein Gutgesinnter von einem Heuchler unterschieden werden kann. Jetzt ist nur Zeit für eine Ermahnung. Deine so große moralische Integrität hat dieselben Menschen gezwungen, sowohl vorzugeben, deine Freunde zu sein, als auch Neid dir gegenüber zu empfinden. Erinnere dich deswegen an jenen bekannten Ausspruch des Epicharm, nicht ungeprüft zu vertrauen, das sei Sehne und Gelenk der Weisheit. (§ 39).

Epicharm war ein griechischer Komödiendichter des 5. Jahrhunderts v.Chr.

> Während du dich der Unterstützung deiner Freunde versicherst, verschaffe dir auch Klarheit über die Handlungsweisen deiner Widersacher und Gegner. Es gibt drei Arten: die du verletzt hast, die dich ohne Grund nicht mögen, die sehr befreundet mit deinen Mitbewerbern sind. (§ 40).
>
> Da nun darüber, wie man sich der Freunde versichert, genug gesagt ist, muss jetzt über den zweiten Teil der Bewerbung gesprochen werden, über den Umgang mit dem Volk. Er verlangt die Kenntnis von Namen, Schmeichelei, Ausdauer, Freigebigkeit, einen Bekanntheitsgrad, eine Inszenierung, Hoffnung, die auf den Staat gesetzt wird. (§41).
>
> Schmeichelei ist in hohem Maß erforderlich. Mag sie auch sonst im Leben fehlerhaft und schimpflich sein, im Bewerbungsverfahren ist sie unumgänglich. (§ 41).
>
> Schließlich sorge dafür, dass dein ganzer Wahlkampf prunkvoll ist, glänzend, prächtig, volksnah, dass er bestens inszeniert ist und höchste Aufmerksamkeit erregt, dass ein möglicher guter Ruf deiner Mitbewerber beschädigt wird durch zu ihrem Charakter passende Geschichten von Verbrechen, sexuellen Ausschweifungen, Bestechungen. (§ 52).

12. Kapitel

Der Umgang mit den Toten

Grabmäler und Katakomben

Beiderseits der aus der Stadt hinausführenden Straßen haben die Römer ihre Toten begraben, stets jenseits der Stadtmauern. Cicero überliefert, dass schon das Zwölftafelgesetz (ca. 450 v.Chr.) eine entsprechende Bestimmung enthalten habe:

> Ein Toter darf in der Stadt weder begraben noch verbrannt werden.
> (De legibus, 2,23,58).

Das galt natürlich nicht für die Kaiser und auch nicht für Julia, die Tochter Caesars.

Warum scheute man sich davor, Tote in der Stadt zu begraben? War es die Furcht vor einer Befleckung, die Tote verursachen? Auch jüdische Friedhöfe wurden möglichst außerhalb von Siedlungen angelegt. Die Gräber wurden sogar alljährlich im Frühjahr geweißt, damit sich niemand dadurch verunreinigt, dass er versehentlich auf ein Grab tritt. (Matthäus, 23, V.37).

So mag die Sitte entstanden sein. Mehr und mehr trat ein anderes Anliegen in den Vordergrund. Man erkannte, dass Gräber an den frequentierten Ausfallstraßen viel besser zur Geltung kamen, als es in einem begrenzten Bereich in der Stadt der Fall wäre. Mit aufwändigen Monumenten konnte man den Ruhm des Verstorbenen und seines Geschlechtes mehren. Daher bemühte sich jedes Geschlecht um einen Begräbnisplatz in möglichst guter Lage.

Die Stätten dienten auch dem Totenkult. Hier trafen sich die Hinterbliebenen zur Totenfeier, hier kamen sie den Verpflichtungen gegenüber dem Toten nach. Sie zollten ihm die ihm gebührende Ehre und bewahrten sein Andenken. Es war üblich, jährlich eine Totenfeier zu veranstalten.

Den besten Eindruck einer mit Grabbauten gesäumten Straße erhält der heutige Besucher auf der Via Appia. Sie verdankt ihren Namen dem Censor Appius Claudius Caecus, der sie im Jahr 312 v.Chr. bauen ließ. In Rom beginnend, endete sie nach mehrfachen Verlängerungen schließlich nach 550 km in Brundisium (Brindisi). Sie war gepflastert, 4 m breit und auf beiden Seiten von einem Fußweg begrenzt. Große Bewunderung spricht aus den folgenden Zeilen, die aus dem 6. Jahrhundert n.Chr. stammen:

> Appius ließ die Bruchsteine zunächst glatt und gleichmäßig zurichten sowie rechteckig behauen, dann wurden sie so dicht gesetzt, dass kein Bindemittel oder dergleichen nötig war. So fest sind die Steine zusammengelegt und verbunden, dass sie beim Betrachter den Eindruck erwecken, nicht miteinander verfugt, sondern verwachsen zu sein. Und obgleich viele Lastwagen schon lange Zeit Tag für Tag darüberfuhren und alle möglichen Lebewesen auf ihnen gingen, haben sich weder die Steine aus ihrer Verfugung irgendwie gelöst, noch ist einer von ihnen zerbrochen oder kleiner geworden, nicht einmal an Glanz büßten sie ein. (Prokop, Bellum Gothicum, 1,14; zitiert bei Wohlmayr, a.a.O., S. 109/110).

Ein eindrucksvolles Grabmal ist das der Caecilia Metella, das in der 2. Hälfte des 1. Jahrhunderts v.Chr. errichtet worden ist. Sie war die Tochter des Konsuls des Jahres 69, der Kreta erobert hatte. Auf einem 8 m hohen rechteckigen Sockel erhebt sich ein 11 m hoher Rundbau, der die Basis für einen kugelförmigen Tumulus bilden sollte. Die Zinnenbekränzung stammt aus der Zeit, als das Grabmal 1303 zu dem Wehrturm einer Burg umgebaut worden ist.

Das Grabmal der Metella

George Gordon Lord Byron (1788–1814) hat, am Grabmal stehend, darüber nachgedacht, wer die Tote wohl war, dass sie ein Palast deckt? Am Schluss wendet er sich seinem eigenen Leben zu und möchte, an dem Efeuwall ruhend, Hoffnung für die Zukunft schöpfen und den Kampf mit dem aufgepeitschten Meer des Schicksals aufnehmen.

Doch zimmerte ich aus geborgnem Gut
mir auch mein rohes Boot, wo sollt' ich landen,
da Heimat, Hoffnung, Glück und Lebenslust mir entschwanden?

Wir zitieren drei von den sieben Strophen:

Ein ernster runder Turm aus alten Tagen,
wie eine Festung stark, umzäunt von Stein,
der eines Heeres Sturm wohl könnt' ertragen,
steht da mit halben Zinnen, ganz allein,
zweitausendjähr'ger Efeu hüllt ihn ein,
der Kranz der Ewigkeit, der, was uns rau
die Zeit zerschellt, umlaubt mit grauem Schein.
Was war der feste Turm? Sein sichrer Bau
birgt welchen Schatz in sich? Grabmal einer Frau.

Wer aber war die edle Tote, dass
sie ein Palast deckt? War sie keusch und schön,
wert, dass ein Fürst, ein Römer sie besaß?
Ließ ein Geschlecht von Helden sie erstehn,
auf Töchter ihre Schönheit übergehn?
Wie lebte, liebt' und starb sie? Ward gegeben
ihr dieses Grabmal, glänzend anzusehn,
dem kein gemeiner Staub sich durft' verweben,
um darzutun ihr mehr als irdisch Los im Leben? ...

Seltsam, o Grab! so stehend neben dir,
wähn' ich, ich hätt' die Tote selbst einmal
gekannt, die alte Zeit geht auf in mir,
nachklingend wie Musik, – mir ist der Schall
verwandelt, feierlich wie trüber Hall
des Donners, der erstirbt im fernen Winde.
Ich möchte ruhn an diesem Efeuwall,
bis für des Geistes Glut ich Formen finde
und Leben in dem Wrack, das vor mir schwimmt, ergründe. ...
(zitiert bei F.P. Waiblinger, Rom, S. 254/55).

So wie der Dichter möchte man die Ruinen der fernen Vergangenheit betrachten, nicht als Relikte einer fernen Vergangenheit, sondern als Erinnerungsorte, Monumente, die noch einen Bezug zu uns, unserem Leben, unserer Zeit haben.

Das Grabmal des Eurysaces

Wir erwähnen noch zwei beachtenswerte Grabmäler, die sich nicht an der Via Appia befinden:

Das Grabmal des Eurysaces liegt hinter der Porta Maggiore. Ein Bäcker hat es 30 v.Chr. für sich und seine Frau erbauen lassen. Die Inschrift lautet:

> Das ist das Monument des Marcus Vergilius Eurysaces, des Bäckers, Unternehmers, Unterbeamten.

Er hat vielleicht das Amt eines städtischen Lieferanten bekleidet. Die Löcher könnten Tröge sein, in denen Brotteig geknetet wurde. Der Fries zeigt den Backvorgang, bei dem der Herr sich darauf beschränkt, die Sklaven zu überwachen. Die Porträtreliefs, die an der Ostseite angefügt waren, befinden sich heute im Kapitolinischen Museum. Vielleicht war es von einer Pyramide gekrönt. Es war damals hoch im Kurs, sich an der ägyptischen Kultur zu orientieren. 31 war Ägypten römische Provinz geworden.

An der Via Ostiensis steht das Grabmal des Caius Cestius Epulo, eine Pyramide, die ebenfalls für die Ägyptenbegeisterung Zeugnis ablegt. Cestius war 43 v.Chr. Prätor, er war außerdem Volkstribun, und er gehörte dem Priesterkollegium der Septemviri epulonum an. Er ist 12 v.Chr. gestorben. Das Grabmal hat er schon zu seinen Lebzeiten zwischen 18 und 12 errichten lassen. Die Pyramide ist ca. 36 m hoch, vor ihr standen vier Säulen, die Statuen trugen.

Nur wer reich war, konnte sich derartig aufwändige Grabbauten leisten. Die ärmeren Leute und die Sklaven wurden in unterirdischen Columbarien bestattet, in Fächern, die wie Taubenschläge (*columba – die Taube*) aussahen.

Die Cestius-Pyramide

Unterirdische Grabstätten waren auch die sog. Katakomben. Der Name (*griech. kymbe – Höhle*) bezeichnete ursprünglich einen Ort, *Ad Catacumbas*, der bei der frühchristlichen Kirche San Sebastiano an der Via Appia lag. Unter der Kirche befanden sich Grabanlagen. Als man im 16. und 17. Jahrhundert weitere Grabanlagen dieser Art entdeckte, verallgemeinerte man die Bezeichnung.

Die Katakomben sind an eben den Ausfallstraßen angelegt worden, an denen sich oberirdisch die bedeutenden Grabbauten befinden. Sie sind 8–12 m tief. Parallele Gänge, die auf mehreren Ebenen verlaufen, sind durch Querwege und Treppen miteinander verbunden. Die Gräber sind in die Wände eingelassen und mit Steinplatten oder Ziegeln verschlossen. Manche sind durch Namen gekennzeichnet.

Die Katakomben sind von Gemeinschaften, insbesondere von den Christen, genutzt worden. Die Christen nannten sie *Coemeteria –Schlafräume*. Sie gaben damit ihrer Überzeugung Ausdruck, dass der Tod ein Schlaf sei, aus dem man auferweckt werde. Christen wollten auch im Tod nicht voneinander getrennt werden, und Raum für die Toten war in Rom knapp. Die Bestattung der Armen finanzierte man aus der Kollekte.

Katakomben waren keine Zufluchtsorte. Die christlichen Gräber stammen aus dem 3.–5. Jahrhundert n.Chr., die meisten aus dem 4. Jahrhundert. Da war das Christentum als Religion schon offiziell anerkannt, es gab keinen Grund mehr, sich zu verstecken. Ein längerer Aufenthalt wäre in den tief gelegenen Gängen ohnehin nicht möglich gewesen.

Man traf sich zu Andachten.

Blick in eine Katakombe

Die Päpste machten die Gräber, in denen auch Märtyrer bestattet waren, bekannt und lockten dadurch Wallfahrer an.

Als man dazu überging, Christen oberirdisch auf Friedhöfen zu begraben, gerieten die Katakomben in Vergessenheit, bis man sie im 16. Jahrhundert wiederentdeckte.

Auch die Heiden kannten Verbände, *collegia*, die sich wie die Christen um eine ordnungsgemäße Bestattung ihrer Mitglieder kümmerten. Auch sie nutzten die Katakomben.

Waren im 5. Jahrhundert v.Chr. noch Erd- und Brandbestattung nebeneinander üblich, gewann die Verbrennung im Lauf der Zeit immer größere Bedeutung. Erst am Ende des 1. Jahrhunderts n.Chr. wurde die Erdbestattung wieder beliebter. Im 3. und 4. Jahrhundert war sie üblich. Die meisten Sarkophage stammen aus dieser Zeit. Im 5. Jahrhundert wurde die Brandbestattung gar nicht mehr praktiziert. Ob der Einfluss des Christentums dabei eine Rolle gespielt hat, weiß man nicht. Christen wurden nie verbrannt.

Für lateinische Inschriften sind die Abkürzungen charakteristisch. Man muss sie kennen, um eine Grabinschrift lesen zu können. Die folgende Inschrift stammt aus dem Anfang des 1. Jahrhunderts n.Chr.:

D M MINUCIAE MARCELLAE	D(IS) M(ANIBUS) MINUCIAE MARCELLAE
FUNDANI F	FUNDANI F(ILIAE)
V A XII M XI D VII	V(IXIT) A(NNOS) XII M(ENSES) XI D(IES) VII

Den Totengöttern der Minucia Marcella, der Tochter des Fundanus.
Sie lebte 12 Jahre, 11 Monate, 7 Tage.
(zitiert bei: L. Schumacher, a.a.O., S. 241/42).

Begräbnisriten

Die Prozession, die Feier auf dem Forum und die Brandbestattung

Starb jemand aus der Nobilität, so versammelten sich die Angehörigen an seinem Sterbelager. War er gestorben, schlossen sie ihm die Augen. Mehrfach riefen sie seinen Namen, um sicher zu sein, dass er nicht etwa nur schlief. Auf seine Zunge wurde eine Münze gelegt, damit er den Fährmann Charon bezahlen könne, der ihn in das Reich der Toten brachte. Von den Leichenbestattern wurde der Tote gewaschen, gesalbt und seiner Stellung und seinem Stand gemäß bekleidet. Er wurde auf einem Paradebett im Atrium seines Hauses aufgebahrt. Die Haustür wurde mit Zypressenzweigen geschmückt als Warnung: Wer eintrat, verunreinigte sich kultisch.

Für den weiteren Verlauf des Begräbnisses folgen wir dem Bericht des griechischen Historikers Polybios (ca. 200 – ca. 120 v.Chr.):

> Wenn einer der angesehenen Männer bei ihnen gestorben ist, so wird er bei der Feier der Bestattung in seinem ganzen Schmuck auf

das Forum zu den sog. Rostra getragen, bald sichtbar in aufrechter Stellung, in seltenen Fällen aber liegend. Wenn nun das ganze Volk ringsherum steht, dann besteigt, wenn ein erwachsener Sohn Hinterbliebener ist und sich gerade in Rom befindet, dieser, wenn nicht, ein anderes Mitglied des Geschlechtes die Rostra und spricht über den Verstorbenen und zählt seine Tugenden und alle Taten auf, in denen er sich in seinem Leben bewährt hat. Indem nun der Redner die einzelnen Fälle, in denen sich der Verstorbene hervorgetan hat, der Menge in Erinnerung ruft und ihr lebhaft vor Augen stellt, werden alle, und zwar nicht bloß diejenigen, die dabei gewesen sind, in solchem Maß von Mitgefühl ergriffen, dass der augenblickliche Trauerfall nicht als ein Verlust der unmittelbar davon betroffenen Familie, sondern des ganzen Volkes erscheint.

Wenn sie ihn dann bestattet und die üblichen Feierlichkeiten verrichtet haben, bringen sie das Bild des Verstorbenen in dem vornehmsten Raum des Hauses unter, wo sie es in einem tempelartigen, geschlossenen Gehäuse verwahren. Das Bild aber ist eine Maske, die sowohl die Gesichtszüge als auch die Farbe in möglichst großer Ähnlichkeit wiedergibt. Diese Masken stellen sie an den Opferfesten, die von Staats wegen begangen werden, zur Schau und umgeben sie mit stattlichem Schmuck; und wenn ein angesehenes Glied der Familie gestorben ist, zeigen sie dessen Maske bei der Bestattung öffentlich, indem sie sie einer Person anlegen, die die größte Ähnlichkeit mit dem Verstorbenen zu haben scheint.

Die Personen, deren Gesicht mit den Masken bedeckt ist, tragen, wenn der betreffende Verstorbene Konsul oder Prätor gewesen ist, Kleider mit einem Purpursaum, wenn er Zensor gewesen ist, sogar purpurne, und wenn er einen Triumph gefeiert oder eine ähnliche Ehre erfahren hat, goldgestickte. Sie selbst nun fahren auf Wagen. Ihnen voraus aber werden Rutenbündel, Beile und sonstige Ehrenzeichen der Ämter getragen, je nach dem Grad der Würde, die jeder während seiner Lebenszeit im Staat erreicht hat.

(6,53; Übers.: nach L. Müller, a.a.O., S. 394).

Die Wachsmasken wurden oft schon zu Lebzeiten abgenommen. Nicht jedem wurde die Ehre zuteil, sondern nur denen, die mindestens das Amt eines Ädils bekleidet hatten. Oft wurden die Masken von Sklaven oder von Schauspielern getragen.

Frauen, die der Bahre folgten, schlugen sich an die Brust, zerfetzten sich die Wangen, lösten ihr Haar und klagten laut.

Alle waren in Schwarz gekleidet. Keiner trug die Insignien seiner Ämter oder seiner Stellung.

Vor den Rostra nahmen die Ahnen auf Elfenbeinstühlen Platz. Jeder konnte an der Feier teilnehmen. Die Grabrede richtete sich an die ganze Bürgerschaft.

Nach der Grabrede begab sich die Trauergemeinde zu dem Begräbnisplatz. War der Tote mit den Gegenständen, die ihm im Leben lieb waren, verbrannt oder bestattet, traf man sich zum Leichenschmaus. Mit den Beigaben wollte man nicht etwa für das Leben des Toten im Jenseits sorgen, sondern man wollte ihn besänftigen und befrieden und sich selbst vor seiner Rückkehr in das Leben bewahren.

Die Trauerzeit dauerte acht Tage. Am neunten Tag wurde ein Totenopfer dargebracht, danach wurde die Trauerkleidung abgelegt.

Der römischen Religion war der Glaube an eine jenseitig-glückliche Welt fremd. In der Philosophie der Stoa und der Epikureer war das nicht anders. Die Mysterienreligionen haben in den Menschen die Hoffnung auf ein glückliches Leben im Jenseits erweckt. Daher waren sie sehr beliebt. Es war nichts Ungewöhnliches, sich in mehrere Mysterien einweihen zu lassen.

Aber erst das Christentum hat es mit seiner Lehre von der Auferstehung Christi vermocht, den Gläubigen die Überzeugung zu vermitteln, dass der Tod seinen Stachel verloren habe und endgültig besiegt sei.

13. Kapitel

Das Mithräum unter der Basilika San Clemente in Laterano

San Clemente

Der Raum

Die Basilika San Clemente in Laterano liegt östlich des Kolosseums, nur ein paar Schritte von ihm entfernt. Sie ist dem Märtyrer Clemens I. geweiht, der 88–97 n.Chr. Bischof von Rom war. Abgesehen davon, dass die zwischen 1108 und 1128 errichtete, mit bedeutenden Mosaiken geschmückte Kirche äußerst sehenswert ist, verfügt sie noch über eine weitere Besonderheit: Man steigt hinab in eine im 4. Jahrhundert n.Chr. (um 384) erbaute frühchristliche Basilika. Als sie durch den Normanneneinfall 1098 stark zerstört worden war, hat man die Ruine so weit verfüllt, dass man auf dem Fundament die Oberkirche errichten konnte.

Das Mithräum

Damit nicht genug: Geht man noch ein Stück weiter hinab, stößt man auf Gebäudereste, die aus der Antike stammen. Zu ihnen gehört ein Mithräum. Es liegt außerhalb der Grundfläche der Oberkirche, ca. 20 m unter ihrem Niveau. In dem Kultraum aus der Mitte des 3. Jahrhunderts n.Chr. (ca. 240) sind noch bis zum Verbot der heidnischen Religionen 391 rituelle Handlungen vollzogen worden.

In der Mitte eines langgestreckten rechteckigen Raumes befand sich der Altar. Licht fiel durch sieben die Planeten symbolisierende Öffnungen in der Decke ein.

Der Kult hat seinen Ursprung vermutlich in Rom. Es hat sehr viele Mithräen in Rom gegeben. Man zählt ca. 800. Auch die zwischen 468 und 483 erbaute Basilika Santo Stefano Rotondo im Osten der Altstadt ist über einem Mithräum errichtet worden, das in das 2. Jahrhundert n.Chr. datiert wird. Es gehörte zu einer Kaserne. Da nicht alle Kulträume gleichzeitig genutzt wurden, kann man keine Rückschlüsse auf die Zahl der Anhänger ziehen.

Der Kult

Es gibt so gut wie keine schriftlichen Dokumente über die Mithras-Religion; man ist auf die Interpretation der archäologischen Funde angewiesen. Deren Deutung ist in vieler Hinsicht kontrovers.

Der Kult begann, sich wie das Christentum im 1. Jahrhundert n.Chr. im römischen Reich zu verbreiten, und zwar nahezu ausschließlich im Westen, am Rhein und an der Donau. Die Römer haben ihn mit Mithras in Verbindung gebracht, einer Gottheit, die im 2. Jahrtausend v.Chr. im Iran bezeugt ist. Tatsächlich gab es diese historische Verbindung nicht. Es handelte sich um einen neuen Kult, der fast gleichzeitig an verschiedenen Orten auftauchte. Händler, Soldaten und Verwaltungsbeamte, die von einer Provinz in eine andere versetzt wurden, brachten ihn mit und gründeten, falls erforderlich, neue Kultstätten. Es wurden nur Männer zugelassen, diese aber unabhängig von Herkunft und Stand, also auch Freigelassene und Sklaven, sofern sie die Kosten aufbringen konnten.

Die Heiligtümer waren oft in die Untergeschosse privater und öffentlicher Gebäude integriert. Sie wiesen gegenüber den heidnischen Tempeln zwei Besonderheiten auf, die sie mit den christlichen Kirchen gemeinsam hatten:

Die Gemeinde versammelte sich in einem Raum, in dem außer dem Kultbild auch der Altar stand. Er war mit Klinen an den Wänden wie ein Bankettraum gestaltet, er war im Gegensatz zum heidnischen Kult Wohnung des Gottes und Kultraum zugleich. Der Gottesdienst fand im Angesicht des Kultbildes und des Altars statt.

Etwa 30 Personen fanden Platz. Wuchs die Zahl der Gemeindemitglieder über dieses Limit hinaus, gründete man ein neues Mithräum. Jeder sollte jeden kennen. Die Bildung einer stabilen Gemeinde war ein wichtiges Anliegen. Der Kultraum war außen einfach, im Innern aufwändig gestaltet. Die Wände waren bunt bemalt. Derartige Gemeinden kannte das Heidentum nicht.

Im Unterschied zum Christentum gab es keine überörtlichen Zusammenschlüsse und Ämter.

Das Kultbild stellte die Tötung eines Stieres durch den Gott Mithras dar. Dieser Akt verband den Kult mit dem in der römischen Religion üblichen Stieropfer, im Mithräum wurden aber derartige Opfer nicht vollzogen. Die Bedeutung des Vorgangs muss man aus der Darstellung erschließen. Es gibt zahlreiche Interpretationen mit sehr unterschiedlichen Ergebnissen, je nachdem, ob sie von Religionswissenschaftlern, Kosmologen oder Philosophen stammen. Wir beschränken uns daher nur auf einige Hinweise:

Aus dem Schwanz des sterbenden Tieres wächst Korn, sein Samen befruchtet die Erde, der Tod gebiert neues Leben.

Der Hintergrund ist häufig mit Sternen übersät: Mithras wird als Kosmokrator verehrt.

Mithras

An seinen beiden Seiten stehen Gestalten mit erhobener bzw. gesenkter Fackel; sie symbolisieren die aufgehende und die untergehende Sonne, Tag und Nacht, Werden und Vergehen, Abstieg der Seele in die Welt und Erlösung aus der Welt.

Das Kultbild war drehbar. Auf der Rückseite ist Mithras dargestellt, wie er mit dem Sonnengott Sol kämpft und ihn besiegt; er erweist sich als der wahre Sol invictus, der unbesiegbare Sonnengott. Dann versöhnen sich die beiden Götter, sie reichen sich über einem Altar die Hände und bekräftigen die kosmische Eintracht und Freundschaft. Auf dem Fell des getöteten Stieres liegend, zelebrieren sie das Kultmahl. Sie feiern den Sieg. Anschließend steigt Mithras in einen Wagen und fährt auf in den Himmel.

Die Gemeinde ahmte das göttliche Kultmahl nach, sie identifizierte sich mit dem Helden. Das Kultbild repräsentierte die Anwesenheit des Gottes. Er war nahe, er war der Gastgeber.

Der Gemeinderaum symbolisierte sowohl den Kosmos als auch die Höhle oder Grotte, in der Mithras den Stier getötet hat.

Dem Gläubigen wurden mit diesem Ritus nicht nur Sieg und Erfolg im Leben verheißen, sondern auch die Hoffnung, dereinst selbst in den Himmel aufsteigen zu dürfen. Man erwartete von ihnen ein moralisch untadeliges Leben. Eine derartige Forderung gab es in der römischen Religion nicht.

Durch Beleuchtungseffekte wechselten Licht und Dunkelheit, wurden Ordnung und Chaos symbolisiert. Auf dem Altar wurde Weihrauch verbrannt, sodass eine dem Alltag enthobene, feierliche Atmosphäre entstand.

Es gab sieben Weihegrade und Mutproben, die beim Übergang von einem in den nächsthöheren Grad zu bestehen waren. Wer den höchsten Grad erreicht hatte, durfte sich wie neugeboren fühlten.

Was bot der Mithraskult seinen Anhängern? Die Menschen fühlten sich in einer zahlenmäßig überschaubaren Gemeinde mit festen Strukturen und Riten geborgen, sie wurden unabhängig von Herkunft und sozialer Stellung angenommen, sie spürten in der Kultfeier die Nähe der Gottheit und durften auf seine Hilfe im Diesseits und auf eine Wiedergeburt im Jenseits hoffen.

Eine Konkurrenz für das Christentum war der Kult auf die Dauer nicht: Er war nur auf bestimmte Gebiete des Reiches beschränkt und nur Männern zugänglich. Er war besonders bei Soldaten beliebt, einem Personenkreis, der in den christlichen Gemeinden keine Rolle spielte.

Die Christen verachteten die Religion als eine plumpe Nachahmung.

Für den römischen Staat stellte er keine Bedrohung dar. Die Anhänger genügten allen Anforderungen, die an sie gestellt wurden, politisch gesellschaftlich und religiös. Es waren sogar einige Kaiser eingeweiht.

391 wurde der Kult verboten.

14. Kapitel

„Die Griechen fürchte ich – doppelt, wenn sie schenken.“: Der Laokoon im Vatikanischen Museum

Das Kunstwerk

Die Laokoongruppe gehörte zu den bedeutendsten und bemerkenswertesten Kunstwerken der Antike, bemerkenswert, weil sie der Wissenschaft bis heute noch immer Rätsel aufgibt.

Die Lakoon-Gruppe

Als sie am 15. Januar 1506 entdeckt wurde, löste sie eine Welle der Begeisterung aus. Papst Julius II. eignete sie sich an und ließ sie im Belvedere des Vatikans aufstellen. Den Finder entschädigte er.

Man war sich sicher, das Werk gefunden zu haben, das Plinius der Ältere (23/24–79 n.Chr.) im Palast des Kaisers Titus gesehen hatte und dem er in seiner Naturgeschichte höchstes Lob zollt: Es sei allen Laokoongruppen der Malerei und Bronzeplastik vorzuziehen. Er schreibt es drei rhodischen Künstlern zu: Hagesandros, Athenadoros und Polydoros. (56,57).

Im 18. Jahrhundert hat man begonnen, sich intensiv mit dem Werk zu beschäftigen: Johann Joachim Winckelmann würdigte es in seinem Buch *Gedanken über die Nachahmung der griechischen Werke in der Malerei und Bildhauerkunst als Kunstwerk* (1756), und Gotthold Ephraim Lessing verglich in seiner Abhandlung *Laokoon oder über die Grenzen der Malerei und Poesie* (1766) die Ausdrucksmöglichkeiten der Kunst mit denen der Literatur.

Als die Wissenschaft sich der Sache annahm, traten andere Fragen in den Vordergrund: Wann ist das Werk entstanden?

Die Antworten reichen von der Zeit der späten Republik, der Epoche des Augustus und des Tiberius bis in die Regierungszeit Domitians (81 – 96 n. Chr.).

Handelt es sich um ein Original oder um eine Kopie?

Die herrschende Meinung tendiert zu der Auffassung, dass es eine Marmorkopie ist, die nach einem Bronzewerk geschaffen worden ist, das um 140 v. Chr. in Pergamon entstanden ist.

Wie verhält sich das Kunstwerk zu der berühmten Schilderung, die wir im 2. Buch der Aeneis Vergils (70-19 v. Chr.) lesen?

Bevor wir die letzte Frage beantworten, wollen wir uns dem Dichter zuwenden.

Vergils Aeneis

Aeneas, der einer Nebenlinie des in Troja herrschenden Königsgeschlechtes entstammte, hatte die Trojaner in der Verteidigung ihrer Stadt gegen die Griechen unterstützt. Als Troja erobert und zerstört wurde, konnte er fliehen. Auf seiner Irrfahrt, die schließlich nach dem Willen des Jupiter in Latium enden sollte, landete er in Libyen an der afrikanischen Küste. Die junge phönizische Königin Dido, die sich anschickte, eine Stadt zu gründen, Karthago, nahm ihn gastlich auf. Bei einem abendlichen Gastmahl bat sie ihn, ihr von Trojas Untergang zu berichten.

Aeneas erzählt, wie die Griechen, des langen Krieges überdrüssig, schließlich auf eine List verfielen: Sie zimmerten ein riesiges Pferd, in dessen Bauch sie bewaffnete Krieger versteckten, stellten es vor die Stadtmauer und brachen auf – aber nicht, um in die Heimat zurückzukehren, sondern um sich auf der nahegelegenen Insel Tenedos auf die Lauer zu legen. Die Trojaner stürmten glücklich, endlich befreit zu sein, aus der Stadt. Sie bestaunten das Pferd und überlegten, ob sie es in die Stadt ziehen oder zerstören sollten. Während sie noch zögerten, kam Laokoon, Neptuns Priester, von der Höhe der Burg herabgelaufen und warnte:

> Was es auch sei, ich fürchte die Danaer, selbst wenn sie schenken.
> (Aeneis, 2, V. 49).

Er schlug seine Lanze in den Bauch des Tieres, dessen hohles Gewölbe ächzte.

Jetzt schleppten Hirten einen jungen Mann heran, Sinon, den die Griechen listig zurückgelassen hatten. Er erklärte, das Pferd sei eine Gabe für die Göttin Minerva, die Sühne für eine Verfehlung, und es sprenge in seiner Größe jedes Maß, damit es die Trojaner nicht in ihre Stadt bringen könnten. Wenn sie es täten, brächte es ihnen Macht und in der Zukunft auch die Herrschaft über Griechenland. Zerstörung aber bedeute Unheil. Die Trojaner glaubten dem hinterlistigen Betrug des Sinon.

Friedrich Schiller hat Vergils 2. Buch 1791 in gereimten Stanzen, d.h. achtzeiligen Strophen, ins Deutsche übertragen. Statt des Hexameters des Originals verwendet er Jamben. Sein Text ist mehr als eine Übertragung, er ist eine Neuschöpfung:

> Jetzt aber stellt sich den entsetzten Blicken
> ein unerwartet schrecklich Schauspiel dar.
> Es stand, den Opferfarren zu zerstücken,
> Laokoon am festlichen Altar.
> Da kam (mir bebt' die Zung', es auszudrücken)
> von Tenedos ein grässlich Schlangenpaar,
> den Schweif gerollt in fürchterlichem Bogen,
> dahergeschwommen auf den stillen Wogen.
>
> Die Brüste steigen aus dem Wellenbade,
> hoch aus den Wassern steigt der Kämme blut'ge Glut,
> und nachgeschleift in ungeheurem Rade
> netzt sich der lange Rücken in der Flut;
> lautrauschend schäumt es unter ihrem Pfade,
> im blut'gen Auge flammt des Hungers Wut,
> am Rachen wetzen zischend sich die Zungen:
> So kommen sie ans Land gesprungen.
>
> Der bloße Anblick bleicht schon alle Wangen,
> und auseinander flieht die furchtentseelte Schar;
> der pfeilgerade Schuss der Schlangen
> erwählt sich nur den Priester am Altar.
> Der Knaben zitternd Paar sieht man sie schnell umwinden,

den ersten Hunger stillt der Söhne Blut;
der Unglückseligen Gebeine schwinden
dahin von ihres Bisses Wut.

Zum Beistand schwingt der Vater sein Geschoss;
doch in dem Augenblick ergreifen
die Ungeheu'r ihn selbst, er steht bewegungslos,
geklemmt von ihres Leibes Reifen;
zwei Ringe sieht man sie um seinen Hals und noch
zwei andre schnell um Brust und Hüfte stricken,
und furchtbar überragen sie ihn doch
mit ihren hohen Hälsen und Genicken.

Der Knoten furchtbares Gewinde
gewaltsam zu zerreißen, strengt
der Arme Kraft sich an; des Geifers Schaum besprengt
und schwarzes Gift die priesterliche Binde.
Des Schmerzes Höllenqual durchdringt
der Wolken Schoß mit berstendem Geheule:
So brüllt der Stier, wenn er, gefehlt vom Beile
und blutend, dem Altar entspringt.

Die Drachen bringt ein blitzgeschwinder Schuss
Zum Heiligtum der furchtbarn Tritonide;
dort legen sie sich zu der Göttin Fuß,
beschirmt vom weiten Umkreis der Aegide.
Entsetzen bleibt in jeder Brust zurück,
gerechte Büßung heißt Laokoons Geschick,
der frech und kühn das Heilige und Hehre
verletzt mit frevelhaftem Speere.

„Zum Tempel", ruft das Volk, „mit dem geweihten Bilde!
Und flehet an der Göttin Milde!"
Sogleich strengt jeder Arm sich an,
die Mauer wird zerteilt, die Stadt ist aufgetan,
und auf der Walze künstlichen Wogen
rollt es dahin, von Strängen fortgezogen;
verderbenträchtig, schwanger mit dem Blitz
der Waffen, rollt's in Priams Königssitz.

Das Kunstwerk und die Dichtung

Wir überlassen es dem Leser und Betrachter, das Kunstwerk und die Dichtung zueinander in Beziehung zu setzen. Folgende Fragen werden diskutiert:

Schreit der Laokoon des Kunstwerks wie der Laokoon der Dichtung, oder leidet er verhalten, wie es Winckelmann glaubte und Lessing übernahm? Gibt der bildende Künstler der Hoffnung Raum, dass es einem der Söhne gelingen wird, sich zu befreien?

Die Fragen mag man unterschiedlich beantworten, aber das ist beiden Werken gemeinsam: Laokoon ist das Opfer, das den Untergang Trojas vorwegnimmt.

Die Laokoongruppe ist nicht unzerstört geborgen worden. Sie hat sich im Lauf der Jahrhunderte bis in unsere jüngste Zeit manche Veränderung und Ergänzung gefallen lassen müssen. So wird sie die Wissenschaft sicher noch lange beschäftigen. Doch die Überzeugung, dass wir es mit einem bedeutenden Kunstwerk und in Vergils Aeneis mit einer ebenso bedeutenden Dichtung zu tun haben, wird Bestand haben.

15. Kapitel

Monnika und ihr Sohn Augustinus: Abschied in Ostia

Ostia antica

Glaubt man Livius (1,33,9), so hat schon der vierte etruskische König, Ancus Marcius, ca. 620 v.Chr. Ostia (zu lateinisch *ostium – Mündung*) gegründet.

Der älteste archäologische Ausgrabungsbefund verweist allerdings auf die 2. Hälfte des 4. Jahrhunderts v.Chr. Der erste Beleg für einen Warentransport von der Tibermündung nach Rom stammt aus dem 3. Jahrhundert v.Chr. 87 v.Chr. wird die Stadt von Marius geplündert, Sulla veranlasst den Bau einer neuen Stadtmauer, die nun ein erheblich größeres Gebiet umfasst als vorher.

Nicht nur in Rom, sondern auch in Ostia hat Augustus eine große Bautätigkeit entfaltet, und Ostia blieb auch noch Wohnstadt, als in unmittelbarer Nähe unter Nero 64 n.Chr. ein neuer, besser windgeschützter Hafen eingeweiht wurde. Er wurde später noch erweitert und erhielt den Namen *Portus Ostiensis Augusti*.

Im 2. Jahrhundert n.Chr. erlebte Ostia, obwohl der Hafen mehr und mehr verlandete, eine große Blütezeit. Die meisten heute noch sichtbaren Ruinen stammen aus dieser Zeit.

Man schätzt die Einwohnerzahl auf 50–60 000.

Es entstanden mehrstöckige Mietshäuser. Indem man sie jeweils um einen Innenhof gruppierte, schuf man sogenannte *insulae*. Im Erdgeschoss wurden Läden, Werkstätten, Geschäftsräume untergebracht. Das Zwischengeschoss beherbergte Büros oder diente als Warenlager, darüber wohnten die Menschen.

Appartementhäuser mit oder ohne Garten wurden nach einheitlichem Bauplan und jeweils gleicher Innenausstattung errichtet. Wurden sie vermietet, verkauft? War ein Privatmann oder war die Kommune der Bauherr? Uns fehlen die Quellen.

Noch aufwändigere Häuser hatten bis zu 12.000 m^2 Grundfläche und glichen Palästen.

Es gab ein Theater, mehrere Thermen, viele Tempel und Mithräen, auch eine Synagoge.

Die auf Lastschiffen ankommenden Waren, insbesondere Getreide aus Ägypten, wurden auf kleinere Schiffe umgeladen und flussaufwärts getreidelt. Man brauchte drei Tage für die Strecke von ca. 25 km.

Unter Konstantin (307–337 n.Chr.) wurden Portus und Ostia zu *Portus Romae* vereint.

Der Ort verlor seine Bedeutung, je mehr die Tibermündung versandete, versumpfte und unbewohnbar wurde. Um 800 wurde der Ort verlassen.

Bisher sind etwa erst zwei Drittel der gesamten Fläche ausgegraben.

Der Kirchenvater Augustinus

Monnikas letztes Gespräch mit ihrem Sohn, ihr Tod

Im Jahre 387 mussten der Kirchenvater Augustinus (354–430) und seine Mutter Monnika auf der Heimreise von Italien nach Nordafrika wegen eines Unwetters in Ostia Station machen. Sie nahmen im Haus eines Freundes Quartier. Es sollten Monnikas letzte Tage sein. Sie war 56 Jahre alt. Von dem letzten Gespräch, das sie mit ihrem Sohn führte, und von ihrem Tod berichtet Augustinus in den *Confessiones – Bekenntnissen*. Sie richten sich in der Form eines Gebetes an Gott. Außer Augustin waren sein Bruder und sein Sohn Adeodatus (*der von Gott Geschenkte*) anwesend.

> Als der Tag nahte, an dem sie aus dem Leben scheiden sollte – er war nur dir bekannt, nicht uns –, da geschah es durch dein geheimes Wirken, dass wir, die Mutter und ich, allein an ein Fenster gelehnt standen, das eine Aussicht auf den Garten des Hauses bot, in dem wir wohnten. Dort in Ostia am Tiber war es, wo wir uns in stiller Zurückgezogenheit nach den Beschwerden einer langen Reise zum Einschiffen vorbereiteten. Es war ein trautes Gespräch, wir vergaßen das Vergangene und streckten uns nach dem, was vor uns lag, und forschten miteinander und fragten nach dem zukünftigen Leben deiner Heiligen, das kein Auge je geschaut und kein Ohr je gehört hat und das in keines Menschen Herz gedrungen ist. Die Wahrheit, die du bist, war bei uns. Sehnsuchtsvoll öffneten wir unseren inneren Mund des Herzens für dein Quellwasser von oben, die Quelle des Lebens, die bei dir ist, damit wir, nach unserem Fassungsvermögen, von ihr besprengt, solch einen erhabenen Gegenstand irgendwie in Gedanken erfassen könnten.
>
> Als nun unsere Rede dahin gelangte, dass auch die größten sinnlichen Genüsse, wie sie das leibliche Auge zu schauen vermag, mit der Freude jenes Lebens keines Vergleichs, geschweige denn der Erwähnung wert schienen, erhoben wir uns in glühender Sehnsucht zu jenem Leben und durchwanderten im Geist stufenweise alles Sinnliche, ja, selbst den Himmel, von dem aus Sonne, Mond und Sterne die Erde beleuchten. Dann drängten wir weiter empor und bedachten, besprachen und bewunderten deine Werke und kamen zu unserem Geist, und auch über ihn schritten wir hinaus, um das Gebet unvergänglicher Fülle zu erreichen, wo du ewig mit der Nahrung der Wahrheit weidest und Weisheit das Leben ist, durch das alles entsteht, Vergangenes und Zukünftiges. Die Weisheit selbst aber wird nicht, sie ist, wie sie war, und wird immer so sein; besser: Vergangenheit und Zukunft sind nicht in ihr, sondern in ihr allein ist das Sein, weil sie ewig ist; aber Gewesen-sein und Sein-werden sind nicht ewig.
>
> Und während wir so reden und uns nach ihr sehnen, da berühren wir sie ein wenig mit dem ganzen Schlag des Herzens, seufzen und lassen dort die Erstlinge unseres Geistes gebunden zurück und wenden uns wieder zum Laut unseres Mundes, wo das Wort beginnt und endet. Und was gleicht deinem Wort, unserem Herrn, das, ohne zu altern, in sich bleibt und alles erneuert? ...
>
> Solches sprach ich, wenn auch nicht auf diese Weise und mit diesen Worten; so weißt du doch, o Herr, wie sie an diesem Tag, als wir solches besprachen und bei diesen Gesprächen die Welt mit all ihren Lüsten jeden Wert verlor, sagte: „Mir macht auf dieser Welt nichts mehr Freude, mein Sohn. Was ich hier noch soll und warum ich noch hier bin, weiß ich nicht, da meine Hoffnung für diese

Welt verbraucht ist. Eines war es, warum ich noch eine Zeit lang in diesem Leben zu bleiben wünschte, dass ich dich noch als katholischen Christen sehe, bevor ich sterbe. Das hat mein Gott mir überreichlich gewährt, da ich dich jetzt das irdische Glück verachten und Gott dienen sehe. Was soll ich hier noch tun?"

Ich weiß nicht mehr, was ich ihr darauf antwortete, zumal sie fünf Tage danach oder etwas später Fieber bekam und krank wurde. Während ihrer Krankheit wurde sie eines Tages ohnmächtig, und sie verlor auf Augenblicke ihr Bewusstsein. Wir eilten herbei. Ihr Bewusstsein kehrte aber schnell zurück, sie sah mich und meinen Bruder am Bett stehen und sagte zu uns wie jemand, der etwas sucht: „Wo war ich?" Und als sie uns von der Trauer überwältigt sah, fügte sie hinzu: „Ihr werdet eure Mutter hier bestatten." Ich schwieg und kämpfte mit den Tränen. Mein Bruder aber sagte, es sei doch wünschenswert, dass sie nicht hier in der Fremde sterbe, sondern in der Heimat. Als sie dies hörte, blickte sie ihn vorwurfsvoll an, dass er so etwas denke, und wandte sich dann zu mir und sagte: „Sieh, was er sagt." Und darauf zu uns beiden: „Bestattet meinen Leib hier irgendwo, und macht euch deshalb keine Sorge. Nur dieses erbitte ich von euch, dass ihr an dem Altar des Herrn meiner gedenkt, wo ihr auch sein möget." Nachdem sie so ihren Willen, so gut sie konnte, zum Ausdruck gebracht hatte, schwieg sie, und ihre Krankheit nahm an Heftigkeit zu.

Ich dachte über deine Gaben nach, unsichtbarer Gott, die du in die Herzen deiner Gläubigen sendest. Aus ihnen gehen wunderbare Früchte hervor.

Ich freute mich und dankte dir, weil ich mich an das erinnerte, was ich wusste, wie sehr sie immer um ihr Grab besorgt war, das sie sich neben dem Leib ihres Gatten ausersehen und vorbereitet hatte. Denn da sie in großer Eintracht gelebt hatten, wünschte sie (wie denn der Geist der Menschen nicht imstande ist, das Göttliche zu erfassen), es möge dies eine noch zu ihrem Glück hinzukommen und von den Menschen erinnert werden: Es möge ihr nach einer langen Seereise gewährt werden, dass die irdischen Reste der beiden Gatten mit derselben Erde bedeckt werden. Wann aber dieser nichtige Wunsch durch die Fülle deiner Güte begonnen hatte, aus ihrem Herzen zu weichen, das wusste ich nicht. Ich staunte und freute mich, als sie es mir offenbarte, obgleich die Sehnsucht, in der Heimat zu sterben, bereits in jenem Gespräch am Fenster geschwunden war, als sie zu mir sagte: „Was tue ich noch hier?"

Ich hörte nachher von einem Gespräch, dass sie während unseres Aufenthaltes in Ostia mit einigen meiner Freunde in mütterlicher Vertrautheit über die Verachtung des Lebens und das Gut des Todes gesprochen hatte. Ich war nicht dabei. Als jene die seelische Kraft dieser Frau bewunderten, die du ihr geschenkt hattest, und als sie Monnika fragten, ob es für sie nicht schrecklich sei, so weit von der Heimat entfernt begraben zu werden, erwiderte sie: „Für Gott ist es nicht weit, und ich muss keine Angst haben, dass er am Ende der Zeit die Stätte, wo er mich auferwecken soll, nicht kennen wird." So wurde ihre Gott zugewandte und fromme Seele am neunten Tag ihrer Krankheit im 56. Jahr ihres und im 33. Jahr meines Lebens vom Leib erlöst.

Ich drückte ihr die Augen zu, ungeheure Trauer strömte in mein Inneres und wollte sich in Tränen Bahn brechen; aber durch den starken Willen des Geistes drängten die Augen die Tränen zurück, bis sie trocken waren. Ich litt Qualen in diesem Kampf. Aber der junge Adeodatus weinte bei ihrem letzten Atemzug laut auf, und erst, als wir alle ihn zurechtwiesen, schwieg er. So wurde auch mein kindliches Herz, das sich dem Weinen hingeben wollte, durch die männliche Vernunft zurückgehalten und zum Schweigen gebracht. Denn wir hielten es nicht für Recht, den Tod mit Tränen und Seufzen zu beklagen. Denn so wird in der Regel das scheinbare Unglück der Sterbenden und deren völlige Auslöschung beweint.

(9,10–12, mit einer Auslassung).

Monnika wurde zuerst in Ostia bestattet; im 15. Jahrhundert wurde sie nach Rom in die Kirche Sant' Agostino überführt, in der sie noch heute ruht.

Antike und Christentum

Augustin und Platon: Der Aufstieg des Seele

Der Stufenweg, den Mutter und Sohn in Ostia, ans Fenster gelehnt, durchwandern, um über das Sinnliche hinaus zum Geist und von dort zur unvergänglichen Weisheit und Wahrheit zu gelangen, erinnert an die Rede der Priesterin Diotima, die in Platons *Symposion* Sokrates über den Eros belehrt (Platon: 427–347 v.Chr.):

Dies ist die rechte Art, selbst den Weg der Liebe zu gehen oder von einem anderen geführt zu werden, dass man, von diesen schönen Dingen hier ausgehend, um jenes Schönen willen immer höher hinaufsteigt und gleichsam stufenweise von einer schönen Gestalt zu zwei schönen Gestalten und von zwei schönen Gestalten zu allen und von den schönen Gestalten zu den schönen Handlungen und von den schönen Handlungen zu den schönen Erkenntnissen und von den Erkenntnissen schließlich zu jener Erkenntnis gelangt, die die Erkenntnis von nichts anderem ist als die Erkenntnis des Schönen selbst, und dass man schließlich das erkennt, was das Schöne ist. An dieser Stelle des Lebens, lieber Sokrates, sagte die Fremde aus Mantinea, wird das Leben den Menschen, wenn überhaupt irgendwo, erst lebenswert, wenn er das Schöne schaut.

(211 b–d).

Das göttliche Schöne ist ewig und unveränderlich wie die Wahrheit und Weisheit Gottes, zu der Augustinus und Monnika gelangt sind. Es unterscheidet sich als etwas Unvergleichbares von allem Innerweltlichen. Es ist aller Zeitlichkeit und Relativität enthoben. Es ist selbst kein Seiendes, sondern jenseits des Seins.

Augustin hat einmal gesagt, er sei überzeugt, Platon würde, käme er nochmals zur Welt, ein Christ werden. Dafür brauche er nur einige Worte an seiner Philosophie zu ändern. (De vera religione, 3,5). Platon wurde besonders durch sein Fortwirken im Neuplatonismus ein Wegbereiter der christlichen Theologie.

Antike und Christentum

Monnika und Sokrates

Sokrates (469–399 v.Chr.) dachte über die Bestattung nicht anders als Monnika. Die letzten Stunden vor seinem Tod verbrachte er mit Freunden im Gefängnis. Phaidon, ein treuer Anhänger des Philosophen, berichtet davon.

Als die Zeit nahte, dass Sokrates den Schierlingsbecher würde trinken müssen, habe ihn, so berichtet Phaidon, Kriton, ein gleichaltriger Weggefährte des Sokrates, gefragt:

> „Wie sollen wir dich begraben?" „Wie ihr wollt", sagte er, „wenn ihr mich denn ergreift und ich euch nicht entwische." Er lachte stillvergnügt, sah uns an und sagte: „Ihr Männer, ich überzeuge diesen Kriton nicht davon, dass ich der Sokrates bin, der jetzt das Gespräch mit euch führt und alles, was gesagt wird, in eine Ordnung bringt. Er glaubt vielmehr, dass ich der sei, den er ein wenig später als Toten sehen wird, und er fragt mich deshalb, wie er mich begraben soll. Dass ich nun schon lange Zeit ausführlich dargelegt habe, ich sei, wenn ich das Gift getrunken habe, nicht mehr bei euch, sondern fortgegangen in eine Art von Glück der Seligen, das habe ich offenbar nur so dahingesagt, um euch und mich zu trösten. Bürgt nun für mich bei Kriton", sagte er, „entgegengesetzt zu der Bürgschaft, die er bei den Richtern geleistet hat. Er hat dafür gebürgt, dass ich bleiben werde. Ihr aber bürgt nun dafür, dass ich, wenn ich gestorben bin, nicht bleiben werde, sondern fortgehe, damit Kriton es leichter erträgt und nicht, wenn er sieht, wie mein Leib verbrannt oder begraben wird, über mich trauert, als ob ich etwas Schlimmes erlitte, und nicht bei dem Begräbnis sagt, dass er Sokrates aufbahrt oder hinausträgt oder begräbt. Sei dir darüber im Klaren, bester Kriton", sagte er „wenn man nicht schön redet, so ist das nicht nur an sich ein Frevel, sondern es bewirkt auch Schlechtes in den Seelen. Du musst also gefasst sein und sagen, dass du mei-

> nen Körper bestattest, und den begrabe so, wie es dir lieb ist und wie du glaubst, dass es am ehesten dem Brauch entspricht."
>
> (Phaidon, 115 c–116a).

Phaidon berichtet weiter, wie alle, die in der Stunde des Todes bei Sokrates waren, weinten oder mit den Tränen kämpften:

> Sokrates setzte den Becher an und trank ihn ganz gelassen und ruhig aus. Die meisten von uns hatten es bis dahin ziemlich gut fertiggebracht, sich zu beherrschen und nicht zu weinen. Als wir aber sahen, wie er das Gift trank und es ausgetrunken hatte, verloren wir die Fassung. Ganz gegen meinen Willen brach sich ein Strom von Tränen Bahn. Ich verhüllte mein Gesicht und weinte laut – um meinetwillen, nicht um seinetwillen, um mein Geschick, dass ich eines solchen Freundes beraubt sei. Kriton war schon vor mir hinausgegangen, weil er die Tränen nicht hatte zurückhalten können. Apollodoros hatte die ganze Zeit nicht aufgehört zu weinen. Als er dann aber in lautes Klagen ausbrach, weinte und aufbegehrte, da gab es niemanden unter den Anwesenden, den er nicht erschüttert hätte außer Sokrates.
>
> „Was tut ihr, ihr wunderlichen Leute", sagte er. „Hauptsächlich deshalb habe ich die Frauen fortgeschickt, damit sie sich nicht so ungehörig verhalten. Ich habe nämlich gehört, dass man bei andächtigem Schweigen sterben muss. Seid also still und guten Mutes."
>
> Als wir das hörten, schämten wir uns und hörten auf, zu weinen.
>
> (Phaidon, 117 c–e).

Das verbindet die Freunde des Sokrates und die Angehörigen der Monnika. Sie weinen, und sie wissen, dass sie nicht um des Toten willen weinen, sondern um ihrer selbst willen.

Und das verbindet Sokrates und Monnika, dass sie den Tod nicht fürchten.

Das aber unterscheidet die beiden: Sokrates sagt in der apologie, er hoffe zwar, dass der Tod etwas Gutes sei, aber er wisse es nicht. Das *Glück der Seligen* könnte auch ein traumloser Schlaf sein. Monnika ist sich sicher, dass Gott sie auferwecken wird.

Nicht zuletzt dieser Glaube an die Auferstehung war es, der dem Christentum die Überlegenheit über die antike Religion verschafft hat. Auf dem Weg zu ihrem Sieg war ihr der Kirchenvater Augustinus ein wichtiger Wegbereiter.

Die römischen Kaiser

Das Julisch-Claudische Kaiserhaus

Augustus	27 v.Chr.–14 n.Chr.
Tiberius	14–37
Caligula	37–41
Claudius	41–54
Nero	54–68

Die Flavier

Vespasian	69–79
Titus	79–81
Domitian	81–96
Nerva	96–98

Die Adoptivkaiser

Trajan	98–117
Hadrian	117–138
Antoninus Pius	138–161
Marc Aurel	161–180

Übergangszeit

Commodus	180–192
Septimius Severus	193–211
Caracalla	211–217
Macrinus	217–218
Elagabal	218–222
Severus Alexander	222–235

Soldatenkaiser

Maximinus Thrax	235–238
Gordian	238–244
Philippus Arabs	244–249
Decius	249–251
Valerian	253–259
Gallienus	253–268
Claudius Gothicus	268–270
Aurelian	270–275
Probus	276–282
Carus	281–283
Diokletian	284–305
Maximian	286–305
Constantius I. Chlorus	305–306
Galerius	305–311
Maxentius	306–312
Licinius	307–324
Konstantin I. (der Große)	306–337
Constantinus II.	337–361
Julian	361–363
Valentinian I.	364–375
Gratian	367–383
Valentian II.	375–392
Theodosius I.	379–395
Honorius	395–423
Theodosius II.	408–450

Lebensdaten der zitierten antiken Autoren

Ambrosius	ca. 339–397 n.Chr.
Ammianus Marcellinus	ca. 330–ca. 395 n.Chr.
Apuleius	ca. 120–ca. 180 n.Chr.
Augustin	354–430 n.Chr.
Augustus	63 v.Chr.–14 n.Chr.
Marc Aurel	121–180 n.Chr.
Beda Venerabilis	672–735 n.Chr.
C. Iulius Caesar	100–44 v.Chr.
Catull	ca. 84–ca. 54 v.Chr.
M. Tullius Cicero	106–43 v.Chr.
Q. Tullius Cicero	102–43 v.Chr.

Clemens	der Brief wird auf das Ende des 1. Jh. n.Chr. datiert
Cassius Dio	um 200 n.Chr.
Dion von Prusa	ca. 40–120 n.Chr.
Epiktet	ca. 50–ca. 130 n.Chr.
Marcus Cornelius Fronto	ca. 100–ca. 170 n.Chr.
Aulus Gellius	ca. 130–ca. 170 n.Chr.
Historia Augusta	Datierung unsicher: 2. Hälfte des 4. Jh./um 400/1. Viertel des 5. Jh. n.Chr.
Horaz	65–8 v.Chr.
Der Evangelist Johannes	das Evangelium ist um 100 n.Chr. entstanden
Johannes Chrysostomos	349/50–407 n.Chr.
Flavius Josephus	37/38–nach 100 n.Chr.
Juvenal	ca. 60–ca. 135 n.Chr.
Laktanz	ca. 250–ca. 325 n.Chr.
Titus Livius	59 v.Chr.–17 n.Chr.
Lukian	ca. 120–nach 180 n.Chr.
Macrobius	5. Jh. n.Chr.
Markus	2. Hälfte des 1. Jahrhunderts n.Chr.
Martial	ca. 40–ca. 104 n.Chr.
Der Apostel Paulus	1. Jh. n.Chr.
Platon	427–347 v.Chr.
Plautus	ca. 250–ca. 180 v.Chr.
Plinius der Ältere	23/24–79 n.Chr.
Plutarch	ca. 45–nach 120 n.Chr.
Polybios	ca. 200–ca. 120 v.Chr.
Prokop	6. Jahrhundert n.Chr.
Properz	ca. 47–2 v.Chr.
C. Sallustius Crispus	86–35/34 v.Chr.
Seneca	ca. 1–65 n.Chr.
Sophokles	497/96 (?)–406/5 v.Chr.
Statius	40/50–nach 96 n.Chr.
Strabon	63 v.Chr.–23 n.Chr.
Sueton	ca. 70–nach 130 n.Chr.
Symmachus	ca. 342–402 n.Chr.
Tacitus	54–ca. 120 n.Chr.
Tertullian	ca. 160–ca. 220 n.Chr.
Valerius Maximus	1. Hälfte des 1. Jahrhunderts n.Chr.
Vergil	70–19 v.Chr.

Zitate antiker Autoren

1. Kapitel: Zur Orientierung

1.1 Die römische Geschichte: Ein Überblick

Cicero, De re publica, 2,11

2. Kapitel: Die Menschen in der Großstadt

Seneca, Consolatio ad Helviam 6,2,3
CIL I² 593: Fahrverbot
Historia Augusta, Hadrian, 22,6
Historia Augusta, Marc Aurel, 23,8
Horaz, Ep.2,2, VV. 72–75
Juvenal, 3, VV. 58–125

3. Kapitel: Das Forum Romanum

3.1 Der Curtiussee und der Nabel der Welt

Tacitus, Historien, 2,55
Livius, 7,6
Livius, 1,12/13,1–5

3.2 Das Heiligtum der Venus Cloacina und der Tod der Verginia: Von Livius zu Lessing

Livius, 3, 48, 3–5

3.3 Die Regia, der Tempel der Vesta und die keuschen Priesterinnen

Plutarch, Numa, 10

3.4 Der Saturn-Tempel und die Saturnalien

Horaz, Satiren, 2,7, VV. 4/5
Martial, 5,84
Lukian, Saturnalien

3.5 Die Kurie und der Streit um den Altar der Victoria

Dio Cassius, 51,22,10
Ambrosius, Epistulae variae, 18,3
Symmachus, 3. Relatio, 3

3.6 Die Ehrenbögen und die Feier des Triumphes

Evangelium des Markus, 13,1–2
Flavius Josephus, 6,9,2; 7,1,1; 7,5,5
Sueton, Caesar, 4,5
Plutarch, Aemilius Paulus, 32–34

3.7 Schauplätze einer Staatskrise

Livius, 10,36,11
Sueton, Domitian, 8
Cicero, 1. Catilinarische Rede, aus 1, aus 2
Cicero, 2. Catilinarische Rede, 1
Plutarch, C. Gracchus, 17,8
Sallust, Die Verschwörung des Catilina, 52,53

3.8 Die Dioskuren und ihr Tempel

Valerius Maximus, 1,8,1
Cicero, Reden gegen Verres, 2,1,129/130
Ovid, Fasten, 1, VV. 707/708
Plutarch, Cato der Jüngere, 27/28

3.9 Noch einmal die Rostra: Ciceros Tod, seine postume Demütigung und das Lob des Historikers

Livius, Per. Lib 120, fr.61/62 (Sen. Suas. 6,17/22)

3.10 Die Brandbestattung Caesars und der Tempel des Divus Iulius

Sueton, Caesar, 84

4. Kapitel: Das Kapitol, die Burg, das Asylum und der Tarpeische Fels

4.1 Die Kapitolinische Trias und ihr Tempel

Plutarch, Publicola, 14
Cicero, 3. Catilinarische Rede, 19/20
Tacitus, Historien, 3,72

4.2 Der Tempel der Juno Moneta und die rettenden Gänse

Livius, 5,47, 1–5; 48,5; 49

4.3 Santa Maria in Aracoeli und die Vision des Augustus

Mirabilia, 11

4.4 Segen und Fluch der Freistatt: das Asylum

Livius, 1,8,5/6
Livius, 3,15–18

4.5 Die Piazza del Campidoglio und das Reiterstandbild des Kaisers Marc Aurel:

Gedanken eines Stoikers
Fronto
Marc Aurel, Zitate aus den „Selbstbetrachtungen“

4.6 Vom Muttertier zum Raubtier: die kapitolinische Wölfin

Cicero, 3. Catilinarische Rede, 19
Cicero, De divinatione, 2,45
Livius, 1,3,10–4,7
Vergil, Aeneis, 8, VV. 630–35

4.7 Tarpeia und der Tarpeische Fels: Verrat oder kluge List?

Livius, 1,11,5-0
Properz, 4,4,81–94 (mit Auslassungen)

5. Kapitel: Wohnen wie die Götter: Der Palatin und Neros “Goldenes Haus”

Cassius Dio, 53,16,5
Ovid, Metamorphosen, 1, V. 176
Plutarch, Publicola, 15,5
Martial, Epigramme, 8,36; 7,56
Statius, Silvae, 4,2, VV. 8–31
Sueton, Nero, 39

6. Kapitel: Antike Götter und christliche Märtyrer: Das Pantheon

Plinius der Ältere, Naturgeschichte, 36,38
Dio Cassius, Römische Geschichte, 53,27
Beda Venerabilis, Historia ecclesiastica gentis Anglorum

7. Kapitel: Zeitvertreib: Die Stätten und ihre Funktionen

7.1 Die Thermen

Plautus, Rudens, VV. 382–385
Catull, Carmina, 33, V.1
Apuleius, Metamorphosen, 4,9
Martial, Epigr., 3,51
Seneca, Epist. mor., 56, 1/2
Epiktet, Encheiridion, 4
CIL VI 15258
Marc Aurel, 8,24

7.2 Tiere gegen Tiere, Menschen gegen Tiere, Menschen gegen Menschen: Das Kolosseum: Vom Vergnügungszentum zur christlichen Gedenkstätte

Martial, Liber spectaculorum, 18; 17
Historia Augusta, Probus, 19
Cicero, Ad fam., 7,1
Martial, Liber spectaculorum, 7 und 21
Seneca, Ep. 7, 3–5
Augustinus, Conf., 6,8 (13)
Juvenal, 6, VV. 82–115
Cic., Tusc. disp. 2,41
Plutarch, Cicero, 48,5
Sueton, Claudius, 21,6
Juvenal, 3, VV. 34–37
Sueton, Domitian, 4
Martial, 8,78
Statius, 1,6, VV. 9–20
Martial, Liber spectaculorum, 24
Gellius, Noctes Atticae, 5,14

7.3 Die Römer im Wettfieber: Der Circus Maximus

CIL 10049a
Ammianus Marcellinus, Res gestae, 18,4,31
Sophokles, Elektra, VV. 709–756
Tertullian, De spectaculis, 16,1–4; 7

7.4 Das Stadion und die Piazza Navona

Herodot, 1,10

7.5 Ein Besuch im Theater: Das Parisurteil, pantomimisch

Tacitus, Annalen, 14,20
Apuleius, Metamorphosen, 10,29,3–32;34,1/2
Tertullian, De spectaculis, 10,12
Augustin, De civitate dei, 2,26
Joh. Chrysostomos, Homilie, 5, Kap.4
Codex Theodosianus (438), 16,10,17

8. Kapitel: Der Vatikan

Livius, 3,26
Plinius der Ältere, Nat. hist., 18,20
Tacitus, Annalen, 15,44
Johannesevangelium, 6, VV. 53–56; 21, VV. 16ff.; 13, V. 36
1. Clemensbrief, 1, VV. 5ff.

9. Kapitel: Die Sorge für den ewigen Ruhm: Die Mausoleen des Augustus und des Hadrian

Strabon, 5,3,8/9
Sueton, Biographie des Augustus, 100
Dio Cassius, 53,34
Augustus, Tatenbericht, 1/2; 34/35
Tacitus, Annalen, 4
Historia Augusta, Hadrian, 27

10. Kapitel: Ein Altar für den Frieden: Die Ara Pacis Augustae

Augustus, Tatenbericht, 12
Horaz, Oden, 4,5, VV. 17–28
Vergil, Georgica, 2, VV. 173/74
Ovid, Fasten, 1, VV. 19–722
Tacitus, Agricola, 2,3
Paulus, 1. Brief an die Korinther, 10, V.22–11, V.1

11. Kapitel: Wahlkampfstrategien Des Quintus Cicero Empfehlungen für seinen Bruder Marcus: Das Marsfeld

Quintus Tullius Cicero, Commentariolum petitionis consulatus, ausgewählte Textstellen

12. Kapitel: Der Umgang mit den Toten

Cicero, De legibus, 2,23,58
Prokop, Bellum Gothicum, 1,14
Grabinschrift
Polybios, 6,53

14. Kapitel: „Die Griechen fürchte ich – und doppelt, wenn sie schenken." Der Laokoon im Vatikanischen Museum

Plinius der Ältere, Nat. hist., 56,57
Vergil, Aeneis, 2, VV. 198–227

15. Kapitel: Monnika und ihr Sohn Augustinus: Abschied in Ostia

Livius, 1,33,9
Augustin, Confessiones, 9, 10–12
Platon, Symposion, 211b–d
Augustin, De vera religione, 3,5
Platon, Phaidon, 115c–116a; 117c–d

Register antiker Orts- und Personennamen

Literatur

Alberto Angela: Ein Tag im alten Rom. Alltägliche, geheimnisvolle und verblüffende Tatsachen, München (Goldmann), 2011[2]

Antike Welt 6/2015: Neues aus Rom

Margit Brinke/Peter Kränzle: Rom. Ein archäologischer Führer, Stuttgart (Reclam), 2006[3]

Klaus Bringmann: Römische Geschichte von den Anfängen bis in die Spätantike, München (Beck), 2000[5]

Kai Brodersen: Q. Tullius Cicero: Tipps für einen erfolgreichen Wahlkampf: Lateinisch/Deutsch, Stuttgart (Reclam), 2013

Erika Brödner: Die römischen Thermen und das antike Badewesen. Eine kulturhistorische Betrachtung, Darmstadt (WBG), 1985

Jerome Carcopino: Das Alltagsleben im alten Rom zur Blütezeit des Kaisertums, Wiesbaden (Rohrer-Verlag), 1950

Filippo Coarelli: Rom. Ein archäologischer Führer, Darmstadt (WBG), 2019

Alexander Demandt: Marc Aurel: Der Kaiser und seine Welt, München (Beck), 2019

Arnold Esch: Rom: Vom Mittelalter zur Renaissance, München (Beck), 2010

Robin Lane Fox: Augustine. Conversions to confessions, New York (Basic Books), 2015

Klaus Stefan Freyberger: Das Forum Romanum, Darmstadt/Mainz (Philipp von Zabern), 2012[2]

Marion Giebel: Augustus: Res gestae – Tatenbericht, übersetzt, kommentiert und herausgegeben, Stuttgart (Reclam), 1975

Gilbert J. Gorski/James E. Packer: Forum Romanum, Darmstadt (WBG), 2017

Jutta Hartz: Die Ara Pacis in Rom: Die Zeit des Kaisers Augustus. Ein Führer durch das Museum der Ara Pacis, Berlin (epubli), 2014

Andreas Hensen: Mithras. Der Mysterienkult am Limes, Rhein und Donau, Darmstadt (WBG), 2013

Michael Hotz/Franz Peter Waiblinger: Roma urbs aeterna, Texte über Rom aus drei Jahrtausenden, Bamberg (Buchner), 2013

Leoni Hellmayr: Gladiatoren, Ditzingen (Reclam), 2018

Karl Hoenn (Hrsg.): Kaiser Marc Aurel: Wege zu sich selbst, Zürich (Artemis), 1951

Liselot Huchthausen (Hrsg.): Römisches Recht, Berlin/Weimar (Aufbau-Verlag), 1989

Theodor Kissel: Das Forum Romanum. Leben im Herzen Roms, Düsseldorf/Zürich (Artemis & Winkler), 2004
Frank Kolb: Das antike Rom. Geschichte und Archäologie, München (Beck), 2009[2]
Ingemar König: Der römische Staat. Ein Handbuch, Stuttgart (Reclam), 2007
ders.: Caput mundi. Rom – Weltstadt der Antike, Darmstadt (WBG), 2009
Max Kunze u.a.: Die Suche nach der Schönheit. Johann Joachim Winckelmann, Ruhpolding/Mainz (Franz Philipp Rutzen-Verlag), 2018
Bernhard Linke: Antike Religion, München (Oldenburg), 2014
Joachim Marquardt: Das Privatleben der Römer, Darmstadt (WBG), 1975
Wolfram Martini: Das Pantheon Hadrians in Rom. Das Bauwerk und seine Deutung, Stuttgart (Steiner), 2016
Torsten Mattern: Dignis digna. Innenräume städtischer Tempel, in: Antike Welt 2001/1, S. 57
Ernst Meyer: Römischer Staat und Staatsgedanke, Zürich (Artemis), 1948
Fik Meijer: Gladiatoren. Das Spiel um Leben und Tod, Düsseldorf/Zürich (Artemis & Winkler), 2004
Lenelotte Möller (Hrsg.): Polybios. Der Aufstieg Roms. Historien, Wiesbaden (Marix), 2010
Museumslandschaft Hessen-Kassel (Hrsg.): forum romanum. Zeitreise durch 3000 Jahre Geschichte, Petersberg (Michael Imhof), 2014
Christoff Neumeister: Das antike Rom. Ein literarischer Stadtführer, München (Beck), 2010
Ugo Enrico Paoli: Das Leben im alten Rom, Bern (E. Francke), 1948
Ritchie Pogorzelski: Der Triumph. Siegesfeiern im antiken Rom. Ihre Dokumentation auf Ehrenbögen in Farbe, Mainz (Nünnerich-Asmus), 2015
Eckart Peterich: Rom, München (dtv), 1999
Gaëlle Rosendahl/Wilfried Rosendahl: Rom lebt! Mit dem Handy in die Römerzeit, Mainz (Nünnerich-Asmus), 2017
Kurt Roeske: Zypern im Spiegel antiker Zeugnisse, Ruhpolding/Mainz (Franz Ph. Rutzen), 2006
ders.: Sizilien im Spiegel antiker Zeugnisse, Ruhpolding/Mainz (Franz Ph. Rutzen), 2011
ders.: Wege in die Welt der Antike, Würzburg (Königshausen & Neumann), 2014
Nancy H. Ramage/Andrew Ramage: Römische Kunst. Von Romulus zu Konstantin, Köln (Könemann), 1989
Jörg Rüpke: Die Religion der Römer: Eine Einführung München (Beck), 2011

ders.: Pantheon. Geschichte der antiken Religionen, München (Beck), 2016
Albert von Schirnding: Albergo Sole. Erinnerung an dreißig römische Lieblingsorte, Ebenhausen (Langewiesche-Brandt), 2017
Ulrich Schmitzer: Rom im Blick. Lesarten der Stadt von Plautus bis Juvenal, Darmstadt (WBG), 2016
Patrick Schollmeyer: Rom – Bühne des Schauspielers Augustus, in: Scrinium, Alte Sprachen in Rheinland-Pfalz, 1/2015, S. 3–18
ders.: Römische Tempel. Kult und Architektur im Imperium Romanum, Darmstadt (WBG), 2008
Leonhard Schumacher: Römische Inschriften, Stuttgart (Reclam), 1988
Erika Simon: Die Götter der Griechen, München (Hirmer), 1960
Michael Stahl: Botschaften des Schönen. Kulturgeschichte der Antike, Stuttgart (Klett-Cotta), 2008
Wolfgang Wohlmayr: Die römische Kunst. Ein Handbuch, Darmstadt (WBG), 2011
Martin Wallraff: Pantheon und Allerheiligen. Einheit und Vielfalt des Göttlichen in der Spätantike, in: Jahrbuch für Antike und Christentum, 47/2004, S. 140
Karl-Wilhelm Weeber: Das antike Rom. Eine Kulturgeschichte in zeitgenössischen Quellen, Darmstadt (WBG), 2017
ders.: Alltag im alten Rom. Das Leben in der Stadt, ein Lexikon, München (Bibliographisches Institut), 2014
Alfons Wotschitzky: Die Kultur der Römer, Wiesbaden (VMA-Verlag), 1969

Bildnachweis

S. 41 (oben): Das Forum Romanum, Blick vom Kapitol, © Wikipedia.org (Foto: BeBo86)
S. 41 (unten): Das Forum Romanum, Rekonstruktion, ARCHEOLIBRI s.r.l., Rome – www.archeolibri.com
S. 55: Relief der Vestalinnen, 1. Jh. v.Chr. Archäologisches Museum Palermo, © Eric Vandeville / akg-images
S. 58: Die Curia Iulia auf dem Forum Romanum, © Wikipedia.org (Foto: Rabax63)
S. 62: Der Titusbogen (Westseite), © Wikipedia.org (Foto: Rabax63)
S. 63: Die Menora als Teil der Beute im Triumphzug des Titus, © Wikipedia.org (Foto: Steerpike)
S. 70: Büste des Marcus Tullius Cicero, 50–43 v.Chr., Kapitolinische Museen Rom, © akg-images
S. 85: Caius Iulius Caesar, Marmorskulptur von Nicolas Coustou, 1696, Musée du Louvre, © Wikipedia.org (Foto: Marie-Lan Nguyen)
S. 88: Die Piazza del Compidoglio, © Alamy Stock Foto / Nicola Forenza
S. 92: Kapitolinische Gänse, Relief, Museum Ostia, © akg-images / Werner Forman
S. 95: Reiterstatue Mark Aurels (Kopie) auf dem Kapitolsplatz, © Wikipedia.org (Foto: Jastrow)
S. 98: Die Kapitolinische Wölfin mit Romulus und Remus, Kapitolinische Museen, © Wikipedia.org (Foto: Jastrow)
S. 109: Das Pantheon, Rekonstruktion, © ARCHEOLIBRI s.r.l., Rome – www.archeolibri.com
S. 117 (oben): Blick auf Colosseum und Titusbogen, © Wikipedia.org (Foto: Bert Kaufmann)
S. 117 (unten): Das Colosseum, Rekonstruktion, © ARCHEOLIBRI s.r.l., Rome – www.archeolibri.com
S. 119: Tierhetzen, Details des Gladiatorenmosaiks in der Römerhalle Bad Kreuznach, 3. Jh. v.Chr., © Wikipedia.org (Foto: Carole Raddato)
S. 121: Tierjagden, Details des Gladiatorenmosaiks © Wikipedia.org (Foto: Carole Raddato)
S. 124: Gladiatorenmosaikboden, Römerhalle Bad Kreuznach, © Wikipedia.org (Foto: Carole Raddato)
S. 125: Gladiatorenkämpfe, Details des Gladiatorenmosaiks, © Wikipedia.org (Foto: Carole Raddato)
S. 131: Der Circus Maximus, Rekonstruktion, © ARCHEOLIBRI s.r.l., Rome – www.archeolibri.com
S. 136: Die Piazza Navona, © Wikipedia.org (Foto: Myrabella)

S. 137: Theater des Pompeius (Cavea heute), © Wikipedia.org (Foto: Lalupa)

S. 138: Marcellustheater (Front an der Nordseite), © Wikipedia.org (Foto: Joadl)

S. 150: Mausoleum des Augustus, © Wikipedia.org (Foto: ryarwood)

S. 151: Augustus von Primaporta, Marmorstatue, 1. Jh. v.Chr., Vatikanische Museen © akg-images / Erich Lessing

S. 156: Engelsburg und Engelsbrücke, © Wikipedia.org (Thomas Wolf; www.foto-tw.de)

S. 161 (oben): Die Frontseite der Ara Pacis Augustae, © Wikipedia.org (Foto: Rabax63)

S. 161 (unten): Allegorisches Relief, Ara Pacis, © Wikipedia.org (Foto: Manfred Heyde)

S. 170: Das Grabmal der Caecilia Metella, © Wikipedia.org (Foto: Livioandronico 2013)

S. 172: Das Grabmal des Eurysaces, © Wikipedia.org (Foto: Joris)

S. 173: Die Cestius-Pyramide (Südostseite), © Wikipedia.org (Foto: Rabax63)

S. 174: Domitilla-Katakomben, © Wikipedia.org (Foto: Dnalor 01)

S. 179: Basilika San Clemente in Laterano, © Wikipedia.org (Foto: Berthold Werner)

S. 180: Mithras-Heiligtum unter der Basilika San Clemente, © Wikipedia.org (Foto: Ice Boy Tell)

S. 182: Relief der Tauroktonie des Mithras aus dem Kapitol Rom, Louvre-Lens-Museum, © wikimedia.org (Foto: Jean-Pol Grandmont)

S. 185: Die Laokoon-Gruppe, 2. Hälfte 1. Jh. n.Chr., Vatikanische Museen, © akg-images / Bildarchiv Steffens

S. 192: Der heilige Augustinus beim Philosophieren, Gemälde von Sandro Boticelli (1480), Florenz, © akg-images / Pictures of History